LETS

WOORDENSCHAT

THEMATISCHE WOORDENLIJST

NEDERLANDS LETS

De meest bruikbare woorden
Om uw woordenschat uit te breiden en
uw taalvaardigheid aan te scherpen

7000 woorden

Thematische woordenschat Nederlands-Lets - 7000 woorden

Door Andrey Taranov

Woordenlijsten van T&P Books zijn bedoeld om u woorden van een vreemde taal te helpen leren, onthouden, en bestudering. Dit woordenboek is ingedeeld in thema's en behandelt alle belangrijk terreinen van het dagelijkse leven, bedrijven, wetenschap, cultuur, etc.

Het proces van het leren van woorden met behulp van de op thema's gebaseerde aanpak van T&P Books biedt u de volgende voordelen:

- Correct gegroepeerde informatie is bepalend voor succes bij opeenvolgende stadia van het leren van woorden
- De beschikbaarheid van woorden die van dezelfde stam zijn maakt het mogelijk om woordgroepen te onthouden (in plaats van losse woorden)
- Kleine groepen van woorden faciliteren het proces van het aanmaken van associatieve verbindingen, die nodig zijn bij het consolideren van de woordenschat
- Het niveau van talenkennis kan worden ingeschat door het aantal geleerde woorden

T&P Books Publishing
www.tpbooks.com

ISBN: 978-1-78492-312-9

Dit boek is ook beschikbaar in e-boek formaat.
Gelieve www.tpbooks.com te bezoeken of de belangrijkste online boekwinkels.

LETSE WOORDENSCHAT
nieuwe woorden leren

T&P Books woordenlijsten zijn bedoeld om u te helpen vreemde woorden te leren, te onthouden, en te bestuderen. De woordenschat bevat meer dan 7000 veel gebruikte woorden die thematisch geordend zijn.

- De woordenlijst bevat de meest gebruikte woorden
- Aanbevolen als aanvulling bij welke taalcursus dan ook
- Voldoet aan de behoeften van de beginnende en gevorderde student in vreemde talen
- Geschikt voor dagelijks gebruik, bestudering en zelftestactiviteiten
- Maakt het mogelijk om uw woordenschat te evalueren

Bijzondere kenmerken van de woordenschat

- De woorden zijn gerangschikt naar hun betekenis, niet volgens alfabet
- De woorden worden weergegeven in drie kolommen om bestudering en zelftesten te vergemakkelijken
- Woorden in groepen worden verdeeld in kleine blokken om het leerproces te vergemakkelijken
- De woordenschat biedt een handige en eenvoudige beschrijving van elk buitenlands woord

De woordenschat bevat 198 onderwerpen zoals:

Basisconcepten, getallen, kleuren, maanden, seizoenen, meeteenheden, kleding en accessoires, eten & voeding, restaurant, familieleden, verwanten, karakter, gevoelens, emoties, ziekten, stad, dorp, bezienswaardigheden, winkelen, geld, huis, thuis, kantoor, werken op kantoor, import & export, marketing, werk zoeken, sport, onderwijs, computer, internet, gereedschap, natuur, landen, nationaliteiten en meer ...

INHOUDSOPGAVE

UITSPRAAKGIDS

Letter	Lets voorbeeld	T&P fonetisch alfabet	Nederlands voorbeeld

Klinkers

Letter	Lets voorbeeld	T&P fonetisch alfabet	Nederlands voorbeeld
A a	adata	[ɑ]	acht
Ā ā	ābols	[ɑ:]	maart
E e	egle	[e], [æ]	kort, als in bed
Ē ē	ērglis	[e:], [æ:]	lang, als in feest
I i	izcelsme	[i]	bidden, tint
Ī ī	īpašums	[i:]	team, portier
O o	okeāns	[o], [o:]	aankomst, rood
U u	ubags	[u]	hoed, doe
Ū ū	ūdens	[u:]	fuut, uur

Medeklinkers

Letter	Lets voorbeeld	T&P fonetisch alfabet	Nederlands voorbeeld
B b	bads	[b]	hebben
C c	cālis	[ts]	niets, plaats
Č č	čaumala	[tʃ]	Tsjechië, cello
D d	dambis	[d]	Dank u, honderd
F f	flauta	[f]	feestdag, informeren
G g	gads	[g]	goal, tango
Ģ ģ	ģitāra	[dʲ]	paadje, haarspeldje
H h	haizivs	[h]	het, herhalen
J j	janvāris	[j]	New York, januari
K k	kabata	[k]	kennen, kleur
Ķ ķ	ķilava	[tʲ/tʃʲ]	als in tjemig, Engels - cute
L l	labība	[l]	delen, luchter
Ļ ļ	ļaudis	[ʎ]	biljet, morille
M m	magone	[m]	morgen, etmaal
N n	nauda	[n]	nemen, zonder
Ņ ņ	ņaudēt	[ɲ]	cognac, nieuw
P p	pakavs	[p]	parallel, koper
R r	ragana	[r]	roepen, breken
S s	sadarbība	[s]	spreken, kosten
Š š	šausmas	[ʃ]	shampoo, machine
T t	tabula	[t]	tomaat, taart
V v	vabole	[v]	beloven, schrijven

Letter	Lets voorbeeld	T&P fonetisch alfabet	Nederlands voorbeeld
Z z	zaglis	[z]	zeven, zesde
Ž ž	žagata	[ʒ]	journalist, rouge

Opmerkingen

˙ Letters **Qq, Ww, Xx, Yy** alleen gebruikt in leenwoorden

˙˙ Het standaard Lets en, op een paar kleine uitzonderingen na, alle Letse dialecten hebben vaste initiële nadruk.

AFKORTINGEN
gebruikt in de woordenschat

Nederlandse afkortingen

abn	-	als bijvoeglijk naamwoord
bijv.	-	bijvoorbeeld
bn	-	bijvoeglijk naamwoord
bw	-	bijwoord
enk.	-	enkelvoud
enz.	-	enzovoort
form.	-	formele taal
inform.	-	informele taal
mann.	-	mannelijk
mil.	-	militair
mv.	-	meervoud
on.ww.	-	onovergankelijk werkwoord
ontelb.	-	ontelbaar
ov.	-	over
ov.ww.	-	overgankelijk werkwoord
telb.	-	telbaar
vn	-	voornaamwoord
vrouw.	-	vrouwelijk
vw	-	voegwoord
vz	-	voorzetsel
wisk.	-	wiskunde
ww	-	werkwoord

Nederlandse artikelen

de	-	gemeenschappelijk geslacht
de/het	-	gemeenschappelijk geslacht, onzijdig
het	-	onzijdig

Letse afkortingen

s	-	vrouwelijk zelfstandig naamwoord
s dsk	-	vrouwelijk meervoud
v, s	-	mannelijk, vrouwelijk
v	-	mannelijk zelfstandig naamwoord
v dsk	-	mannelijk meervoud

BASISBEGRIPPEN

Basisbegrippen Deel 1

1. Voornaamwoorden

ik	es	[es]
jij, je	tu	[tu]
hij	viņš	[viɲʃ]
zij, ze	viņa	[viɲa]
het	tas	[tas]
wij, we	mēs	[me:s]
jullie	jūs	[ju:s]
zij, ze	viņi	[viɲi]

2. Begroetingen. Begroetingen. Afscheid

Hallo! Dag!	Sveiki!	[svɛiki!]
Hallo!	Esiet sveicināts!	[ɛsiɛt svɛitsina:ts!]
Goedemorgen!	Labrīt!	[labri:t!]
Goedemiddag!	Labdien!	[labdiɛn!]
Goedenavond!	Labvakar!	[labvakar!]
gedag zeggen (groeten)	sveicināt	[svɛitsina:t]
Hoi!	Čau!	[tʃau!]
groeten (het)	sveiciens (v)	[svɛitsiɛns]
verwelkomen (ww)	pasveicināt	[pasvɛitsina:t]
Hoe gaat het?	Kā iet?	[ka: iɛt?]
Is er nog nieuws?	Kas jauns?	[kas jauns?]
Tot ziens! (form.)	Uz redzēšanos!	[uz redze:ʃanɔs!]
Doei!	Atā!	[ata:!]
Tot snel! Tot ziens!	Uz tikšanos!	[uz tikʃanɔs!]
Vaarwel!	Ardievu!	[ardiɛvu!]
afscheid nemen (ww)	atvadīties	[atvadi:tiɛs]
Tot kijk!	Nu tad pagaidām!	[nu tad pagaida:m!]
Dank u!	Paldies!	[paldiɛs!]
Dank u wel!	Liels paldies!	[liɛls paldiɛs!]
Graag gedaan	Lūdzu	[lu:dzu]
Geen dank!	Nav par ko	[nav par kɔ]
Geen moeite.	Nav par ko	[nav par kɔ]
Excuseer me, ... (inform.)	Atvaino!	[atvainɔ!]
Excuseer me, ... (form.)	Atvainojiet!	[atvainɔjiɛt!]

excuseren (verontschuldigen)	**piedot**	[piɛdɔt]
zich verontschuldigen	**atvainoties**	[atvainɔtiɛs]
Mijn excuses.	**Es atvainojos**	[es atvainɔjɔs]
Het spijt me!	**Piedodiet!**	[piɛdɔdiɛt!]
vergeven (ww)	**piedot**	[piɛdɔt]
Maakt niet uit!	**Tas nekas**	[tas nɛkas]
alsjeblieft	**lūdzu**	[lu:dzu]

Vergeet het niet!	**Neaizmirstiet!**	[neaizmirstiɛt!]
Natuurlijk!	**Protams!**	[prɔtams!]
Natuurlijk niet!	**Protams, ka nē!**	[prɔtams, ka ne:!]
Akkoord!	**Piekrītu!**	[piɛkri:tu!]
Zo is het genoeg!	**Pietiek!**	[piɛtiɛk!]

3. Kardinale getallen. Deel 1

nul	**nulle**	[nulle]
een	**viens**	[viɛns]
twee	**divi**	[divi]
drie	**trīs**	[tri:s]
vier	**četri**	[tʃetri]

vijf	**pieci**	[piɛtsi]
zes	**seši**	[seʃi]
zeven	**septiņi**	[septiɲi]
acht	**astoņi**	[astɔɲi]
negen	**deviņi**	[deviɲi]

tien	**desmit**	[desmit]
elf	**vienpadsmit**	[viɛnpadsmit]
twaalf	**divpadsmit**	[divpadsmit]
dertien	**trīspadsmit**	[tri:spadsmit]
veertien	**četrpadsmit**	[tʃetrpadsmit]

vijftien	**piecpadsmit**	[piɛtspadsmit]
zestien	**sešpadsmit**	[seʃpadsmit]
zeventien	**septiņpadsmit**	[septiɲpadsmit]
achttien	**astoņpadsmit**	[astɔɲpadsmit]
negentien	**deviņpadsmit**	[deviɲpadsmit]

twintig	**divdesmit**	[divdesmit]
eenentwintig	**divdesmit viens**	[divdesmit viɛns]
tweeëntwintig	**divdesmit divi**	[divdesmit divi]
drieëntwintig	**divdesmit trīs**	[divdesmit tri:s]

dertig	**trīsdesmit**	[tri:sdesmit]
eenendertig	**trīsdesmit viens**	[tri:sdesmit viɛns]
tweeëndertig	**trīsdesmit divi**	[tri:sdesmit divi]
drieëndertig	**trīsdesmit trīs**	[tri:sdesmit tri:s]

veertig	**četrdesmit**	[tʃetrdesmit]
eenenveertig	**četrdesmit viens**	[tʃetrdesmit viɛns]
tweeënveertig	**četrdesmit divi**	[tʃetrdesmit divi]
drieënveertig	**četrdesmit trīs**	[tʃetrdesmit tri:s]

vijftig	**piecdesmit**	[piɛtsdesmit]
eenenvijftig	**piecdesmit viens**	[piɛtsdesmit viɛns]
tweeënvijftig	**piecdesmit divi**	[piɛtsdesmit divi]
drieënvijftig	**piecdesmit trīs**	[piɛtsdesmit tri:s]
zestig	**sešdesmit**	[seʃdesmit]
eenenzestig	**sešdesmit viens**	[seʃdesmit viɛns]
tweeënzestig	**sešdesmit divi**	[seʃdesmit divi]
drieënzestig	**sešdesmit trīs**	[seʃdesmit tri:s]
zeventig	**septiņdesmit**	[septiɲdesmit]
eenenzeventig	**septiņdesmit viens**	[septiɲdesmit viɛns]
tweeënzeventig	**septiņdesmit divi**	[septiɲdesmit divi]
drieënzeventig	**septiņdesmit trīs**	[septiɲdesmit tri:s]
tachtig	**astoņdesmit**	[astoɲdesmit]
eenentachtig	**astoņdesmit viens**	[astoɲdesmit viɛns]
tweeëntachtig	**astoņdesmit divi**	[astoɲdesmit divi]
drieëntachtig	**astoņdesmit trīs**	[astoɲdesmit tri:s]
negentig	**deviņdesmit**	[deviɲdesmit]
eenennegentig	**deviņdesmit viens**	[deviɲdesmit viɛns]
tweeënnegentig	**deviņdesmit divi**	[deviɲdesmit divi]
drieënnegentig	**deviņdesmit trīs**	[deviɲdesmit tri:s]

4. Kardinale getallen. Deel 2

honderd	**simts**	[simts]
tweehonderd	**divsimt**	[divsimt]
driehonderd	**trīssimt**	[tri:simt]
vierhonderd	**četrsimt**	[tʃetrsimt]
vijfhonderd	**piecsimt**	[piɛtsimt]
zeshonderd	**sešsimt**	[seʃsimt]
zevenhonderd	**septiņsimt**	[septiɲsimt]
achthonderd	**astoņsimt**	[astoɲsimt]
negenhonderd	**deviņsimt**	[deviɲsimt]
duizend	**tūkstotis**	[tu:kstɔtis]
tweeduizend	**divi tūkstoši**	[divi tu:kstɔʃi]
drieduizend	**trīs tūkstoši**	[tri:s tu:kstɔʃi]
tienduizend	**desmit tūkstoši**	[desmit tu:kstɔʃi]
honderdduizend	**simt tūkstoši**	[simt tu:kstɔʃi]
miljoen (het)	**miljons** (v)	[miljɔns]
miljard (het)	**miljards** (v)	[miljards]

5. Getallen. Breuken

breukgetal (het)	**daļskaitlis** (v)	[dalʲskaitlis]
half	**puse**	[puse]
een derde	**viena trešdaļa**	[viɛna treʃdalʲa]
kwart	**viena ceturtdaļa**	[viɛna tsɛturtdalʲa]

een achtste	viena astotā	[viɛna astɔta:]
een tiende	viena desmitā	[viɛna desmita:]
twee derde	divas trešdaļas	[divas treʃdalʲas]
driekwart	trīs ceturtdaļas	[tri:s tsɛturtdalʲas]

6. Getallen. Eenvoudige berekeningen

aftrekking (de)	atņemšana (s)	[atɲemʃana]
aftrekken (ww)	atņemt	[atɲemt]
deling (de)	dalīšana (s)	[dali:ʃana]
delen (ww)	dalīt	[dali:t]

optelling (de)	saskaitīšana (s)	[saskaiti:ʃana]
erbij optellen (bij elkaar voegen)	saskaitīt	[saskaiti:t]
optellen (ww)	pieskaitīt	[piɛskaiti:t]
vermenigvuldiging (de)	reizināšana (s)	[rɛizina:ʃana]
vermenigvuldigen (ww)	reizināt	[rɛizina:t]

7. Getallen. Diversen

cijfer (het)	cipars (v)	[tsipars]
nummer (het)	skaitlis (v)	[skaitlis]
telwoord (het)	numerālis (v)	[numɛra:lis]
minteken (het)	mīnuss (v)	[mi:nus]
plusteken (het)	pluss (v)	[plus]
formule (de)	formula (s)	[fɔrmula]

berekening (de)	aprēķināšana (s)	[apre:tʲina:ʃana]
tellen (ww)	skaitīt	[skaiti:t]
bijrekenen (ww)	sarēķināt	[sare:tʲina:t]
vergelijken (ww)	salīdzināt	[sali:dzina:t]

| Hoeveel? (ontelb.) | Cik? | [tsik?] |
| Hoeveel? (telb.) | Cik daudz? | [tsik daudz?] |

som (de), totaal (het)	summa (s)	[summa]
uitkomst (de)	rezultāts (v)	[rɛzulta:ts]
rest (de)	atlikums (v)	[atlikums]

enkele (bijv. ~ minuten)	daži	[daʒi]
weinig (bw)	maz …	[maz …]
weinig (telb.)	daži	[daʒi]
restant (het)	pārējais	[pa:re:jais]

| anderhalf | pusotra | [pusɔtra] |
| dozijn (het) | ducis (v) | [dutsis] |

middendoor (bw)	uz pusēm	[uz puse:m]
even (bw)	vienlīdzīgi	[viɛnli:dzi:gi]
helft (de)	puse (s)	[puse]
keer (de)	reize (s)	[rɛize]

8. De belangrijkste werkwoorden. Deel 1

aanbevelen (ww)	ieteikt	[iɛtɛikt]
aandringen (ww)	uzstāt	[uzsta:t]
aankomen (per auto, enz.)	atbraukt	[atbraukt]
aanraken (ww)	pieskarties	[piɛskartiɛs]
adviseren (ww)	dot padomu	[dɔt padɔmu]
afdalen (on.ww.)	nokāpt	[nɔka:pt]
afslaan (naar rechts ~)	pagriezties	[pagriɛztiɛs]
antwoorden (ww)	atbildēt	[atbilde:t]
bang zijn (ww)	baidīties	[baidi:tiɛs]
bedreigen	draudēt	[draude:t]
(bijv. met een pistool)		
bedriegen (ww)	krāpt	[kra:pt]
beëindigen (ww)	beigt	[bɛigt]
beginnen (ww)	sākt	[sa:kt]
begrijpen (ww)	saprast	[saprast]
beheren (managen)	vadīt	[vadi:t]
beledigen	aizvainot	[aizvainɔt]
(met scheldwoorden)		
beloven (ww)	solīt	[sɔli:t]
bereiden (koken)	gatavot	[gatavɔt]
bespreken (spreken over)	apspriest	[apspriɛst]
bestellen (eten ~)	pasūtīt	[pasu:ti:t]
bestraffen (een stout kind ~)	sodīt	[sɔdi:t]
betalen (ww)	maksāt	[maksa:t]
betekenen (beduiden)	nozīmēt	[nɔzi:me:t]
betreuren (ww)	nožēlot	[nɔʒe:lɔt]
bevallen (prettig vinden)	patikt	[patikt]
bevelen (mil.)	pavēlēt	[pavɛ:le:t]
bevrijden (stad, enz.)	atbrīvot	[atbri:vɔt]
bewaren (ww)	uzglabāt	[uzglaba:t]
bezitten (ww)	pārvaldīt	[pa:rvaldi:t]
bidden (praten met God)	lūgties	[lu:gtiɛs]
binnengaan (een kamer ~)	ieiet	[iɛiɛt]
breken (ww)	lauzt	[lauzt]
controleren (ww)	kontrolēt	[kɔntrɔle:t]
creëren (ww)	izveidot	[izvɛidɔt]
deelnemen (ww)	piedalīties	[piɛdali:tiɛs]
denken (ww)	domāt	[dɔma:t]
doden (ww)	nogalināt	[nɔgalina:t]
doen (ww)	darīt	[dari:t]
dorst hebben (ww)	gribēt dzert	[gribe:t dzert]

9. De belangrijkste werkwoorden. Deel 2

een hint geven	dot mājienu	[dɔt ma:jiɛnu]
eisen (met klem vragen)	prasīt	[prasi:t]

excuseren (vergeven)	piedot	[piɛdɔt]
existeren (bestaan)	eksistēt	[eksiste:t]
gaan (te voet)	iet	[iɛt]

gaan zitten (ww)	sēsties	[se:stiɛs]
gaan zwemmen	peldēties	[pelde:tiɛs]
geven (ww)	dot	[dɔt]
glimlachen (ww)	smaidīt	[smaidi:t]
goed raden (ww)	uzminēt	[uzmine:t]

| grappen maken (ww) | jokot | [jɔkɔt] |
| graven (ww) | rakt | [rakt] |

helpen (ww)	palīdzēt	[pali:dze:t]
herhalen (opnieuw zeggen)	atkārtot	[atka:rtɔt]
honger hebben (ww)	gribēt ēst	[gribe:t e:st]

hopen (ww)	cerēt	[tsɛre:t]
horen (waarnemen met het oor)	dzirdēt	[dzirde:t]
huilen (wenen)	raudāt	[rauda:t]
huren (huis, kamer)	īrēt	[i:re:t]
informeren (informatie geven)	informēt	[infɔrme:t]

instemmen (akkoord gaan)	piekrist	[piɛkrist]
jagen (ww)	medīt	[medi:t]
kennen (kennis hebben van iemand)	pazīt	[pazi:t]
kiezen (ww)	izvēlēties	[izvɛ:le:tiɛs]
klagen (ww)	sūdzēties	[su:dze:tiɛs]

kosten (ww)	maksāt	[maksa:t]
kunnen (ww)	spēt	[spe:t]
lachen (ww)	smieties	[smiɛtiɛs]
laten vallen (ww)	nomest	[nɔmest]
lezen (ww)	lasīt	[lasi:t]

liefhebben (ww)	mīlēt	[mi:le:t]
lunchen (ww)	pusdienot	[pusdiɛnɔt]
nemen (ww)	ņemt	[ɲemt]
nodig zijn (ww)	būt vajadzīgam	[bu:t vajadzi:gam]

10. De belangrijkste werkwoorden. Deel 3

onderschatten (ww)	par zemu vērtēt	[par zɛmu ve:rte:t]
ondertekenen (ww)	parakstīt	[paraksti:t]
ontbijten (ww)	brokastot	[brɔkastɔt]
openen (ww)	atvērt	[atve:rt]
ophouden (ww)	pārtraukt	[pa:rtraukt]
opmerken (zien)	pamanīt	[pamani:t]

opscheppen (ww)	lielīties	[liɛli:tiɛs]
opschrijven (ww)	pierakstīt	[piɛraksti:t]
plannen (ww)	plānot	[pla:nɔt]

prefereren (verkiezen)	dot priekšroku	[dɔt priɛkʃrɔku]
proberen (trachten)	mēģināt	[me:dʲina:t]
redden (ww)	glābt	[gla:bt]

rekenen op ...	paļauties uz ...	[palʲauties uz ...]
rennen (ww)	skriet	[skriɛt]
reserveren	rezervēt	[rɛzerve:t]
(een hotelkamer ~)		

roepen (om hulp)	saukt	[saukt]
schieten (ww)	šaut	[ʃaut]
schreeuwen (ww)	kliegt	[kliɛgt]

schrijven (ww)	rakstīt	[raksti:t]
souperen (ww)	vakariņot	[vakariɲɔt]
spelen (kinderen)	spēlēt	[spɛ:le:t]
spreken (ww)	runāt	[runa:t]
stelen (ww)	zagt	[zagt]
stoppen (pauzeren)	apstāties	[apsta:tiɛs]

studeren (Nederlands ~)	pētīt	[pe:ti:t]
sturen (zenden)	sūtīt	[su:ti:t]
tellen (optellen)	sarēķināt	[sare:tʲina:t]
toebehoren ...	piederēt	[piɛdɛre:t]
toestaan (ww)	atļaut	[atlʲaut]
tonen (ww)	parādīt	[para:di:t]

twijfelen (onzeker zijn)	šaubīties	[ʃaubi:tiɛs]
uitgaan (ww)	iziet	[iziɛt]
uitnodigen (ww)	ielūgt	[iɛlu:gt]
uitspreken (ww)	izrunāt	[izruna:t]
uitvaren tegen (ww)	lamāt	[lama:t]

11. De belangrijkste werkwoorden. Deel 4

vallen (ww)	krist	[krist]
vangen (ww)	ķert	[tʲert]
veranderen (anders maken)	mainīt	[maini:t]
verbaasd zijn (ww)	brīnīties	[bri:ni:tiɛs]
verbergen (ww)	slēpt	[sle:pt]

verdedigen (je land ~)	aizstāvēt	[aizsta:ve:t]
verenigen (ww)	apvienot	[apviɛnɔt]
vergelijken (ww)	salīdzināt	[sali:dzina:t]
vergeten (ww)	aizmirst	[aizmirst]
vergeven (ww)	piedot	[piɛdɔt]

verklaren (uitleggen)	paskaidrot	[paskaidrɔt]
verkopen (per stuk ~)	pārdot	[pa:rdɔt]
vermelden (praten over)	pieminēt	[piɛmine:t]
versieren (decoreren)	izrotāt	[izrɔta:t]
vertalen (ww)	tulkot	[tulkɔt]

| vertrouwen (ww) | uzticēt | [uztitse:t] |
| vervolgen (ww) | turpināt | [turpina:t] |

verwarren (met elkaar ~)	sajaukt	[sajaukt]
verzoeken (ww)	lūgt	[lu:gt]
verzuimen (school, enz.)	kavēt	[kave:t]

vinden (ww)	atrast	[atrast]
vliegen (ww)	lidot	[lidɔt]
volgen (ww)	sekot ...	[sekɔt ...]
voorstellen (ww)	piedāvāt	[piɛda:va:t]
voorzien (verwachten)	paredzēt	[paredze:t]
vragen (ww)	jautāt	[jauta:t]

waarnemen (ww)	novērot	[nɔve:rɔt]
waarschuwen (ww)	brīdināt	[bri:dina:t]
wachten (ww)	gaidīt	[gaidi:t]
weerspreken (ww)	iebilst	[iɛbilst]
weigeren (ww)	atteikties	[attɛiktiɛs]

werken (ww)	strādāt	[stra:da:t]
weten (ww)	zināt	[zina:t]
willen (verlangen)	gribēt	[gribe:t]
zeggen (ww)	teikt	[tɛikt]
zich haasten (ww)	steigties	[stɛigtiɛs]

zich interesseren voor ...	interesēties	[intɛrɛse:tiɛs]
zich vergissen (ww)	kļūdīties	[klʲu:di:tiɛs]
zich verontschuldigen	atvainoties	[atvainɔtiɛs]
zien (ww)	redzēt	[redze:t]

zoeken (ww)	meklēt ...	[mekle:t ...]
zwemmen (ww)	peldēt	[pelde:t]
zwijgen (ww)	klusēt	[kluse:t]

12. Kleuren

kleur (de)	krāsa (s)	[kra:sa]
tint (de)	nokrāsa (s)	[nɔkra:sa]
kleurnuance (de)	tonis (v)	[tɔnis]
regenboog (de)	varavīksne (s)	[varavi:ksne]

wit (bn)	balts	[balts]
zwart (bn)	melns	[melns]
grijs (bn)	pelēks	[pɛle:ks]

groen (bn)	zaļš	[zalʲʃ]
geel (bn)	dzeltens	[dzeltens]
rood (bn)	sarkans	[sarkans]

blauw (bn)	zils	[zils]
lichtblauw (bn)	gaiši zils	[gaiʃi zils]
roze (bn)	rozā	[rɔza:]
oranje (bn)	oranžs	[ɔranʒs]
violet (bn)	violets	[viɔlets]
bruin (bn)	brūns	[bru:ns]
goud (bn)	zelta	[zelta]

zilverkleurig (bn)	sudrabains	[sudrabains]
beige (bn)	bēšs	[be:ʃs]
roomkleurig (bn)	krēmkrāsas	[kre:mkra:sas]
turkoois (bn)	zilganzaļš	[zilganzalʲʃ]
kersrood (bn)	ķiršu brīns	[tʲirʃu bri:ns]
lila (bn)	lillā	[lilla:]
karmijnrood (bn)	aveņkrāsas	[aveŋkra:sas]
licht (bn)	gaišs	[gaiʃs]
donker (bn)	tumšs	[tumʃs]
fel (bn)	spilgts	[spilgts]
kleur-, kleurig (bn)	krāsains	[kra:sains]
kleuren- (abn)	krāsains	[kra:sains]
zwart-wit (bn)	melnbalts	[melnbalts]
eenkleurig (bn)	vienkrāsains	[viɛnkra:sains]
veelkleurig (bn)	daudzkrāsains	[daudzkra:sains]

13. Vragen

Wie?	Kas?	[kas?]
Wat?	Kas?	[kas?]
Waar?	Kur?	[kur?]
Waarheen?	Uz kurieni?	[uz kuriɛni?]
Waar … vandaan?	No kurienes?	[nɔ kuriɛnes?]
Wanneer?	Kad?	[kad?]
Waarom?	Kādēļ?	[ka:de:lʲ?]
Waarom?	Kāpēc?	[ka:pe:ts?]
Waarvoor dan ook?	Kam?	[kam?]
Hoe?	Kā?	[ka:?]
Wat voor …?	Kāds?	[ka:ds?]
Welk?	Kurš?	[kurʃ?]
Aan wie?	Kam?	[kam?]
Over wie?	Par kuru?	[par kuru?]
Waarover?	Par ko?	[par kɔ?]
Met wie?	Ar ko?	[ar kɔ?]
Hoeveel? (ontelb.)	Cik?	[tsik?]
Van wie?	Kura? Kuras? Kuru?	[kura?], [kuras?], [kuru?]

14. Functiewoorden. Bijwoorden. Deel 1

Waar?	Kur?	[kur?]
hier (bw)	šeit	[ʃɛit]
daar (bw)	tur	[tur]
ergens (bw)	kaut kur	[kaut kur]
nergens (bw)	nekur	[nɛkur]
bij … (in de buurt)	pie …	[piɛ …]
bij het raam	pie loga	[piɛ lɔga]

Waarheen?	Uz kurieni?	[uz kuriɛni?]
hierheen (bw)	šurp	[ʃurp]
daarheen (bw)	turp	[turp]
hiervandaan (bw)	no šejienes	[nɔ ʃejiɛnes]
daarvandaan (bw)	no turienes	[nɔ turiɛnes]

dichtbij (bw)	tuvu	[tuvu]
ver (bw)	tālu	[ta:lu]

in de buurt (van …)	pie	[piɛ]
vlakbij (bw)	blakus	[blakus]
niet ver (bw)	netālu	[nɛta:lu]

linker (bn)	kreisais	[krɛisais]
links (bw)	pa kreisi	[pa krɛisi]
linksaf, naar links (bw)	pa kreisi	[pa krɛisi]

rechter (bn)	labais	[labais]
rechts (bw)	pa labi	[pa labi]
rechtsaf, naar rechts (bw)	pa labi	[pa labi]

vooraan (bw)	priekšā	[priɛkʃa:]
voorste (bn)	priekšējs	[priɛkʃe:js]
vooruit (bw)	uz priekšu	[uz priɛkʃu]

achter (bw)	mugurpusē	[mugurpuse:]
van achteren (bw)	no mugurpuses	[nɔ mugurpuses]
achteruit (naar achteren)	atpakaļ	[atpakalʲ]

midden (het)	vidus (v)	[vidus]
in het midden (bw)	vidū	[vidu:]

opzij (bw)	sānis	[sa:nis]
overal (bw)	visur	[visur]
omheen (bw)	apkārt	[apka:rt]

binnenuit (bw)	no iekšpuses	[nɔ iɛkʃpuses]
naar ergens (bw)	kaut kur	[kaut kur]
rechtdoor (bw)	taisni	[taisni]
terug (bijv. ~ komen)	atpakaļ	[atpakalʲ]

ergens vandaan (bw)	no kaut kurienes	[nɔ kaut kuriɛnes]
ergens vandaan (en dit geld moet ~ komen)	nez no kurienes	[nez nɔ kuriɛnes]

ten eerste (bw)	pirmkārt	[pirmka:rt]
ten tweede (bw)	otrkārt	[ɔtrka:rt]
ten derde (bw)	treškārt	[treʃka:rt]

plotseling (bw)	pēkšņi	[pe:kʃɲi]
in het begin (bw)	sākumā	[sa:kuma:]
voor de eerste keer (bw)	pirmo reizi	[pirmɔ rɛizi]
lang voor … (bw)	ilgu laiku pirms …	[ilgu laiku pirms …]
opnieuw (bw)	no jauna	[nɔ jauna]
voor eeuwig (bw)	uz visiem laikiem	[uz visiɛm laikiɛm]
nooit (bw)	nekad	[nɛkad]

weer (bw)	atkal	[atkal]
nu (bw)	tagad	[tagad]
vaak (bw)	bieži	[biεʒi]
toen (bw)	tad	[tad]
urgent (bw)	steidzami	[stεidzami]
meestal (bw)	parasti	[parasti]

trouwens, ... (tussen haakjes)	starp citu ...	[starp tsitu ...]
mogelijk (bw)	iespējams	[iεspe:jams]
waarschijnlijk (bw)	ticams	[titsams]
misschien (bw)	varbūt	[varbu:t]
trouwens (bw)	turklāt, ...	[turkla:t, ...]
daarom ...	tādēļ ...	[ta:de:lʲ ...]
in weerwil van ...	neskatoties uz ...	[neskatɔties uz ...]
dankzij ...	pateicoties ...	[patεitsɔties ...]

wat (vn)	kas	[kas]
dat (vw)	kas	[kas]
iets (vn)	kaut kas	[kaut kas]
iets	kaut kas	[kaut kas]
niets (vn)	nekas	[nεkas]

wie (~ is daar?)	kas	[kas]
iemand (een onbekende)	kāds	[ka:ds]
iemand (een bepaald persoon)	kāds	[ka:ds]

niemand (vn)	neviens	[neviεns]
nergens (bw)	nekur	[nεkur]
niemands (bn)	neviena	[neviεna]
iemands (bn)	kāda	[ka:da]

zo (Ik ben ~ blij)	tā	[ta:]
ook (evenals)	tāpat	[ta:pat]
alsook (eveneens)	arī	[ari:]

15. Functiewoorden. Bijwoorden. Deel 2

Waarom?	Kāpēc?	[ka:pe:ts?]
om een bepaalde reden	nez kāpēc	[nez ka:pe:ts]
omdat ...	tāpēc ka ...	[ta:pe:ts ka ...]
voor een bepaald doel	nez kādēļ	[nez ka:de:lʲ]

en (vw)	un	[un]
of (vw)	vai	[vai]
maar (vw)	bet	[bet]
voor (vz)	priekš	[priεkʃ]

te (~ veel mensen)	pārāk	[pa:ra:k]
alleen (bw)	tikai	[tikai]
precies (bw)	tieši	[tiεʃi]
ongeveer (~ 10 kg)	apmēram	[apmε:ram]
omstreeks (bw)	aptuveni	[aptuveni]

bij benadering (bn)	aptuvens	[aptuvens]
bijna (bw)	gandrīz	[gandri:z]
rest (de)	pārējais	[pa:re:jais]

de andere (tweede)	cits	[tsits]
ander (bn)	cits	[tsits]
elk (bn)	katrs	[katrs]
om het even welk	jebkurš	[jebkurʃ]
veel (grote hoeveelheid)	daudz	[daudz]
veel mensen	daudzi	[daudzi]
iedereen (alle personen)	visi	[visi]

in ruil voor ...	apmaiņā pret ...	[apmaiɲa: pret ...]
in ruil (bw)	pretī	[preti:]
met de hand (bw)	ar rokām	[ar rɔka:m]
onwaarschijnlijk (bw)	diez vai	[diɛz vai]

waarschijnlijk (bw)	laikam	[laikam]
met opzet (bw)	tīšām	[ti:ʃa:m]
toevallig (bw)	nejauši	[nejauʃi]

zeer (bw)	ļoti	[lʲɔti]
bijvoorbeeld (bw)	piemēram	[piɛmɛ:ram]
tussen (~ twee steden)	starp	[starp]
tussen (te midden van)	vidū	[vidu:]
zoveel (bw)	tik daudz	[tik daudz]
vooral (bw)	īpaši	[i:paʃi]

Basisbegrippen Deel 2

16. Dagen van de week

maandag (de)	pirmdiena (s)	[pirmdiɛna]
dinsdag (de)	otrdiena (s)	[ɔtrdiɛna]
woensdag (de)	trešdiena (s)	[treʃdiɛna]
donderdag (de)	ceturtdiena (s)	[tsɛturtdiɛna]
vrijdag (de)	piektdiena (s)	[piɛktdiɛna]
zaterdag (de)	sestdiena (s)	[sestdiɛna]
zondag (de)	svētdiena (s)	[sveːtdiɛna]
vandaag (bw)	šodien	[ʃɔdiɛn]
morgen (bw)	rīt	[riːt]
overmorgen (bw)	parīt	[pariːt]
gisteren (bw)	vakar	[vakar]
eergisteren (bw)	aizvakar	[aizvakar]
dag (de)	diena (s)	[diɛna]
werkdag (de)	darba diena (s)	[darba diɛna]
feestdag (de)	svētku diena (s)	[sveːtku diɛna]
verlofdag (de)	brīvdiena (s)	[briːvdiɛna]
weekend (het)	brīvdienas (s dsk)	[briːvdiɛnas]
de hele dag (bw)	visa diena	[visa diɛna]
de volgende dag (bw)	nākamajā dienā	[naːkamaja: diɛna:]
twee dagen geleden	pirms divām dienām	[pirms diva:m diɛna:m]
aan de vooravond (bw)	dienu iepriekš	[diɛnu iɛpriɛkʃ]
dag-, dagelijks (bn)	ikdienas	[igdiɛnas]
elke dag (bw)	katru dienu	[katru diɛnu]
week (de)	nedēļa (s)	[nɛdɛːlʲa]
vorige week (bw)	pagājušajā nedēļā	[paga:juʃaja: nɛdɛːlʲa:]
volgende week (bw)	nākamajā nedēļā	[na:kamaja: nɛdɛːlʲa:]
wekelijks (bn)	iknedēļas	[iknɛdɛːlʲas]
elke week (bw)	katru nedēļu	[katru nɛdɛːlʲu]
twee keer per week	divas reizes nedēļā	[divas rɛizes nɛdɛːlʲa:]
elke dinsdag	katru otrdienu	[katru ɔtrdiɛnu]

17. Uren. Dag en nacht

morgen (de)	rīts (v)	[ri:ts]
's morgens (bw)	no rīta	[nɔ ri:ta]
middag (de)	pusdiena (s)	[pusdiɛna]
's middags (bw)	pēcpusdienā	[pe:tspusdiɛna:]
avond (de)	vakars (v)	[vakars]
's avonds (bw)	vakarā	[vakara:]

nacht (de)	nakts (s)	[nakts]
's nachts (bw)	naktī	[nakti:]
middernacht (de)	pusnakts (s)	[pusnakts]

seconde (de)	sekunde (s)	[sɛkunde]
minuut (de)	minūte (s)	[minu:te]
uur (het)	stunda (s)	[stunda]
halfuur (het)	pusstunda	[pustunda]
kwartier (het)	stundas ceturksnis (v)	[stundas tsɛturksnis]
vijftien minuten	piecpadsmit minūtes	[piɛtspadsmit minu:tes]
etmaal (het)	diennakts (s)	[diɛnnakts]

zonsopgang (de)	saullēkts (v)	[saulle:kts]
dageraad (de)	rītausma (s)	[ri:tausma]
vroege morgen (de)	agrs rīts (v)	[agrs ri:ts]
zonsondergang (de)	saulriets (v)	[saulriɛts]

's morgens vroeg (bw)	agri no rīta	[agri nɔ ri:ta]
vanmorgen (bw)	šorīt	[ʃori:t]
morgenochtend (bw)	rīt no rīta	[ri:t nɔ ri:ta]

vanmiddag (bw)	šodien	[ʃodiɛn]
's middags (bw)	pēcpusdienā	[pe:tspusdiɛna:]
morgenmiddag (bw)	rīt pēcpusdienā	[ri:t pe:tspusdiɛna:]

| vanavond (bw) | šovakar | [ʃovakar] |
| morgenavond (bw) | rītvakar | [ri:tvakar] |

klokslag drie uur	tieši trijos	[tiɛʃi trijos]
ongeveer vier uur	ap četriem	[ap tʃetriɛm]
tegen twaalf uur	ap divpadsmitiem	[ap divpadsmitiɛm]

| over twintig minuten | pēc divdesmit minūtēm | [pe:ts divdesmit minu:te:m] |

| over een uur | pēc stundas | [pe:ts stundas] |
| op tijd (bw) | laikā | [laika:] |

kwart voor ...	bez ceturkšņa ...	[bez tsɛturkʃɲa ...]
binnen een uur	stundas laikā	[stundas laika:]
elk kwartier	katras piecpadsmit minūtes	[katras piɛtspadsmit minu:tes]

| de klok rond | caurām dienām | [tsaura:m diɛna:m] |

18. Maanden. Seizoenen

januari (de)	janvāris (v)	[janva:ris]
februari (de)	februāris (v)	[februa:ris]
maart (de)	marts (v)	[marts]
april (de)	aprīlis (v)	[apri:lis]
mei (de)	maijs (v)	[maijs]
juni (de)	jūnijs (v)	[ju:nijs]

| juli (de) | jūlijs (v) | [ju:lijs] |
| augustus (de) | augusts (v) | [augusts] |

september (de)	septembris (v)	[septembris]
oktober (de)	oktobris (v)	[ɔktɔbris]
november (de)	novembris (v)	[nɔvembris]
december (de)	decembris (v)	[detsembris]

lente (de)	pavasaris (v)	[pavasaris]
in de lente (bw)	pavasarī	[pavasari:]
lente- (abn)	pavasara	[pavasara]

zomer (de)	vasara (s)	[vasara]
in de zomer (bw)	vasarā	[vasara:]
zomer-, zomers (bn)	vasaras	[vasaras]

herfst (de)	rudens (v)	[rudens]
in de herfst (bw)	rudenī	[rudeni:]
herfst- (abn)	rudens	[rudens]

winter (de)	ziema (s)	[ziɛma]
in de winter (bw)	ziemā	[ziɛma:]
winter- (abn)	ziemas	[ziɛmas]

maand (de)	mēnesis (v)	[mɛ:nesis]
deze maand (bw)	šomēnes	[ʃɔmɛ:nes]
volgende maand (bw)	nākamajā mēnesī	[na:kamaja: mɛ:nesi:]
vorige maand (bw)	pagājušajā mēnesī	[paga:juʃaja: mɛ:nesi:]

een maand geleden (bw)	pirms mēneša	[pirms mɛ:neʃa]
over een maand (bw)	pēc mēneša	[pe:ts mɛ:neʃa]
over twee maanden (bw)	pēc diviem mēnešiem	[pe:ts diviɛm mɛ:neʃiɛm]
de hele maand (bw)	visu mēnesi	[visu mɛ:nesi]
een volle maand (bw)	veselu mēnesi	[vesɛlu mɛ:nesi]

maand-, maandelijks (bn)	ikmēneša	[ikmɛ:neʃa]
maandelijks (bw)	ik mēnesi	[ik mɛ:nesi]
elke maand (bw)	katru mēnesi	[katru mɛ:nesi]
twee keer per maand	divas reizes mēnesī	[divas rɛizes mɛ:nesi:]

jaar (het)	gads (v)	[gads]
dit jaar (bw)	šogad	[ʃɔgad]
volgend jaar (bw)	nākamajā gadā	[na:kamaja: gada:]
vorig jaar (bw)	pagājušajā gadā	[paga:juʃaja: gada:]

een jaar geleden (bw)	pirms gada	[pirms gada]
over een jaar	pēc gada	[pe:ts gada]
over twee jaar	pēc diviem gadiem	[pe:ts diviɛm gadiɛm]
het hele jaar	visu gadu	[visu gadu]
een vol jaar	veselu gadu	[vesɛlu gadu]

elk jaar	katru gadu	[katru gadu]
jaar-, jaarlijks (bn)	ikgadējs	[ikgade:js]
jaarlijks (bw)	ik gadu	[ik gadu]
4 keer per jaar	četras reizes gadā	[tʃetras rɛizes gada:]

datum (de)	datums (v)	[datums]
datum (de)	datums (v)	[datums]
kalender (de)	kalendārs (v)	[kalenda:rs]

een half jaar	pusgads	[pusgads]
zes maanden	pusgads (v)	[pusgads]
seizoen (bijv. lente, zomer)	gadalaiks (v)	[gadalaiks]
eeuw (de)	gadsimts (v)	[gadsimts]

19. Tijd. Diversen

tijd (de)	laiks (v)	[laiks]
ogenblik (het)	acumirklis (v)	[atsumirklis]
moment (het)	moments (v)	[mɔments]
ogenblikkelijk (bn)	acumirklīgs	[atsumirkli:gs]
tijdsbestek (het)	posms (v)	[pɔsms]
leven (het)	mūžs (v)	[mu:ʒs]
eeuwigheid (de)	mūžība (s)	[mu:ʒi:ba]

epoche (de), tijdperk (het)	laikmets (v)	[laikmets]
era (de), tijdperk (het)	ēra (s)	[ɛ:ra]
cyclus (de)	cikls (v)	[tsikls]
periode (de)	periods (v)	[periɔds]
termijn (vastgestelde periode)	termiņš (v)	[termiɲʃ]

toekomst (de)	nākotne (s)	[na:kɔtne]
toekomstig (bn)	nākamais	[na:kamais]
de volgende keer	nākamajā reizē	[na:kamaja: rɛize:]
verleden (het)	pagātne (s)	[paga:tne]
vorig (bn)	pagājušais	[paga:juʃais]
de vorige keer	pagājušā reizē	[paga:juʃa: rɛize:]

later (bw)	vēlāk	[vɛ:la:k]
na (~ het diner)	pēc tam	[pe:ts tam]
tegenwoordig (bw)	tagad	[tagad]
nu (bw)	tūlīt	[tu:li:t]

onmiddellijk (bw)	nekavējoties	[nɛkave:jɔtiɛs]
snel (bw)	drīz	[dri:z]
bij voorbaat (bw)	iepriekš	[iɛpriɛkʃ]

lang geleden (bw)	sen	[sen]
kort geleden (bw)	nesen	[nɛsen]
noodlot (het)	liktenis (v)	[liktenis]
herinneringen (mv.)	atmiņas (s dsk)	[atmiɲas]
archief (het)	arhīvs (v)	[arxi:vs]

tijdens ... (ten tijde van)	laikā ...	[laika: ...]
lang (bw)	ilgi	[ilgi]
niet lang (bw)	neilgi	[nɛilgi]

| vroeg (bijv. ~ in de ochtend) | agri | [agri] |
| laat (bw) | vēlu | [vɛ:lu] |

voor altijd (bw)	uz visiem laikiem	[uz visiɛm laikiɛm]
beginnen (ww)	sākt	[sa:kt]
uitstellen (ww)	atlikt	[atlikt]
tegelijkertijd (bw)	vienlaicīgi	[viɛnlaitsi:gi]

voordurend (bw)	pastāvīgi	[pasta:vi:gi]
constant (bijv. ~ lawaai)	pastāvīgas	[pasta:vi:gas]
tijdelijk (bn)	pagaidu	[pagaidu]

soms (bw)	dažreiz	[daʒrɛiz]
zelden (bw)	reti	[reti]
vaak (bw)	bieži	[biɛʒi]

20. Tegenovergestelden

| rijk (bn) | bagāts | [baga:ts] |
| arm (bn) | nabags | [nabags] |

| ziek (bn) | slims | [slims] |
| gezond (bn) | vesels | [vɛsɛls] |

| groot (bn) | liels | [liɛls] |
| klein (bn) | mazs | [mazs] |

| snel (bw) | ātri | [a:tri] |
| langzaam (bw) | lēni | [le:ni] |

| snel (bn) | ātrs | [a:trs] |
| langzaam (bn) | lēns | [le:ns] |

| vrolijk (bn) | jautrs | [jautrs] |
| treurig (bn) | skumjš | [skumjʃ] |

| samen (bw) | kopā | [kɔpa:] |
| apart (bw) | atsevišķi | [atseviʃtʲi] |

| hardop (~ lezen) | skaļi | [skalʲi] |
| stil (~ lezen) | klusībā | [klusi:ba:] |

| hoog (bn) | garš | [garʃ] |
| laag (bn) | zems | [zems] |

| diep (bn) | dziļš | [dzilʲʃ] |
| ondiep (bn) | sekls | [sekls] |

| ja | jā | [ja:] |
| nee | nē | [ne:] |

| ver (bn) | tāls | [ta:ls] |
| dicht (bn) | tuvs | [tuvs] |

| ver (bw) | tālu | [ta:lu] |
| dichtbij (bw) | blakus | [blakus] |

| lang (bn) | garš | [garʃ] |
| kort (bn) | īss | [i:s] |

| vriendelijk (goedhartig) | labs | [labs] |
| kwaad (bn) | ļauns | [lʲauns] |

gehuwd (mann.)	**precēts**	[pretse:ts]
ongehuwd (mann.)	**neprecēts**	[nepretse:ts]
verbieden (ww)	**aizliegt**	[aizliɛgt]
toestaan (ww)	**atļaut**	[atlʲaut]
einde (het)	**beigas** (s dsk)	[bɛigas]
begin (het)	**sākums** (v)	[sa:kums]
linker (bn)	**kreisais**	[krɛisais]
rechter (bn)	**labais**	[labais]
eerste (bn)	**pirmais**	[pirmais]
laatste (bn)	**pēdējais**	[pɛ:de:jais]
misdaad (de)	**noziegums** (v)	[noziɛgums]
bestraffing (de)	**sods** (v)	[sɔds]
bevelen (ww)	**pavēlēt**	[pavɛ:le:t]
gehoorzamen (ww)	**paklausīt**	[paklausi:t]
recht (bn)	**taisns**	[taisns]
krom (bn)	**līks**	[li:ks]
paradijs (het)	**paradīze** (s)	[paradi:ze]
hel (de)	**elle** (s)	[elle]
geboren worden (ww)	**piedzimt**	[piɛdzimt]
sterven (ww)	**nomirt**	[nomirt]
sterk (bn)	**stiprs**	[stiprs]
zwak (bn)	**vājš**	[va:jʃ]
oud (bn)	**vecs**	[vets]
jong (bn)	**jauns**	[jauns]
oud (bn)	**vecs**	[vets]
nieuw (bn)	**jauns**	[jauns]
hard (bn)	**ciets**	[tsiɛts]
zacht (bn)	**mīksts**	[mi:ksts]
warm (bn)	**silts**	[silts]
koud (bn)	**auksts**	[auksts]
dik (bn)	**resns**	[resns]
dun (bn)	**tievs**	[tiɛvs]
smal (bn)	**šaurs**	[ʃaurs]
breed (bn)	**plats**	[plats]
goed (bn)	**labs**	[labs]
slecht (bn)	**slikts**	[slikts]
moedig (bn)	**drosmīgs**	[drɔsmi:gs]
laf (bn)	**gļēvulīgs**	[glʲɛ:vuli:gs]

21. Lijnen en vormen

vierkant (het)	kvadrāts (v)	[kvadra:ts]
vierkant (bn)	kvadrātisks	[kvadra:tisks]
cirkel (de)	aplis (v)	[aplis]
rond (bn)	apaļš	[apaᵘ̯ʃ]
driehoek (de)	trīsstūris (v)	[tri:stu:ris]
driehoekig (bn)	trīsstūrains	[tri:stu:rains]

ovaal (het)	ovāls (v)	[ɔva:ls]
ovaal (bn)	ovāls	[ɔva:ls]
rechthoek (de)	taisnstūris (v)	[taisnstu:ris]
rechthoekig (bn)	taisnstūru	[taisnstu:ru]

piramide (de)	piramīda (s)	[pirami:da]
ruit (de)	rombs (v)	[rɔmbs]
trapezium (het)	trapece (s)	[trapetse]
kubus (de)	kubs (v)	[kubs]
prisma (het)	prizma (s)	[prizma]

omtrek (de)	aploce (s)	[aplɔtse]
bol, sfeer (de)	sfēra (s)	[sfɛ:ra]
bal (de)	lode (s)	[lɔde]
diameter (de)	diametrs (v)	[diametrs]
straal (de)	rādiuss (v)	[ra:dius]
omtrek (~ van een cirkel)	perimetrs (v)	[perimetrs]
middelpunt (het)	centrs (v)	[tsentrs]

horizontaal (bn)	horizontāls	[xɔrizɔnta:ls]
verticaal (bn)	vertikāls	[vertika:ls]
parallel (de)	paralēle (s)	[paralɛ:le]
parallel (bn)	paralēls	[paralɛ:ls]

lijn (de)	līnija (s)	[li:nija]
streep (de)	svītra (s)	[svi:tra]
rechte lijn (de)	taisne (s)	[taisne]
kromme (de)	līkne (s)	[li:kne]
dun (bn)	tievs	[tiɛvs]
omlijning (de)	kontūrs (v)	[kɔntu:rs]

snijpunt (het)	krustošanās (s)	[krustɔʃana:s]
rechte hoek (de)	taisns leņķis (v)	[taisns leɲtʲis]
segment (het)	segments (v)	[segments]
sector (de)	sektors (v)	[sektɔrs]
zijde (de)	mala (s)	[mala]
hoek (de)	leņķis (v)	[leɲtʲis]

22. Meeteenheden

gewicht (het)	svars (v)	[svars]
lengte (de)	garums (v)	[garums]
breedte (de)	platums (v)	[platums]
hoogte (de)	augstums (v)	[augstums]

diepte (de)	dziļums (v)	[dziljums]
volume (het)	apjoms (v)	[apjɔms]
oppervlakte (de)	laukums (v)	[laukums]

gram (het)	grams (v)	[grams]
milligram (het)	miligrams (v)	[miligrams]
kilogram (het)	kilograms (v)	[kilɔgrams]
ton (duizend kilo)	tonna (s)	[tɔnna]
pond (het)	mārciņa (s)	[ma:rtsiɲa]
ons (het)	unce (s)	[untse]

meter (de)	metrs (v)	[metrs]
millimeter (de)	milimetrs (v)	[milimetrs]
centimeter (de)	centimetrs (v)	[tsentimetrs]
kilometer (de)	kilometrs (v)	[kilɔmetrs]
mijl (de)	jūdze (s)	[ju:dze]

duim (de)	colla (s)	[tsɔlla]
voet (de)	pēda (s)	[pɛ:da]
yard (de)	jards (v)	[jards]

| vierkante meter (de) | kvadrātmetrs (v) | [kvadra:tmetrs] |
| hectare (de) | hektārs (v) | [xekta:rs] |

liter (de)	litrs (v)	[litrs]
graad (de)	grāds (v)	[gra:ds]
volt (de)	volts (v)	[vɔlts]
ampère (de)	ampērs (v)	[ampɛ:rs]
paardenkracht (de)	zirgspēks (v)	[zirgspe:ks]

hoeveelheid (de)	daudzums (v)	[daudzums]
een beetje ...	nedaudz ...	[nɛdaudz ...]
helft (de)	puse (s)	[puse]
dozijn (het)	ducis (v)	[dutsis]
stuk (het)	gabals (v)	[gabals]

| afmeting (de) | izmērs (v) | [izmɛ:rs] |
| schaal (bijv. ~ van 1 op 50) | mērogs (v) | [me:rɔgs] |

minimaal (bn)	minimāls	[minima:ls]
minste (bn)	vismazākais	[vismaza:kais]
medium (bn)	vidējs	[vide:js]
maximaal (bn)	maksimāls	[maksima:ls]
grootste (bn)	vislielākais	[vislɛla:kais]

23. Containers

glazen pot (de)	burka (s)	[burka]
blik (conserven~)	bundža (s)	[bundʒa]
emmer (de)	spainis (v)	[spainis]
ton (bijv. regenton)	muca (s)	[mutsa]

| ronde waterbak (de) | bļoda (s) | [bljɔda] |
| tank (bijv. watertank-70-ltr) | tvertne (s) | [tvertne] |

heupfles (de)	blašķe (s)	[blaʃťe]
jerrycan (de)	kanna (s)	[kanna]
tank (bijv. ketelwagen)	cisterna (s)	[tsisterna]

beker (de)	krūze (s)	[kru:ze]
kopje (het)	tase (s)	[tase]
schoteltje (het)	apakštase (s)	[apakʃtase]
glas (het)	glāze (s)	[gla:ze]
wijnglas (het)	pokāls (v)	[pɔka:ls]
steelpan (de)	kastrolis (v)	[kastrɔlis]

fles (de)	pudele (s)	[pudɛle]
flessenhals (de)	kakliņš (v)	[kakliɲʃ]

karaf (de)	karafe (s)	[karafe]
kruik (de)	krūka (s)	[kru:ka]
vat (het)	trauks (v)	[trauks]
pot (de)	pods (v)	[pɔds]
vaas (de)	vāze (s)	[va:ze]

flacon (de)	flakons (v)	[flakɔns]
flesje (het)	pudelīte (s)	[pudeli:te]
tube (bijv. ~ tandpasta)	tūbiņa (s)	[tu:biɲa]

zak (bijv. ~ aardappelen)	maiss (v)	[mais]
tasje (het)	maisiņš (v)	[maisiɲʃ]
pakje (~ sigaretten, enz.)	paciņa (s)	[patsiɲa]

doos (de)	kārba (s)	[ka:rba]
kist (de)	kastīte (s)	[kasti:te]
mand (de)	grozs (v)	[grɔzs]

24. Materialen

materiaal (het)	materiāls (v)	[materia:ls]
hout (het)	koks (v)	[kɔks]
houten (bn)	koka	[kɔka]

glas (het)	stikls (v)	[stikls]
glazen (bn)	stikla	[stikla]

steen (de)	akmens (v)	[akmens]
stenen (bn)	akmeņu	[akmɛɲu]

plastic (het)	plastmasa (s)	[plastmasa]
plastic (bn)	plastmasas	[plastmasas]

rubber (het)	gumija (s)	[gumija]
rubber-, rubberen (bn)	gumijas	[gumijas]

stof (de)	audums (v)	[audums]
van stof (bn)	auduma	[auduma]
papier (het)	papīrs (v)	[papi:rs]
papieren (bn)	papīra	[papi:ra]

karton (het)	kartons (v)	[kartɔns]
kartonnen (bn)	kartona	[kartɔna]

polyethyleen (het)	polietilēns (v)	[poliɛtile:ns]
cellofaan (het)	celofāns (v)	[tselɔfa:ns]
multiplex (het)	finieris (v)	[finiɛris]

porselein (het)	porcelāns (v)	[portsɛla:ns]
porseleinen (bn)	porcelāna	[portsɛla:na]
klei (de)	māls (v)	[ma:ls]
klei-, van klei (bn)	māla	[ma:la]
keramiek (de)	keramika (s)	[kɛramika]
keramieken (bn)	keramikas	[kɛramikas]

25. Metalen

metaal (het)	metāls (v)	[mɛta:ls]
metalen (bn)	metāla	[mɛta:la]
legering (de)	sakausējums (v)	[sakause:jums]

goud (het)	zelts (v)	[zelts]
gouden (bn)	zelta	[zelta]
zilver (het)	sudrabs (v)	[sudrabs]
zilveren (bn)	sudraba	[sudraba]

IJzer (het)	dzelzs (s)	[dzelzs]
IJzeren (bn)	dzelzs	[dzelzs]
staal (het)	tērauds (v)	[tɛ:rauds]
stalen (bn)	tērauda	[tɛ:rauda]
koper (het)	varš (v)	[varʃ]
koperen (bn)	vara	[vara]

aluminium (het)	alumīnijs (v)	[alumi:nijs]
aluminium (bn)	alumīnija	[alumi:nija]
brons (het)	bronza (s)	[brɔnza]
bronzen (bn)	bronzas	[brɔnzas]

messing (het)	misiņš (v)	[misiɲʃ]
nikkel (het)	niķelis (v)	[nit'elis]
platina (het)	platīns (v)	[plati:ns]
kwik (het)	dzīvsudrabs (v)	[dzi:vsudrabs]
tin (het)	alva (s)	[alva]
lood (het)	svins (v)	[svins]
zink (het)	cinks (v)	[tsinks]

MENS

Mens. Het lichaam

26. Mensen. Basisbegrippen

mens (de)	**cilvēks** (v)	[tsilve:ks]
man (de)	**vīrietis** (v)	[vi:riɛtis]
vrouw (de)	**sieviete** (s)	[siɛviɛte]
kind (het)	**bērns** (v)	[be:rns]
meisje (het)	**meitene** (s)	[mɛitɛne]
jongen (de)	**puika** (v)	[puika]
tiener, adolescent (de)	**pusaudzis** (v)	[pusaudzis]
oude man (de)	**vecītis** (v)	[vetsi:tis]
oude vrouw (de)	**vecenīte** (s)	[vetseni:te]

27. Menselijke anatomie

organisme (het)	**organisms** (v)	[ɔrganisms]
hart (het)	**sirds** (s)	[sirds]
bloed (het)	**asins** (s)	[asins]
slagader (de)	**artērija** (s)	[arte:rija]
ader (de)	**vēna** (s)	[vɛ:na]
hersenen (mv.)	**smadzenes** (s dsk)	[smadzɛnes]
zenuw (de)	**nervs** (v)	[nervs]
zenuwen (mv.)	**nervi** (v dsk)	[nervi]
wervel (de)	**skriemelis** (v)	[skriɛmelis]
ruggengraat (de)	**mugurkauls** (v)	[mugurkauls]
maag (de)	**kuņģis** (v)	[kuɲdʲis]
darmen (mv.)	**zarnu trakts** (v)	[zarnu trakts]
darm (de)	**zarna** (s)	[zarna]
lever (de)	**aknas** (s dsk)	[aknas]
nier (de)	**niere** (s)	[niɛre]
been (deel van het skelet)	**kauls** (v)	[kauls]
skelet (het)	**skelets** (v)	[skɛlets]
rib (de)	**riba** (s)	[riba]
schedel (de)	**galvaskauss** (v)	[galvaskaus]
spier (de)	**muskulis** (v)	[muskulis]
biceps (de)	**bicepss** (v)	[bitseps]
triceps (de)	**tricepss** (v)	[tritseps]
pees (de)	**cīpsla** (s)	[tsi:psla]
gewricht (het)	**locītava** (s)	[lɔtsi:tava]

longen (mv.)	plaušas (s dsk)	[plauʃas]
geslachtsorganen (mv.)	dzimumorgāni (v dsk)	[dzimumɔrga:ni]
huid (de)	āda (s)	[a:da]

28. Hoofd

hoofd (het)	galva (s)	[galva]
gezicht (het)	seja (s)	[seja]
neus (de)	deguns (v)	[dɛguns]
mond (de)	mute (s)	[mute]

oog (het)	acs (s)	[ats]
ogen (mv.)	acis (s dsk)	[atsis]
pupil (de)	acs zīlīte (s)	[ats zi:li:te]
wenkbrauw (de)	uzacs (s)	[uzats]
wimper (de)	skropsta (s)	[skrɔpsta]
ooglid (het)	plakstiņš (v)	[plakstiɲʃ]

tong (de)	mēle (s)	[mɛ:le]
tand (de)	zobs (v)	[zɔbs]
lippen (mv.)	lūpas (s dsk)	[lu:pas]
jukbeenderen (mv.)	vaigu kauli (v dsk)	[vaigu kauli]
tandvlees (het)	smaganas (s dsk)	[smaganas]
gehemelte (het)	aukslējas (s dsk)	[auksle:jas]

neusgaten (mv.)	nāsis (s dsk)	[na:sis]
kin (de)	zods (v)	[zɔds]
kaak (de)	žoklis (v)	[ʒɔklis]
wang (de)	vaigs (v)	[vaigs]

voorhoofd (het)	piere (s)	[piɛre]
slaap (de)	deniņi (v dsk)	[deniɲi]
oor (het)	auss (s)	[aus]
achterhoofd (het)	pakausis (v)	[pakausis]
hals (de)	kakls (v)	[kakls]
keel (de)	rīkle (s)	[ri:kle]

haren (mv.)	mati (v dsk)	[mati]
kapsel (het)	frizūra (s)	[frizu:ra]
haarsnit (de)	matu griezums (v)	[matu griɛzums]
pruik (de)	parūka (s)	[paru:ka]

snor (de)	ūsas (s dsk)	[u:sas]
baard (de)	bārda (s)	[ba:rda]
dragen (een baard, enz.)	ir	[ir]
vlecht (de)	bize (s)	[bize]
bakkebaarden (mv.)	vaigubārda (s)	[vaiguba:rda]

ros (roodachtig, rossig)	ruds	[ruds]
grijs (~ haar)	sirms	[sirms]
kaal (bn)	plikgalvains	[plikgalvains]
kale plek (de)	plika galva (s)	[plika galva]
paardenstaart (de)	zirgaste (s)	[zirgaste]
pony (de)	mati uz pieres (v)	[mati uz piɛres]

29. Menselijk lichaam

hand (de)	delna (s)	[delna]
arm (de)	roka (s)	[rɔka]

vinger (de)	pirksts (v)	[pirksts]
teen (de)	kājas īkšķis (v)	[ka:jas i:kʃtʲis]
duim (de)	īkšķis (v)	[i:kʃtʲis]
pink (de)	mazais pirkstiņš (v)	[mazais pirkstiɲʃ]
nagel (de)	nags (v)	[nags]

vuist (de)	dūre (s)	[du:re]
handpalm (de)	plauksta (s)	[plauksta]
pols (de)	plaukstas locītava (s)	[plaukstas lɔtsi:tava]
voorarm (de)	apakšdelms (v)	[apakʃdelms]
elleboog (de)	elkonis (v)	[elkɔnis]
schouder (de)	augšdelms (v)	[augʃdelms]

been (rechter ~)	kāja (s)	[ka:ja]
voet (de)	pēda (s)	[pɛ:da]
knie (de)	celis (v)	[tselis]
kuit (de)	apakšstilbs (v)	[apakʃstilbs]
heup (de)	gurns (v)	[gurns]
hiel (de)	papēdis (v)	[pape:dis]

lichaam (het)	ķermenis (v)	[tʲermenis]
buik (de)	vēders (v)	[vɛ:dɛrs]
borst (de)	krūškurvis (v)	[kru:ʃkurvis]
borst (de)	krūts (s)	[kru:ts]
zijde (de)	sāns (v)	[sa:ns]
rug (de)	mugura (s)	[mugura]
lage rug (de)	krusti (v dsk)	[krusti]
taille (de)	viduklis (v)	[viduklis]

navel (de)	naba (s)	[naba]
billen (mv.)	gūžas (s dsk)	[gu:ʒas]
achterwerk (het)	dibens (v)	[dibens]

huidvlek (de)	dzimumzīme (s)	[dzimumzi:me]
moedervlek (de)	dzimumzīme (s)	[dzimumzi:me]
tatoeage (de)	tetovējums (v)	[tetɔve:jums]
litteken (het)	rēta (s)	[rɛ:ta]

Kleding en accessoires

30. Bovenkleding. Jassen

kleren (mv.), kleding (de)	apģērbs (v)	[apdie:rbs]
bovenkleding (de)	virsdrēbes (s dsk)	[virsdrɛ:bes]
winterkleding (de)	ziemas drēbes (s dsk)	[ziɛmas drɛ:bes]
jas (de)	mētelis (v)	[mɛ:telis]
bontjas (de)	kažoks (v)	[kaʒɔks]
bontjasje (het)	puskažoks (v)	[puskaʒɔks]
donzen jas (de)	dūnu mētelis (v)	[du:nu mɛ:telis]
jasje (bijv. een leren ~)	jaka (s)	[jaka]
regenjas (de)	apmetnis (v)	[apmetnis]
waterdicht (bn)	ūdensnecaurlaidīgs	[u:densnetsaurlaidi:gs]

31. Heren & dames kleding

overhemd (het)	krekls (v)	[krekls]
broek (de)	bikses (s dsk)	[bikses]
jeans (de)	džinsi (v dsk)	[dʒinsi]
colbert (de)	žakete (s)	[ʒakɛte]
kostuum (het)	uzvalks (v)	[uzvalks]
jurk (de)	kleita (s)	[klɛita]
rok (de)	svārki (v dsk)	[sva:rki]
blouse (de)	blūze (s)	[blu:ze]
wollen vest (de)	vilnaina jaka (s)	[vilnaina jaka]
blazer (kort jasje)	žakete (s)	[ʒakɛte]
T-shirt (het)	sporta krekls (v)	[spɔrta krekls]
shorts (mv.)	šorti (v dsk)	[ʃɔrti]
trainingspak (het)	sporta tērps (v)	[spɔrta te:rps]
badjas (de)	halāts (v)	[xala:ts]
pyjama (de)	pidžama (s)	[pidʒama]
sweater (de)	svīteris (v)	[svi:teris]
pullover (de)	pulovers (v)	[pulɔvɛrs]
gilet (het)	veste (s)	[veste]
rokkostuum (het)	fraka (s)	[fraka]
smoking (de)	smokings (v)	[smɔkiŋs]
uniform (het)	uniforma (s)	[unifɔrma]
werkkleding (de)	darba apģērbs (v)	[darba apdie:rbs]
overall (de)	kombinezons (v)	[kɔmbinezɔns]
doktersjas (de)	halāts (v)	[xala:ts]

32. Kleding. Ondergoed

ondergoed (het)	ve**ļ**a (s)	[vɛlʲa]
herenslip (de)	bokseršorti (v dsk)	[bɔkserʃɔrti]
slipjes (mv.)	biksītes (s dsk)	[biksi:tes]
onderhemd (het)	apakškrekls (v)	[apakʃkrekls]
sokken (mv.)	ze**ķ**es (s dsk)	[zɛtʲes]

nachthemd (het)	naktskrekls (v)	[naktskrekls]
beha (de)	krūšturis (v)	[kru:ʃturis]
kniekousen (mv.)	pusgarās ze**ķ**es (s dsk)	[pusgara:s zɛtʲes]
panty (de)	ze**ķ**ubikses (s dsk)	[zɛtʲubikses]
nylonkousen (mv.)	sieviešu ze**ķ**es (s dsk)	[siɛviɛʃu zɛtʲes]
badpak (het)	peldkostīms (v)	[peldkɔsti:ms]

33. Hoofddeksels

hoed (de)	cepure (s)	[tsɛpure]
deukhoed (de)	platmale (s)	[platmale]
honkbalpet (de)	beisbola cepure (s)	[bɛisbɔla tsɛpure]
kleppet (de)	žokejcepure (s)	[ʒɔkejtsɛpure]

baret (de)	berete (s)	[bɛrɛte]
kap (de)	kapuce (s)	[kaputse]
panamahoed (de)	panama (s)	[panama]
gebreide muts (de)	adīta cepurīte (s)	[adi:ta tsɛpuri:te]

hoofddoek (de)	lakats (v)	[lakats]
dameshoed (de)	cepurīte (s)	[tsɛpuri:te]

veiligheidshelm (de)	**ķ**ivere (s)	[tʲivɛre]
veldmuts (de)	laivi**ņ**a (s)	[laiviɲa]
helm, valhelm (de)	bru**ņ**u cepure (s)	[bruɲu tsɛpure]

bolhoed (de)	katli**ņ**š (v)	[katliɲʃ]
hoge hoed (de)	cilindrs (v)	[tsilindrs]

34. Schoeisel

schoeisel (het)	apavi (v dsk)	[apavi]
schoenen (mv.)	puszābaki (v dsk)	[pusza:baki]
vrouwenschoenen (mv.)	kurpes (s dsk)	[kurpes]
laarzen (mv.)	zābaki (v dsk)	[za:baki]
pantoffels (mv.)	čības (s dsk)	[tʃi:bas]

sportschoenen (mv.)	sporta kurpes (s dsk)	[spɔrta kurpes]
sneakers (mv.)	kedas (s dsk)	[kɛdas]
sandalen (mv.)	sandales (s dsk)	[sandales]

schoenlapper (de)	kurpnieks (v)	[kurpniɛks]
hiel (de)	papēdis (v)	[pape:dis]

paar (een ~ schoenen)	pāris (v)	[pa:ris]
veter (de)	aukla (s)	[aukla]
rijgen (schoenen ~)	saitēt	[saite:t]
schoenlepel (de)	kurpju velkamais (v)	[kurpju velkamais]
schoensmeer (de/het)	apavu krēms (v)	[apavu kre:ms]

35. Textiel. Weefsel

katoen (de/het)	kokvilna (s)	[kɔkvilna]
katoenen (bn)	kokvilnas	[kɔkvilnas]
vlas (het)	lini (v dsk)	[lini]
vlas-, van vlas (bn)	lina	[lina]

zijde (de)	zīds (v)	[zi:ds]
zijden (bn)	zīda	[zi:da]
wol (de)	vilna (s)	[vilna]
wollen (bn)	vilnas	[vilnas]

fluweel (het)	samts (v)	[samts]
suède (de)	zamšāda (s)	[zamʃa:da]
ribfluweel (het)	velvets (v)	[velvets]

nylon (de/het)	neilons (v)	[nɛilɔns]
nylon-, van nylon (bn)	neilona	[nɛilɔna]
polyester (het)	poliesteris (v)	[pɔliɛsteris]
polyester- (abn)	poliestera	[pɔliɛstɛra]

leer (het)	āda (s)	[a:da]
leren (van leer gemaak)	no ādas	[nɔ a:das]
bont (het)	kažokāda (s)	[kaʒɔka:da]
bont- (abn)	kažokādas	[kaʒɔka:das]

36. Persoonlijke accessoires

handschoenen (mv.)	cimdi (v dsk)	[tsimdi]
wanten (mv.)	dūraiņi (v dsk)	[du:raiɲi]
sjaal (fleece ~)	šalle (s)	[ʃalle]

bril (de)	brilles (s dsk)	[brilles]
brilmontuur (het)	ietvars (v)	[iɛtvars]
paraplu (de)	lietussargs (v)	[liɛtusargs]
wandelstok (de)	spieķis (v)	[spiɛtˡis]
haarborstel (de)	matu suka (s)	[matu suka]
waaier (de)	vēdeklis (v)	[vɛ:deklis]

das (de)	kaklasaite (s)	[kaklasaite]
strikje (het)	tauriņš (v)	[tauriɲʃ]
bretels (mv.)	bikšturi (v dsk)	[bikʃturi]
zakdoek (de)	kabatlakatiņš (v)	[kabatlakatiɲʃ]

| kam (de) | ķemme (s) | [tˡemme] |
| haarspeldje (het) | matu sprādze (s) | [matu spra:dze] |

| schuifspeldje (het) | matadata (s) | [matadata] |
| gesp (de) | sprādze (s) | [spra:dze] |

| broekriem (de) | josta (s) | [jɔsta] |
| draagriem (de) | siksna (s) | [siksna] |

handtas (de)	soma (s)	[sɔma]
damestas (de)	somiņa (s)	[sɔmiɲa]
rugzak (de)	mugursoma (s)	[mugursɔma]

37. Kleding. Diversen

mode (de)	mode (s)	[mɔde]
de mode (bn)	moderns	[mɔderns]
kledingstilist (de)	modelētājs (v)	[mɔdɛlɛ:ta:js]

kraag (de)	apkakle (s)	[apkakle]
zak (de)	kabata (s)	[kabata]
zak- (abn)	kabatas	[kabatas]
mouw (de)	piedurkne (s)	[piɛdurkne]
lusje (het)	pakaramais (v)	[pakaramais]
gulp (de)	bikšu priekša	[bikʃu priɛkʃa]

rits (de)	rāvējslēdzējs (v)	[ra:ve:jsle:dze:js]
sluiting (de)	aizdare (s)	[aizdare]
knoop (de)	poga (s)	[pɔga]
knoopsgat (het)	pogcaurums (v)	[pɔgtsaurums]
losraken (bijv. knopen)	atrauties	[atrautiɛs]

naaien (kleren, enz.)	šūt	[ʃu:t]
borduren (ww)	izšūt	[izʃu:t]
borduursel (het)	izšūšana (s)	[izʃu:ʃana]
naald (de)	adata (s)	[adata]
draad (de)	diegs (v)	[diɛgs]
naad (de)	šuve (s)	[ʃuve]

vies worden (ww)	notraipīties	[nɔtraipi:tiɛs]
vlek (de)	traips (v)	[traips]
gekreukt raken (ov. kleren)	saburzīties	[saburzi:tiɛs]
scheuren (ov.ww.)	saplēst	[saple:st]
mot (de)	kode (s)	[kɔde]

38. Persoonlijke verzorging. Schoonheidsmiddelen

tandpasta (de)	zobu pasta (s)	[zɔbu pasta]
tandenborstel (de)	zobu suka (s)	[zɔbu suka]
tanden poetsen (ww)	tīrīt zobus	[ti:ri:t zɔbus]

scheermes (het)	skuveklis (v)	[skuveklis]
scheerschuim (het)	skūšanas krēms (v)	[sku:ʃanas kre:ms]
zich scheren (ww)	skūties	[sku:tiɛs]
zeep (de)	ziepes (s dsk)	[ziɛpes]

shampoo (de)	šampūns (v)	[ʃampu:ns]
schaar (de)	šķēres (s dsk)	[ʃtʲɛ:res]
nagelvijl (de)	nagu vīlīte (s)	[nagu vi:li:te]
nagelknipper (de)	knaiblītes (s dsk)	[knaibli:tes]
pincet (het)	pincete (s)	[pintsɛte]

cosmetica (de)	kosmētika (s)	[kɔsme:tika]
masker (het)	maska (s)	[maska]
manicure (de)	manikīrs (v)	[maniki:rs]
manicure doen	taisīt manikīru	[taisi:t maniki:ru]
pedicure (de)	pedikīrs (v)	[pediki:rs]

cosmetica tasje (het)	kosmētikas somiņa (s)	[kɔsme:tikas sɔmiɲa]
poeder (de/het)	pūderis (v)	[pu:deris]
poederdoos (de)	pūdernīca (s)	[pu:derni:tsa]
rouge (de)	vaigu sārtums (v)	[vaigu sa:rtums]

parfum (de/het)	smaržas (s dsk)	[smarʒas]
eau de toilet (de)	tualetes ūdens (v)	[tualɛtes u:dens]
lotion (de)	losjons (v)	[lɔsjɔns]
eau de cologne (de)	odekolons (v)	[ɔdekɔlɔns]

oogschaduw (de)	acu ēnas (s dsk)	[atsu ɛ:nas]
oogpotlood (het)	acu zīmulis (v)	[atsu zi:mulis]
mascara (de)	skropstu tuša (s)	[skrɔpstu tuʃa]

lippenstift (de)	lūpu krāsa (s)	[lu:pu kra:sa]
nagellak (de)	nagu laka (s)	[nagu laka]
haarlak (de)	matu laka (s)	[matu laka]
deodorant (de)	dezodorants (v)	[dezɔdɔrants]

crème (de)	krēms (v)	[kre:ms]
gezichtscrème (de)	sejas krēms (v)	[sejas kre:ms]
handcrème (de)	rokas krēms (v)	[rɔkas kre:ms]
antirimpelcrème (de)	pretgrumbu krēms (v)	[pretgrumbu kre:ms]
dagcrème (de)	dienas krēms (v)	[diɛnas kre:ms]
nachtcrème (de)	nakts krēms (v)	[nakts kre:ms]
dag- (abn)	dienas	[diɛnas]
nacht- (abn)	nakts	[nakts]

tampon (de)	tampons (v)	[tampɔns]
toiletpapier (het)	tualetes papīrs (v)	[tualɛtes papi:rs]
föhn (de)	fēns (v)	[fe:ns]

39. Juwelen

sieraden (mv.)	dārglietas (s dsk)	[da:rgliɛtas]
edel (bijv. ~ stenen)	dārgs	[da:rgs]
keurmerk (het)	prove (s)	[prɔve]

ring (de)	gredzens (v)	[gredzens]
trouwring (de)	laulības gredzens (v)	[lauli:bas gredzens]
armband (de)	aproce (s)	[aprɔtse]
oorringen (mv.)	auskari (v dsk)	[auskari]

halssnoer (het)	kaklarota (s)	[kaklarɔta]
kroon (de)	kronis (v)	[krɔnis]
kralen snoer (het)	krelles (s dsk)	[krelles]

diamant (de)	briljants (v)	[briljants]
smaragd (de)	smaragds (v)	[smaragds]
robijn (de)	rubīns (v)	[rubi:ns]
saffier (de)	safīrs (v)	[safi:rs]
parel (de)	pērles (s dsk)	[pe:rles]
barnsteen (de)	dzintars (v)	[dzintars]

40. Horloges. Klokken

polshorloge (het)	rokas pulkstenis (v)	[rɔkas pulkstenis]
wijzerplaat (de)	ciparnīca (s)	[tsiparni:tsa]
wijzer (de)	bultiņa (s)	[bultiɲa]
metalen horlogeband (de)	metāla siksniņa (s)	[mɛta:la siksniɲa]
horlogebandje (het)	siksniņa (s)	[siksniɲa]

batterij (de)	baterija (s)	[baterija]
leeg zijn (ww)	izlādēties	[izla:de:tiɛs]
batterij vervangen	nomainīt bateriju	[nɔmaini:t bateriju]
voorlopen (ww)	steigties	[stɛigtiɛs]
achterlopen (ww)	atpalikt	[atpalikt]

wandklok (de)	sienas pulkstenis (v)	[siɛnas pulkstenis]
zandloper (de)	smilšu pulkstenis (v)	[smilʃu pulkstenis]
zonnewijzer (de)	saules pulkstenis (v)	[saules pulkstenis]
wekker (de)	modinātājs (v)	[mɔdina:ta:js]
horlogemaker (de)	pulksteņmeistars (v)	[pulkstaɲmɛistars]
repareren (ww)	remontēt	[remɔnte:t]

Voedsel. Voeding

41. Voedsel

vlees (het)	gaļa (s)	[galʲa]
kip (de)	vista (s)	[vista]
kuiken (het)	cālis (v)	[tsaːlis]
eend (de)	pīle (s)	[piːle]
gans (de)	zoss (s)	[zɔs]
wild (het)	medījums (v)	[mediːjums]
kalkoen (de)	tītars (v)	[tiːtars]

varkensvlees (het)	cūkgaļa (s)	[tsuːkgalʲa]
kalfsvlees (het)	teļa gaļa (s)	[tɛlʲa galʲa]
schapenvlees (het)	jēra gaļa (s)	[jeːra galʲa]
rundvlees (het)	liellopu gaļa (s)	[liɛllɔpu galʲa]
konijnenvlees (het)	trusis (v)	[trusis]

worst (de)	desa (s)	[dɛsa]
saucijs (de)	cīsiņš (v)	[tsiːsiɲʃ]
spek (het)	bekons (v)	[bekɔns]
ham (de)	šķiņķis (v)	[ʃtʲiɲtʲis]
gerookte achterham (de)	šķiņķis (v)	[ʃtʲiɲtʲis]

paté, pastei (de)	pastēte (s)	[pastɛːte]
lever (de)	aknas (s dsk)	[aknas]
gehakt (het)	malta gaļa (s)	[malta galʲa]
tong (de)	mēle (s)	[mɛːle]

ei (het)	ola (s)	[ɔla]
eieren (mv.)	olas (s dsk)	[ɔlas]
eiwit (het)	baltums (v)	[baltums]
eigeel (het)	dzeltenums (v)	[dzeltenums]

vis (de)	zivs (s)	[zivs]
zeevruchten (mv.)	jūras produkti (v dsk)	[juːras prɔdukti]
schaaldieren (mv.)	vēžveidīgie (v dsk)	[veːʒvɛidiːgiɛ]
kaviaar (de)	ikri (v dsk)	[ikri]

krab (de)	krabis (v)	[krabis]
garnaal (de)	garnele (s)	[garnɛle]
oester (de)	austere (s)	[austɛre]
langoest (de)	langusts (v)	[laŋgusts]
octopus (de)	astoņkājis (v)	[astɔɲkaːjis]
inktvis (de)	kalmārs (v)	[kalmaːrs]

steur (de)	store (s)	[stɔre]
zalm (de)	lasis (v)	[lasis]
heilbot (de)	āte (s)	[aːte]
kabeljauw (de)	menca (s)	[mentsa]

makreel (de)	skumbrija (s)	[skumbrija]
tonijn (de)	tuncis (v)	[tuntsis]
paling (de)	zutis (v)	[zutis]

forel (de)	forele (s)	[forɛle]
sardine (de)	sardīne (s)	[sardi:ne]
snoek (de)	līdaka (s)	[li:daka]
haring (de)	siļķe (s)	[silʲtʲe]

brood (het)	maize (s)	[maize]
kaas (de)	siers (v)	[siɛrs]
suiker (de)	cukurs (v)	[tsukurs]
zout (het)	sāls (v)	[sa:ls]

rijst (de)	rīsi (v dsk)	[ri:si]
pasta (de)	makaroni (v dsk)	[makarɔni]
noedels (mv.)	nūdeles (s dsk)	[nu:dɛles]

boter (de)	sviests (v)	[sviɛsts]
plantaardige olie (de)	augu eļļa (s)	[augu ellʲa]
zonnebloemolie (de)	saulespuķu eļļa (s)	[saulesputʲu ellʲa]
margarine (de)	margarīns (v)	[margari:ns]

| olijven (mv.) | olīvas (s dsk) | [ɔli:vas] |
| olijfolie (de) | olīveļļa (s) | [ɔli:vellʲa] |

melk (de)	piens (v)	[piɛns]
gecondenseerde melk (de)	kondensētais piens (v)	[kɔndensɛ:tais piɛns]
yoghurt (de)	jogurts (v)	[jɔgurts]
zure room (de)	krējums (v)	[kre:jums]
room (de)	salds krējums (v)	[salds kre:jums]

| mayonaise (de) | majonēze (s) | [majɔnɛ:ze] |
| crème (de) | krēms (v) | [kre:ms] |

graan (het)	putraimi (v dsk)	[putraimi]
meel (het), bloem (de)	milti (v dsk)	[milti]
conserven (mv.)	konservi (v dsk)	[kɔnservi]

maïsvlokken (mv.)	kukurūzas pārslas (s dsk)	[kukuru:zas pa:rslas]
honing (de)	medus (v)	[mɛdus]
jam (de)	džems, ievārījums (v)	[dʒems], [iɛva:ri:jums]
kauwgom (de)	košļājamā gumija (s)	[kɔʃlʲa:jama: gumija]

42. Drankjes

water (het)	ūdens (v)	[u:dens]
drinkwater (het)	dzeramais ūdens (v)	[dzɛramais u:dens]
mineraalwater (het)	minerālūdens (v)	[minɛra:lu:dens]

zonder gas	negāzēts	[nɛga:ze:ts]
koolzuurhoudend (bn)	gāzēts	[ga:ze:ts]
bruisend (bn)	dzirkstošs	[dzirkstɔʃs]
IJs (het)	ledus (v)	[lɛdus]

met ijs	ar ledu	[ar lɛdu]
alcohol vrij (bn)	bezalkoholisks	[bɛzalkɔxɔlisks]
alcohol vrije drank (de)	bezalkoholiskais dzēriens (v)	[bɛzalkɔxɔliskais dze:riɛns]
frisdrank (de)	atspirdzinošs dzēriens (v)	[atspirdzinɔʃs dze:riɛns]
limonade (de)	limonāde (s)	[limɔna:de]

alcoholische dranken (mv.)	alkoholiskie dzērieni (v dsk)	[alkɔxɔliskiɛ dze:riɛni]
wijn (de)	vīns (v)	[vi:ns]
witte wijn (de)	baltvīns (v)	[baltvi:ns]
rode wijn (de)	sarkanvīns (v)	[sarkanvi:ns]

likeur (de)	liķieris (v)	[litʲiɛris]
champagne (de)	šampanietis (v)	[ʃampaniɛtis]
vermout (de)	vermuts (v)	[vermuts]

whisky (de)	viskijs (v)	[viskijs]
wodka (de)	degvīns (v)	[degvi:ns]
gin (de)	džins (v)	[dʒins]
cognac (de)	konjaks (v)	[kɔnjaks]
rum (de)	rums (v)	[rums]

koffie (de)	kafija (s)	[kafija]
zwarte koffie (de)	melnā kafija (s)	[melna: kafija]
koffie (de) met melk	kafija (s) ar pienu	[kafija ar piɛnu]
cappuccino (de)	kapučīno (v)	[kaputʃi:nɔ]
oploskoffie (de)	šķīstošā kafija (s)	[ʃtʲi:stɔʃa: kafija]

melk (de)	piens (v)	[piɛns]
cocktail (de)	kokteilis (v)	[kɔktɛilis]
milkshake (de)	piena kokteilis (v)	[piɛna kɔktɛilis]

sap (het)	sula (s)	[sula]
tomatensap (het)	tomātu sula (s)	[tɔma:tu sula]
sinaasappelsap (het)	apelsīnu sula (s)	[apɛlsi:nu sula]
vers geperst sap (het)	svaigi spiesta sula (s)	[svaigi spiɛsta sula]

bier (het)	alus (v)	[alus]
licht bier (het)	gaišais alus (v)	[gaiʃais alus]
donker bier (het)	tumšais alus (v)	[tumʃais alus]

thee (de)	tēja (s)	[te:ja]
zwarte thee (de)	melnā tēja (s)	[melna: te:ja]
groene thee (de)	zaļā tēja (s)	[zalʲa: te:ja]

43. Groenten

groenten (mv.)	dārzeņi (v dsk)	[da:rzeɲi]
verse kruiden (mv.)	zaļumi (v dsk)	[zalʲumi]

tomaat (de)	tomāts (v)	[tɔma:ts]
augurk (de)	gurķis (v)	[gurtʲis]
wortel (de)	burkāns (v)	[burka:ns]
aardappel (de)	kartupelis (v)	[kartupelis]

ui (de)	sīpols (v)	[si:pɔls]
knoflook (de)	ķiploks (v)	[tʲiplɔks]
kool (de)	kāposti (v dsk)	[ka:pɔsti]
bloemkool (de)	puķkāposti (v dsk)	[putʲka:pɔsti]
spruitkool (de)	Briseles kāposti (v dsk)	[brisɛles ka:pɔsti]
broccoli (de)	brokolis (v)	[brɔkɔlis]
rode biet (de)	biete (s)	[biɛte]
aubergine (de)	baklažāns (v)	[baklaʒa:ns]
courgette (de)	kabacis (v)	[kabatsis]
pompoen (de)	ķirbis (v)	[tʲirbis]
raap (de)	rācenis (v)	[ra:tsenis]
peterselie (de)	pētersīlis (v)	[pɛ:tɛrsi:lis]
dille (de)	dilles (s dsk)	[dilles]
sla (de)	dārza salāti (v dsk)	[da:rza sala:ti]
selderij (de)	selerija (s)	[sɛlerija]
asperge (de)	sparģelis (v)	[spardʲelis]
spinazie (de)	spināti (v dsk)	[spina:ti]
erwt (de)	zirnis (v)	[zirnis]
bonen (mv.)	pupas (s dsk)	[pupas]
maïs (de)	kukurūza (s)	[kukuru:za]
boon (de)	pupiņas (s dsk)	[pupiɲas]
peper (de)	graudu pipars (v)	[graudu pipars]
radijs (de)	redīss (v)	[redi:s]
artisjok (de)	artišoks (v)	[artiʃɔks]

44. Vruchten. Noten

vrucht (de)	auglis (v)	[auglis]
appel (de)	ābols (v)	[a:bɔls]
peer (de)	bumbieris (v)	[bumbiɛris]
citroen (de)	citrons (v)	[tsitrɔns]
sinaasappel (de)	apelsīns (v)	[apɛlsi:ns]
aardbei (de)	zemene (s)	[zɛmɛne]
mandarijn (de)	mandarīns (v)	[mandari:ns]
pruim (de)	plūme (s)	[plu:me]
perzik (de)	persiks (v)	[pɛrsiks]
abrikoos (de)	aprikoze (s)	[aprikɔze]
framboos (de)	avene (s)	[avɛne]
ananas (de)	ananāss (v)	[anana:s]
banaan (de)	banāns (v)	[bana:ns]
watermeloen (de)	arbūzs (v)	[arbu:zs]
druif (de)	vīnoga (s)	[vi:nɔga]
zure kers (de)	skābais ķirsis (v)	[ska:bais tʲirsis]
zoete kers (de)	saldais ķirsis (v)	[saldais tʲirsis]
meloen (de)	melone (s)	[melɔne]
grapefruit (de)	greipfrūts (v)	[grɛipfru:ts]
avocado (de)	avokado (v)	[avɔkadɔ]

papaja (de)	papaija (s)	[papaija]
mango (de)	mango (v)	[maŋgɔ]
granaatappel (de)	granātābols (v)	[grana:ta:bɔls]

rode bes (de)	sarkanā jāņoga (s)	[sarkana: ja:ɲɔga]
zwarte bes (de)	upene (s)	[upɛne]
kruisbes (de)	ērkšķoga (s)	[e:rkʃtʲɔga]
bosbes (de)	mellene (s)	[mellɛne]
braambes (de)	kazene (s)	[kazɛne]

rozijn (de)	rozīne (s)	[rɔzi:ne]
vijg (de)	vīģe (s)	[vi:dʲe]
dadel (de)	datele (s)	[datɛle]

pinda (de)	zemesrieksts (v)	[zɛmesriɛksts]
amandel (de)	mandeles (s dsk)	[mandɛles]
walnoot (de)	valrieksts (v)	[valriɛksts]
hazelnoot (de)	lazdu rieksts (v)	[lazdu riɛksts]
kokosnoot (de)	kokosrieksts (v)	[kɔkɔsriɛksts]
pistaches (mv.)	pistācijas (s dsk)	[pista:tsijas]

45. Brood. Snoep

suikerbakkerij (de)	konditorejas izstrādājumi (v dsk)	[kɔnditɔrejas izstra:da:jumi]
brood (het)	maize (s)	[maize]
koekje (het)	cepumi (v dsk)	[tsɛpumi]

chocolade (de)	šokolāde (s)	[ʃɔkɔla:de]
chocolade- (abn)	šokolādes	[ʃɔkɔla:des]
snoepje (het)	konfekte (s)	[kɔnfekte]
cakeje (het)	kūka (s)	[ku:ka]
taart (bijv. verjaardags~)	torte (s)	[tɔrte]

pastei (de)	pīrāgs (v)	[pi:ra:gs]
vulling (de)	pildījums (v)	[pildi:jums]

confituur (de)	ievārījums (v)	[iɛva:ri:jums]
marmelade (de)	marmelāde (s)	[marmɛla:de]
wafel (de)	vafeles (s dsk)	[vafɛles]
IJsje (het)	saldējums (v)	[salde:jums]
pudding (de)	pudiņš (v)	[pudiɲʃ]

46. Bereide gerechten

gerecht (het)	ēdiens (v)	[e:diɛns]
keuken (bijv. Franse ~)	virtuve (s)	[virtuve]
recept (het)	recepte (s)	[retsepte]
portie (de)	porcija (s)	[pɔrtsija]

salade (de)	salāti (v dsk)	[sala:ti]
soep (de)	zupa (s)	[zupa]

bouillon (de)	buljons (v)	[buljɔns]
boterham (de)	sviestmaize (s)	[sviɛstmaize]
spiegelei (het)	ceptas olas (s dsk)	[tseptas ɔlas]

hamburger (de)	hamburgers (v)	[xamburgɛrs]
biefstuk (de)	bifšteks (v)	[bifʃteks]

garnering (de)	piedeva (s)	[piɛdɛva]
spaghetti (de)	spageti (v dsk)	[spageti]
aardappelpuree (de)	kartupeļu biezenis (v)	[kartupɛlʲu biɛzenis]
pizza (de)	pica (s)	[pitsa]
pap (de)	biezputra (s)	[biɛzputra]
omelet (de)	omlete (s)	[ɔmlɛte]

gekookt (in water)	vārīts	[vaːriːts]
gerookt (bn)	kūpināts	[kuːpinaːts]
gebakken (bn)	cepts	[tsepts]
gedroogd (bn)	žāvēts	[ʒaːveːts]
diepvries (bn)	sasaldēts	[sasaldeːts]
gemarineerd (bn)	marinēts	[marineːts]

zoet (bn)	salds	[salds]
gezouten (bn)	sāļš	[saːlʲʃ]
koud (bn)	auksts	[auksts]
heet (bn)	karsts	[karsts]
bitter (bn)	rūgts	[ruːgts]
lekker (bn)	garšīgs	[garʃiːgs]

koken (in kokend water)	vārīt	[vaːriːt]
bereiden (avondmaaltijd ~)	gatavot	[gatavɔt]
bakken (ww)	cept	[tsept]
opwarmen (ww)	uzsildīt	[uzsildiːt]

zouten (ww)	piebērt sāli	[piɛbeːrt saːli]
peperen (ww)	piparot	[piparɔt]
raspen (ww)	rīvēt	[riːveːt]
schil (de)	miza (s)	[miza]
schillen (ww)	mizot	[mizɔt]

47. Kruiden

zout (het)	sāls (v)	[saːls]
gezouten (bn)	sāļš	[saːlʲʃ]
zouten (ww)	piebērt sāli	[piɛbeːrt saːli]

zwarte peper (de)	melnie pipari (v dsk)	[melniɛ pipari]
rode peper (de)	paprika (s)	[paprika]
mosterd (de)	sinepes (s dsk)	[sinɛpes]
mierikswortel (de)	mārrutki (v dsk)	[maːrrutki]

condiment (het)	piedeva (s)	[piɛdɛva]
specerij , kruiderij (de)	garšviela (s)	[garʃviɛla]
saus (de)	mērce (s)	[meːrtse]
azijn (de)	etiķis (v)	[ɛtitʲis]

anijs (de)	**anīss** (v)	[ani:s]
basilicum (de)	**baziliks** (v)	[baziliks]
kruidnagel (de)	**krustnagliņas** (s dsk)	[krustnagliņas]
gember (de)	**ingvers** (v)	[iŋgvɛrs]
koriander (de)	**koriandrs** (v)	[kɔriandrs]
kaneel (de/het)	**kanēlis** (v)	[kane:lis]

sesamzaad (het)	**sezams** (v)	[sɛzams]
laurierblad (het)	**lauru lapa** (s)	[lauru lapa]
paprika (de)	**paprika** (s)	[paprika]
komijn (de)	**ķimenes** (s dsk)	[tʲimɛnes]
saffraan (de)	**safrāns** (v)	[safra:ns]

48. Maaltijden

eten (het)	**ēdiens** (v)	[e:diɛns]
eten (ww)	**ēst**	[ɛ:st]

ontbijt (het)	**brokastis** (s dsk)	[brɔkastis]
ontbijten (ww)	**brokastot**	[brɔkastɔt]
lunch (de)	**pusdienas** (s dsk)	[pusdiɛnas]
lunchen (ww)	**pusdienot**	[pusdiɛnɔt]
avondeten (het)	**vakariņas** (s dsk)	[vakariņas]
souperen (ww)	**vakariņot**	[vakariɲɔt]

eetlust (de)	**apetīte** (s)	[apeti:te]
Eet smakelijk!	**Labu apetīti!**	[labu apeti:ti!]

openen (een fles ~)	**atvērt**	[atve:rt]
morsen (koffie, enz.)	**izliet**	[izliɛt]
zijn gemorst	**izlieties**	[izliɛtiɛs]

koken (water kookt bij 100°C)	**vārīties**	[va:ri:tiɛs]
koken (Hoe om water te ~)	**vārīt**	[va:ri:t]
gekookt (~ water)	**vārīts**	[va:ri:ts]
afkoelen (koeler maken)	**atdzesēt**	[atdzɛse:t]
afkoelen (koeler worden)	**atdzesēties**	[atdzɛse:tiɛs]

smaak (de)	**garša** (s)	[garʃa]
nasmaak (de)	**piegarša** (s)	[piɛgarʃa]

volgen een dieet	**tievēt**	[tiɛve:t]
dieet (het)	**diēta** (s)	[diɛ:ta]
vitamine (de)	**vitamīns** (v)	[vitami:ns]
calorie (de)	**kalorija** (s)	[kalɔrija]
vegetariër (de)	**veģetārietis** (v)	[vɛdʲɛta:riɛtis]
vegetarisch (bn)	**veģetāriešu**	[vɛdʲɛta:riɛʃu]

vetten (mv.)	**tauki** (v dsk)	[tauki]
eiwitten (mv.)	**olbaltumvielas** (s dsk)	[ɔlbaltumviɛlas]
koolhydraten (mv.)	**ogļhidrāti** (v dsk)	[ɔglʲxidra:ti]
snede (de)	**šķēlīte** (s)	[ʃtʲe:li:te]
stuk (bijv. een ~ taart)	**gabals** (v)	[gabals]
kruimel (de)	**gabaliņš** (v)	[gabaliɲʃ]

49. Tafelschikking

lepel (de)	karote (s)	[karɔte]
mes (het)	nazis (v)	[nazis]
vork (de)	dakša (s)	[dakʃa]
kopje (het)	tase (s)	[tase]
bord (het)	šķīvis (v)	[ʃtʲiːvis]
schoteltje (het)	apakštase (s)	[apakʃtase]
servet (het)	salvete (s)	[salvɛte]
tandenstoker (de)	zobu bakstāmais (v)	[zɔbu bakstaːmais]

50. Restaurant

restaurant (het)	restorāns (v)	[restɔraːns]
koffiehuis (het)	kafejnīca (s)	[kafejniːtsa]
bar (de)	bārs (v)	[baːrs]
tearoom (de)	tēju nams (v)	[teːju nams]
kelner, ober (de)	oficiants (v)	[ɔfitsiants]
serveerster (de)	oficiante (s)	[ɔfitsiante]
barman (de)	bārmenis (v)	[baːrmenis]
menu (het)	ēdienkarte (s)	[eːdiɛnkarte]
wijnkaart (de)	vīnu karte (s)	[viːnu karte]
een tafel reserveren	rezervēt galdiņu	[rɛzerveːt galdiɲu]
gerecht (het)	ēdiens (v)	[eːdiɛns]
bestellen (eten ~)	pasūtīt	[pasuːtiːt]
een bestelling maken	pasūtīt	[pasuːtiːt]
aperitief (de/het)	aperitīvs (v)	[aperitiːvs]
voorgerecht (het)	uzkožamais (v)	[uzkɔʒamais]
dessert (het)	deserts (v)	[dɛserts]
rekening (de)	rēķins (v)	[reːtʲins]
de rekening betalen	samaksāt rēķinu	[samaksaːt reːtʲinu]
wisselgeld teruggeven	iedot atlikumu	[iɛdɔt atlikumu]
fooi (de)	dzeramnauda (s)	[dzɛramnauda]

Familie, verwanten en vrienden

51. Persoonlijke informatie. Formulieren

naam (de)	vārds (v)	[va:rds]
achternaam (de)	uzvārds (v)	[uzva:rds]
geboortedatum (de)	dzimšanas datums (v)	[dzimʃanas datums]
geboorteplaats (de)	dzimšanas vieta (s)	[dzimʃanas viɛta]
nationaliteit (de)	tautība (s)	[tauti:ba]
woonplaats (de)	dzīves vieta (s)	[dzi:ves viɛta]
land (het)	valsts (s)	[valsts]
beroep (het)	profesija (s)	[prɔfesija]
geslacht (ov. het vrouwelijk ~)	dzimums (v)	[dzimums]
lengte (de)	augums (v)	[augums]
gewicht (het)	svars (v)	[svars]

52. Familieleden. Verwanten

moeder (de)	māte (s)	[ma:te]
vader (de)	tēvs (v)	[te:vs]
zoon (de)	dēls (v)	[dɛ:ls]
dochter (de)	meita (s)	[mɛita]
jongste dochter (de)	jaunākā meita (s)	[jauna:ka: mɛita]
jongste zoon (de)	jaunākais dēls (v)	[jauna:kais dɛ:ls]
oudste dochter (de)	vecākā meita (s)	[vetsa:ka: mɛita]
oudste zoon (de)	vecākais dēls (v)	[vetsa:kais dɛ:ls]
broer (de)	brālis (v)	[bra:lis]
oudere broer (de)	vecākais brālis (v)	[vetsa:kais bra:lis]
jongere broer (de)	jaunākais brālis (v)	[jauna:kais bra:lis]
zuster (de)	māsa (s)	[ma:sa]
oudere zuster (de)	vecākā māsa (s)	[vetsa:ka: ma:sa]
jongere zuster (de)	jaunākā māsa (s)	[jauna:ka: ma:sa]
neef (zoon van oom, tante)	brālēns (v)	[bra:le:ns]
nicht (dochter van oom, tante)	māsīca (s)	[ma:si:tsa]
mama (de)	māmiņa (s)	[ma:miɲa]
papa (de)	tētis (v)	[te:tis]
ouders (mv.)	vecāki (v dsk)	[vetsa:ki]
kind (het)	bērns (v)	[be:rns]
kinderen (mv.)	bērni (v dsk)	[be:rni]
oma (de)	vecmāmiņa (s)	[vetsma:miɲa]
opa (de)	vectēvs (v)	[vetste:vs]

kleinzoon (de)	mazdēls (v)	[mazdɛ:ls]
kleindochter (de)	mazmeita (s)	[mazmɛita]
kleinkinderen (mv.)	mazbērni (v dsk)	[mazbe:rni]

| oom (de) | onkulis (v) | [ɔnkulis] |
| tante (de) | tante (s) | [tante] |

schoonmoeder (de)	sievasmāte, vīramāte (s)	[siɛvasma:te], [vi:rama:te]
schoonvader (de)	sievastēvs, vīratēvs (v)	[siɛvaste:vs], [vi:rate:vs]
schoonzoon (de)	znots (v)	[znɔts]
stiefmoeder (de)	pamāte (s)	[pama:te]
stiefvader (de)	patēvs (v)	[pate:vs]

zuigeling (de)	krūts bērns (v)	[kru:ts be:rns]
wiegenkind (het)	zīdainis (v)	[zi:dainis]
kleuter (de)	mazulis (v)	[mazulis]

vrouw (de)	sieva (s)	[siɛva]
man (de)	vīrs (v)	[vi:rs]
echtgenoot (de)	dzīvesbiedrs (v)	[dzi:vesbiɛdrs]
echtgenote (de)	dzīvesbiedre (s)	[dzi:vesbiɛdre]

gehuwd (mann.)	precējies	[pretse:jiɛs]
gehuwd (vrouw.)	precējusies	[pretse:jusiɛs]
ongehuwd (mann.)	neprecējies	[nepretse:jiɛs]
vrijgezel (de)	vecpuisis (v)	[vetspuisis]
gescheiden (bn)	šķīries	[ʃtʲi:riɛs]
weduwe (de)	atraitne (s)	[atraitne]
weduwnaar (de)	atraitnis (v)	[atraitnis]

familielid (het)	radinieks (v)	[radiniɛks]
dichte familielid (het)	tuvs radinieks (v)	[tuvs radiniɛks]
verre familielid (het)	tāls radinieks (v)	[ta:ls radiniɛks]
familieleden (mv.)	radi (v dsk)	[radi]

wees (weesjongen)	bārenis (v)	[ba:renis]
wees (weesmeisje)	bārene (s)	[ba:rɛne]
voogd (de)	aizbildnis (v)	[aizbildnis]
adopteren (een jongen te ~)	adoptēt zēnu	[adɔpte:t zɛ:nu]
adopteren (een meisje te ~)	adoptēt meiteni	[adɔpte:t mɛiteni]

53. Vrienden. Collega's

vriend (de)	draugs (v)	[draugs]
vriendin (de)	draudzene (s)	[draudzɛne]
vriendschap (de)	draudzība (s)	[draudzi:ba]
bevriend zijn (ww)	draudzēties	[draudze:tiɛs]

makker (de)	draugs (v)	[draugs]
vriendin (de)	draudzene (s)	[draudzɛne]
partner (de)	partneris (v)	[partneris]

| chef (de) | šefs (v) | [ʃefs] |
| baas (de) | priekšnieks (v) | [priɛkʃniɛks] |

eigenaar (de)	īpašnieks (v)	[iːpaʃniɛks]
ondergeschikte (de)	padotais (v)	[padɔtais]
collega (de)	kolēģis (v)	[kɔleːdʲis]

kennis (de)	paziņa (v, s)	[paziɲa]
medereiziger (de)	ceļabiedrs (v)	[tsɛlʲabiɛdrs]
klasgenoot (de)	klases biedrs (v)	[klases biɛdrs]

buurman (de)	kaimiņš (v)	[kaimiɲʃ]
buurvrouw (de)	kaimiņiene (s)	[kaimiɲiɛne]
buren (mv.)	kaimiņi (v dsk)	[kaimiɲi]

54. Man. Vrouw

vrouw (de)	sieviete (s)	[siɛviɛte]
meisje (het)	jauniete (s)	[jauniɛte]
bruid (de)	līgava (s)	[liːgava]

mooi(e) (vrouw, meisje)	skaista	[skaista]
groot, grote (vrouw, meisje)	augsta	[augsta]
slank(e) (vrouw, meisje)	slaida	[slaida]
korte, kleine (vrouw, meisje)	neliela auguma	[neliɛla auguma]

blondine (de)	blondīne (s)	[blɔndiːne]
brunette (de)	brunete (s)	[brunɛte]

dames- (abn)	dāmu	[daːmu]
maagd (de)	jaunava (s)	[jaunava]
zwanger (bn)	grūta	[gruːta]

man (de)	vīrietis (v)	[viːriɛtis]
blonde man (de)	blondīns (v)	[blɔndiːns]
bruinharige man (de)	brunets (v)	[brunets]
groot (bn)	augsts	[augsts]
klein (bn)	neliela auguma	[neliɛla auguma]

onbeleefd (bn)	rupjš	[rupjʃ]
gedrongen (bn)	drukns	[drukns]
robuust (bn)	spēcīgs	[speːtsiːgs]
sterk (bn)	spēcīgs	[speːtsiːgs]
sterkte (de)	spēks (v)	[speːks]

mollig (bn)	tukls	[tukls]
getaand (bn)	melnīgsnējs	[melniːgsneːjs]
slank (bn)	slaids	[slaids]
elegant (bn)	elegants	[elɛgants]

55. Leeftijd

leeftijd (de)	vecums (v)	[vetsums]
jeugd (de)	jaunība (s)	[jauniːba]
jong (bn)	jauns	[jauns]

| jonger (bn) | jaunāks | [jauna:ks] |
| ouder (bn) | vecāks | [vetsa:ks] |

jongen (de)	jauneklis (v)	[jauneklis]
tiener, adolescent (de)	pusaudzis (v)	[pusaudzis]
kerel (de)	puisis (v)	[puisis]

| oude man (de) | vecītis (v) | [vetsi:tis] |
| oude vrouw (de) | vecenīte (s) | [vetseni:te] |

volwassen (bn)	pieaudzis	[piɛaudzis]
van middelbare leeftijd (bn)	pusmūža gados	[pusmu:ʒa gadɔs]
bejaard (bn)	pavecs	[pavets]
oud (bn)	vecs	[vets]

pensioen (het)	pensionēšanās (s)	[pensiɔne:ʃana:s]
met pensioen gaan	aiziet pensijā	[aiziɛt pensija:]
gepensioneerde (de)	pensionārs (v)	[pensiɔna:rs]

56. Kinderen

kind (het)	bērns (v)	[be:rns]
kinderen (mv.)	bērni (v dsk)	[be:rni]
tweeling (de)	dvīņi (v dsk)	[dvi:ɲi]

wieg (de)	šūpulis (v)	[ʃu:pulis]
rammelaar (de)	grābeklis (v)	[gra:beklis]
luier (de)	paklājiņš (v)	[pakla:jiɲʃ]

speen (de)	knupis (v)	[knupis]
kinderwagen (de)	bērnu ratiņi (v dsk)	[be:rnu ratiɲi]
kleuterschool (de)	bērnudārzs (v)	[be:rnuda:rzs]
babysitter (de)	aukle (s)	[aukle]

kindertijd (de)	bērnība (s)	[be:rni:ba]
pop (de)	lelle (s)	[lelle]
speelgoed (het)	rotaļlieta (s)	[rotalʲliɛta]
bouwspeelgoed (het)	konstruktors (v)	[kɔnstruktɔrs]

welopgevoed (bn)	audzināts	[audzina:ts]
onopgevoed (bn)	neaudzināts	[neaudzina:ts]
verwend (bn)	izlutināts	[izlutina:ts]

stout zijn (ww)	draiskoties	[draiskɔtiɛs]
stout (bn)	draiskulīgs	[draiskuli:gs]
stoutheid (de)	draiskulība (s)	[draiskuli:ba]
stouterd (de)	draiskulis (v)	[draiskulis]

| gehoorzaam (bn) | paklausīgs | [paklausi:gs] |
| ongehoorzaam (bn) | nepaklausīgs | [nɛpaklausi:gs] |

braaf (bn)	saprātīgs	[sapra:ti:gs]
slim (verstandig)	gudrs	[gudrs]
wonderkind (het)	brīnumbērns (v)	[bri:numbe:rns]

57. Gehuwde paren. Gezinsleven

kussen (een kus geven)	skūpstīt	[sku:psti:t]
elkaar kussen (ww)	skūpstīties	[sku:psti:tiɛs]
gezin (het)	ģimene (s)	[dʲimɛne]
gezins- (abn)	ģimenes	[dʲimɛnes]
paar (het)	pāris (v)	[pa:ris]
huwelijk (het)	laulība (s)	[lauli:ba]
thuis (het)	ģimenes pavards (v)	[dʲimɛnes pavards]
dynastie (de)	dinastija (s)	[dinastija]

date (de)	randiņš (v)	[randiɲʃ]
zoen (de)	skūpsts (v)	[sku:psts]

liefde (de)	mīlestība (s)	[mi:lesti:ba]
liefhebben (ww)	mīlēt	[mi:le:t]
geliefde (bn)	mīļotais	[mi:lʲɔtais]

tederheid (de)	maigums (v)	[maigums]
teder (bn)	maigs	[maigs]
trouw (de)	uzticība (s)	[uztitsi:ba]
trouw (bn)	uzticīgs	[uztitsi:gs]
zorg (bijv. bejaarden~)	rūpes (s dsk)	[ru:pes]
zorgzaam (bn)	rūpīgs	[ru:pi:gs]

jonggehuwden (mv.)	jaunlaulātie (v dsk)	[jaunlaula:tiɛ]
wittebroodsweken (mv.)	medus mēnesis (v)	[mɛdus mɛ:nesis]
trouwen (vrouw)	apprecēties	[appretse:tiɛs]
trouwen (man)	apprecēties	[appretse:tiɛs]

bruiloft (de)	kāzas (s dsk)	[ka:zas]
gouden bruiloft (de)	zelta kāzas (s dsk)	[zelta ka:zas]
verjaardag (de)	gadadiena (s)	[gadadiɛna]

minnaar (de)	mīļākais (v)	[mi:lʲa:kais]
minnares (de)	mīļākā (s)	[mi:lʲa:ka:]

overspel (het)	nodevība (s)	[nɔdevi:ba]
overspel plegen (ww)	nodot	[nɔdɔt]
jaloers (bn)	greizsirdīgs	[grɛizsirdi:gs]
jaloers zijn (echtgenoot, enz.)	būt greizsirdīgam	[bu:t grɛizsirdi:gam]
echtscheiding (de)	šķiršanās (s)	[ʃtʲirʃana:s]
scheiden (ww)	šķirties	[ʃtʲirtiɛs]

ruzie hebben (ww)	strīdēties	[stri:de:tiɛs]
vrede sluiten (ww)	līgt mieru	[li:gt miɛru]
samen (bw)	kopā	[kɔpa:]
seks (de)	sekss (v)	[seks]

geluk (het)	laime (s)	[laime]
gelukkig (bn)	laimīgs	[laimi:gs]
ongeluk (het)	nelaime (s)	[nɛlaime]
ongelukkig (bn)	nelaimīgs	[nɛlaimi:gs]

Karakter. Gevoelens. Emoties

58. Gevoelens. Emoties

gevoel (het)	sajūta (s)	[saju:ta]
gevoelens (mv.)	jūtas (s dsk)	[ju:tas]
voelen (ww)	just	[just]
honger (de)	izsalkums (v)	[izsalkums]
honger hebben (ww)	gribēt ēst	[gribe:t e:st]
dorst (de)	slāpes (s dsk)	[sla:pes]
dorst hebben	gribēt dzert	[gribe:t dzert]
slaperigheid (de)	miegainība (s)	[miɛgaini:ba]
willen slapen	justies miegainam	[justies miɛgainam]
moeheid (de)	nogurums (v)	[nɔgurums]
moe (bn)	noguris	[nɔguris]
vermoeid raken (ww)	nogurt	[nɔgurt]
stemming (de)	garastāvoklis (v)	[garasta:vɔklis]
verveling (de)	garlaicība (s)	[garlaitsi:ba]
zich vervelen (ww)	garlaikoties	[garlaikɔtiɛs]
afzondering (de)	vientulība (s)	[viɛntuli:ba]
zich afzonderen (ww)	nošķirties	[nɔʃʲirtiɛs]
bezorgd maken (ww)	uztraukt	[uztraukt]
zich bezorgd maken	uztraukties	[uztrauktiɛs]
zorg (bijv. geld~en)	satraukums (v)	[satraukums]
ongerustheid (de)	nemiers (v)	[nemiɛrs]
ongerust (bn)	noraizējies	[nɔraize:jiɛs]
zenuwachtig zijn (ww)	nervozēt	[nervɔze:t]
in paniek raken	padoties panikai	[padɔties panikai]
hoop (de)	cerība (s)	[tseri:ba]
hopen (ww)	cerēt	[tsɛre:t]
zekerheid (de)	pārliecība (s)	[pa:rliɛtsi:ba]
zeker (bn)	pārliecināts	[pa:rliɛtsina:ts]
onzekerheid (de)	nedrošība (s)	[nedrɔʃi:ba]
onzeker (bn)	nedrošs	[nedrɔʃs]
dronken (bn)	piedzēries	[piɛdze:riɛs]
nuchter (bn)	nedzēris	[nedze:ris]
zwak (bn)	vājš	[va:jʃ]
gelukkig (bn)	laimīgs	[laimi:gs]
doen schrikken (ww)	nobiedēt	[nɔbiɛde:t]
toorn (de)	trakums (v)	[trakums]
woede (de)	niknums (v)	[niknums]
depressie (de)	depresija (s)	[depresija]
ongemak (het)	diskomforts (v)	[diskɔmfɔrts]

gemak, comfort (het)	**komforts** (v)	[kɔmfɔrts]
spijt hebben (ww)	**nožēlot**	[nɔʒe:lɔt]
spijt (de)	**nožēla** (s)	[nɔʒɛ:la]
pech (de)	**neveiksme** (s)	[nevɛiksme]
bedroefdheid (de)	**sarūgtinājums** (v)	[saru:gtina:jums]

schaamte (de)	**kauns** (v)	[kauns]
pret (de), plezier (het)	**jautrība** (s)	[jautri:ba]
enthousiasme (het)	**entuziasms** (v)	[entuziasms]
enthousiasteling (de)	**entuziasts** (v)	[entuziasts]
enthousiasme vertonen	**izrādīt entuziasmu**	[izra:di:t entuziasmu]

59. Karakter. Persoonlijkheid

karakter (het)	**raksturs** (v)	[raksturs]
karakterfout (de)	**trūkums** (v)	[tru:kums]
verstand (het)	**prāts** (v)	[pra:ts]
rede (de)	**saprāts** (v)	[sapra:ts]

geweten (het)	**sirdsapziņa** (s)	[sirdsapziɲa]
gewoonte (de)	**ieradums** (v)	[iɛradums]
bekwaamheid (de)	**spēja** (s)	[spe:ja]
kunnen (bijv., ~ zwemmen)	**prast**	[prast]

geduldig (bn)	**pacietīgs**	[patsiɛti:gs]
ongeduldig (bn)	**nepacietīgs**	[nɛpatsiɛti:gs]
nieuwsgierig (bn)	**ziņkārīgs**	[ziɲka:ri:gs]
nieuwsgierigheid (de)	**ziņkārība** (s)	[ziɲka:ri:ba]

bescheidenheid (de)	**kautrība** (s)	[kautri:ba]
bescheiden (bn)	**kautrīgs**	[kautri:gs]
onbescheiden (bn)	**nekautrīgs**	[nɛkautri:gs]

luiheid (de)	**slinkums** (v)	[slinkums]
lui (bn)	**slinks**	[slinks]
luiwammes (de)	**sliņķis** (v)	[sliɲťis]

sluwheid (de)	**viltība** (s)	[vilti:ba]
sluw (bn)	**viltīgs**	[vilti:gs]
wantrouwen (het)	**neuzticība** (s)	[nɛuztitsi:ba]
wantrouwig (bn)	**neuzticīgs**	[nɛuztitsi:gs]

gulheid (de)	**devība** (s)	[devi:ba]
gul (bn)	**devīgs**	[devi:gs]
talentrijk (bn)	**talantīgs**	[talanti:gs]
talent (het)	**talants** (v)	[talants]

moedig (bn)	**drosmīgs**	[drɔsmi:gs]
moed (de)	**drosme** (s)	[drɔsme]
eerlijk (bn)	**godīgs**	[gɔdi:gs]
eerlijkheid (de)	**godīgums** (v)	[gɔdi:gums]

voorzichtig (bn)	**piesardzīgs**	[piɛsardzi:gs]
manhaftig (bn)	**drošsirdīgs**	[drɔʃsirdi:gs]

| ernstig (bn) | nopietns | [nɔpiɛtns] |
| streng (bn) | stingrs | [stiŋgrs] |

resoluut (bn)	apņēmīgs	[apɲe:mi:gs]
onzeker, irresoluut (bn)	neapņēmīgs	[neapɲe:mi:gs]
schuchter (bn)	bikls	[bikls]
schuchterheid (de)	biklums (v)	[biklums]

vertrouwen (het)	uzticība (s)	[uztitsi:ba]
vertrouwen (ww)	uzticēt	[uztitse:t]
goedgelovig (bn)	lēticīgs	[le:ttitsi:gs]

oprecht (bw)	vaļsirdīgi	[valʲsirdi:gi]
oprecht (bn)	vaļsirdīgs	[valʲsirdi:gs]
oprechtheid (de)	vaļsirdība (s)	[valʲsirdi:ba]
open (bn)	atklāts	[atkla:ts]

rustig (bn)	mierīgs	[miɛri:gs]
openhartig (bn)	klajš	[klajʃ]
naïef (bn)	naivs	[naivs]
verstrooid (bn)	izklaidīgs	[izklaidi:gs]
leuk, grappig (bn)	smieklīgs	[smiɛkli:gs]

gierigheid (de)	alkatība (s)	[alkati:ba]
gierig (bn)	alkatīgs	[alkati:gs]
inhalig (bn)	skops	[skɔps]
kwaad (bn)	ļauns	[lʲauns]
koppig (bn)	stūrgalvīgs	[stu:rgalvi:gs]
onaangenaam (bn)	nepatīkams	[nɛpati:kams]

egoïst (de)	egoists (v)	[egɔists]
egoïstisch (bn)	egoistisks	[egɔistisks]
lafaard (de)	glēvulis (v)	[glʲɛ:vulis]
laf (bn)	glēvulīgs	[glʲɛ:vuli:gs]

60. Slaap. Dromen

slapen (ww)	gulēt	[gule:t]
slaap (in ~ vallen)	miegs (v)	[miɛgs]
droom (de)	sapnis (v)	[sapnis]
dromen (in de slaap)	sapņot	[sapɲɔt]
slaperig (bn)	miegains	[miɛgains]

bed (het)	gulta (s)	[gulta]
matras (de)	matracis (v)	[matratsis]
deken (de)	sega (s)	[sɛga]
kussen (het)	spilvens (v)	[spilvens]
laken (het)	palags (v)	[palags]

slapeloosheid (de)	bezmiegs (v)	[bezmiɛgs]
slapeloos (bn)	bezmiega	[bezmiɛga]
slaapmiddel (het)	miegazāles (s dsk)	[miɛgaza:les]
slaapmiddel innemen	iedzert miegazāles	[iɛdzert miɛgaza:les]
willen slapen	justies miegainam	[justies miɛgainam]

geeuwen (ww)	žāvāties	[ʒa:va:tiɛs]
gaan slapen	iet gulēt	[iɛt gule:t]
het bed opmaken	saklāt gultu	[sakla:t gultu]
inslapen (ww)	aizmigt	[aizmigt]

nachtmerrie (de)	murgi (v dsk)	[murgi]
gesnurk (het)	krākšana (s)	[kra:kʃana]
snurken (ww)	krākt	[kra:kt]

wekker (de)	modinātājs (v)	[mɔdina:ta:js]
wekken (ww)	uzmodināt	[uzmɔdina:t]
wakker worden (ww)	uzmosties	[uzmɔstiɛs]
opstaan (ww)	piecelties no gultas	[piɛtselties nɔ gultas]
zich wassen (ww)	mazgāties	[mazga:tiɛs]

61. Humor. Gelach. Blijdschap

humor (de)	humors (v)	[xumɔrs]
gevoel (het) voor humor	humora izjūta (s)	[xumɔra izju:ta]
plezier hebben (ww)	līksmot	[li:ksmɔt]
vrolijk (bn)	jautrs	[jautrs]
pret (de), plezier (het)	jautrība (s)	[jautri:ba]

glimlach (de)	smaids (v)	[smaids]
glimlachen (ww)	smaidīt	[smaidi:t]
beginnen te lachen (ww)	iesmieties	[iɛsmiɛtiɛs]
lachen (ww)	smieties	[smiɛtiɛs]
lach (de)	smiekli (v dsk)	[smiɛkli]

mop (de)	anekdote (s)	[anegdɔte]
grappig (een ~ verhaal)	smieklīgs	[smiɛkli:gs]
grappig (~e clown)	jocīgs	[jɔtsi:gs]

grappen maken (ww)	jokot	[jɔkɔt]
grap (de)	joks (v)	[jɔks]
blijheid (de)	prieks (v)	[priɛks]
blij zijn (ww)	priecāties	[priɛtsa:tiɛs]
blij (bn)	priecīgs	[priɛtsi:gs]

62. Discussie, conversatie. Deel 1

communicatie (de)	sazināšanās (s)	[sazina:ʃana:s]
communiceren (ww)	saieties	[saiɛtiɛs]

conversatie (de)	saruna (s)	[saruna]
dialoog (de)	dialogs (v)	[dialɔgs]
discussie (de)	diskusija (s)	[diskusija]
debat (het)	strīds (v)	[stri:ds]
debatteren, twisten (ww)	strīdēties	[stri:de:tiɛs]

gesprekspartner (de)	sarunu biedrs (v)	[sarunu biɛdrs]
thema (het)	temats (v)	[tɛmats]

standpunt (het)	viedoklis (v)	[viɛdɔklis]
mening (de)	uzskats (v)	[uzskats]
toespraak (de)	runa (s)	[runa]

bespreking (de)	apspriešana (s)	[apspriɛʃana]
bespreken (spreken over)	apspriest	[apspriɛst]
gesprek (het)	saruna (s)	[saruna]
spreken (converseren)	sarunāties	[saruna:tiɛs]
ontmoeting (de)	satikšanās (s)	[satikʃana:s]
ontmoeten (ww)	satikt	[satikt]

spreekwoord (het)	sakāmvārds (v)	[saka:mva:rds]
gezegde (het)	paruna (s)	[paruna]
raadsel (het)	mīkla (s)	[mi:kla]
een raadsel opgeven	uzdot mīklu	[uzdɔt mi:klu]
wachtwoord (het)	parole (s)	[parɔle]
geheim (het)	noslēpums (v)	[nɔslɛ:pums]

eed (de)	zvērests (v)	[zvɛ:rests]
zweren (een eed doen)	zvērēt	[zvɛ:re:t]
belofte (de)	solījums (v)	[sɔli:jums]
beloven (ww)	solīt	[sɔli:t]

advies (het)	padoms (v)	[padɔms]
adviseren (ww)	dot padomu	[dɔt padɔmu]
advies volgen (iemands ~)	sekot padomam	[sekɔt padɔmam]
luisteren (gehoorzamen)	klausīt padomam	[klausi:t padɔmam]

nieuws (het)	jaunums (v)	[jaunums]
sensatie (de)	sensācija (s)	[sensa:tsija]
informatie (de)	ziņas (s dsk)	[ziɲas]
conclusie (de)	secinājums (v)	[setsina:jums]
stem (de)	balss (v)	[bals]
compliment (het)	kompliments (v)	[kɔmpliments]
vriendelijk (bn)	laipns	[laipns]

woord (het)	vārds (v)	[va:rds]
zin (de), zinsdeel (het)	frāze (s)	[fra:ze]
antwoord (het)	atbilde (s)	[atbilde]

waarheid (de)	patiesība (s)	[patiɛsi:ba]
leugen (de)	meli (v dsk)	[meli]

gedachte (de)	doma (s)	[dɔma]
idee (de/het)	ideja (s), doma (s)	[ideja], [dɔma]
fantasie (de)	fantāzija (s)	[fanta:zija]

63. Discussie, conversatie. Deel 2

gerespecteerd (bn)	cienījams	[tsiɛni:jams]
respecteren (ww)	cienīt	[tsiɛni:t]
respect (het)	cieņa (s)	[tsiɛɲa]
Geachte ... (brief)	Cienījamais ...	[tsiɛni:jamais ...]
voorstellen (Mag ik jullie ~)	iepazīstināt	[iɛpazi:stina:t]

kennismaken (met ...)	iepazīties	[iɛpazi:tiɛs]
intentie (de)	nodoms (v)	[nɔdɔms]
intentie hebben (ww)	domāt	[dɔma:t]
wens (de)	novēlējums (v)	[nɔvɛ:le:jums]
wensen (ww)	novēlēt	[nɔvɛ:le:t]
verbazing (de)	izbrīns (v)	[izbri:ns]
verbazen (verwonderen)	pārsteigt	[pa:rstɛigt]
verbaasd zijn (ww)	brīnīties	[bri:ni:tiɛs]
geven (ww)	dot	[dɔt]
nemen (ww)	paņemt	[paɲemt]
teruggeven (ww)	atdot atpakaļ	[atdɔt atpakalʲ]
retourneren (ww)	atdot	[atdɔt]
zich verontschuldigen	atvainoties	[atvainɔtiɛs]
verontschuldiging (de)	atvainošanās (s dsk)	[atvainɔʃana:s]
vergeven (ww)	piedot	[piɛdɔt]
spreken (ww)	sarunāties	[saruna:tiɛs]
luisteren (ww)	klausīt	[klausi:t]
aanhoren (ww)	noklausīties	[nɔklausi:tiɛs]
begrijpen (ww)	saprast	[saprast]
tonen (ww)	parādīt	[para:di:t]
kijken naar ...	skatīties uz ...	[skati:ties uz ...]
roepen (vragen te komen)	saukt	[saukt]
afleiden (storen)	traucēt	[trautse:t]
storen (lastigvallen)	traucēt	[trautse:t]
doorgeven (ww)	nodot	[nɔdɔt]
verzoek (het)	lūgums (v)	[lu:gums]
verzoeken (ww)	lūgt	[lu:gt]
eis (de)	pieprasījums (v)	[piɛprasi:jums]
eisen (met klem vragen)	prasīt	[prasi:t]
beledigen (beledigende namen geven)	kaitināt	[kaitina:t]
uitlachen (ww)	zoboties	[zɔbɔtiɛs]
spot (de)	izsmiekls (v)	[izsmiɛkls]
bijnaam (de)	iesauka (s)	[iɛsauka]
zinspeling (de)	netiešs norādījums (v)	[netiɛʃs nɔra:di:jums]
zinspelen (ww)	netieši norādīt	[netiɛʃi nɔra:di:t]
impliceren (duiden op)	domāt	[dɔma:t]
beschrijving (de)	raksturojums (v)	[raksturɔjums]
beschrijven (ww)	aprakstīt	[apraksti:t]
lof (de)	uzslava (s)	[uzslava]
loven (ww)	slavēt	[slave:t]
teleurstelling (de)	vilšanās (s)	[vilʃana:s]
teleurstellen (ww)	likt vilties	[likt viltiɛs]
teleurgesteld zijn (ww)	vilties	[viltiɛs]
veronderstelling (de)	pieņēmums (v)	[piɛɲɛ:mums]
veronderstellen (ww)	pieņemt	[piɛɲemt]

| waarschuwing (de) | brīdinājums (v) | [bri:dina:jums] |
| waarschuwen (ww) | brīdināt | [bri:dina:t] |

64. Discussie, conversatie. Deel 3

| aanpraten (ww) | pierunāt | [piɛruna:t] |
| kalmeren (kalm maken) | nomierināt | [nɔmiɛrina:t] |

stilte (de)	klusēšana (s)	[kluse:ʃana]
zwijgen (ww)	klusēt	[kluse:t]
fluisteren (ww)	iečukstēt	[iɛtʃukste:t]
gefluister (het)	čuksts (v)	[tʃuksts]

| open, eerlijk (bw) | vaļsirdīgi | [valʲsirdi:gi] |
| volgens mij ... | manuprāt ... | [manupra:t ...] |

detail (het)	sīkums (v)	[si:kums]
gedetailleerd (bn)	sīks	[si:ks]
gedetailleerd (bw)	sīki	[si:ki]

| hint (de) | priekšā teikšana (s) | [priɛkʃa: tɛikʃana] |
| een hint geven | dot mājienu | [dɔt ma:jiɛnu] |

blik (de)	skatiens (v)	[skatiɛns]
een kijkje nemen	paskatīties	[paskati:tiɛs]
strak (een ~ke blik)	stingrs skatiens	[stiŋgrs skatiɛns]
knipperen (ww)	mirkšķināt	[mirkʃtʲina:t]
knipogen (ww)	pamirkšķināt	[pamirkʃtʲina:t]
knikken (ww)	pamāt ar galvu	[pama:t ar galvu]

zucht (de)	nopūta (s)	[nɔpu:ta]
zuchten (ww)	nopūsties	[nɔpu:stiɛs]
huiveren (ww)	satrūkties	[satru:ktiɛs]
gebaar (het)	žests (v)	[ʒests]
aanraken (ww)	pieskarties	[piɛskartiɛs]
grijpen (ww)	tvert	[tvert]
een schouderklopje geven	blīkšķināt	[bli:kʃtʲina:t]

Kijk uit!	Uzmanīgi!	[uzmani:gi!]
Echt?	Vai tiešām?	[vai tiɛʃa:m?]
Bent je er zeker van?	Vai esi pārliecināts?	[vai esi pa:rliɛtsina:ts?]
Succes!	Veiksmi!	[vɛiksmi!]
Juist, ja!	Skaidrs!	[skaidrs!]
Wat jammer!	Žēl!	[ʒe:l!]

65. Overeenstemming. Weigering

instemming (het)	piekrišana (s)	[piɛkriʃana]
instemmen (akkoord gaan)	piekrist	[piɛkrist]
goedkeuring (de)	aprobēšana (s)	[aprɔbe:ʃana]
goedkeuren (ww)	aprobēt	[aprɔbe:t]
weigering (de)	atteice (s)	[attɛitse]

weigeren (ww)	atteikties	[attɛiktiɛs]
Geweldig!	Lieliski!	[liɛliski!]
Goed!	Labi!	[labi!]
Akkoord!	Lai ir!	[lai ir!]

verboden (bn)	aizliegts	[aizliɛgts]
het is verboden	nedrīkst	[nedri:kst]
het is onmogelijk	nav iespējams	[nav iɛspe:jams]
onjuist (bn)	nepareizs	[nɛparɛizs]

afwijzen (ww)	noraidīt	[nɔraidi:t]
steunen	atbalstīt	[atbalsti:t]
(een goed doel, enz.)		
aanvaarden (excuses ~)	pieņemt	[piɛɲemt]

bevestigen (ww)	apstiprināt	[apstiprina:t]
bevestiging (de)	apstiprinājums (v)	[apstiprina:jums]
toestemming (de)	atļaušana (s)	[atlʲauʃana]
toestaan (ww)	atļaut	[atlʲaut]
beslissing (de)	lēmums (v)	[lɛ:mums]
z'n mond houden (ww)	noklusēt	[nɔkluse:t]

voorwaarde (de)	nosacījums (v)	[nɔsatsi:jums]
smoes (de)	atruna (s)	[atruna]
lof (de)	uzslava (s)	[uzslava]
loven (ww)	slavēt	[slave:t]

66. Succes. Veel geluk. Mislukking

succes (het)	sekmes (s dsk)	[sekmes]
succesvol (bw)	sekmīgi	[sekmi:gi]
succesvol (bn)	sekmīgs	[sekmi:gs]

geluk (het)	veiksme (s)	[vɛiksme]
Succes!	Veiksmi!	[vɛiksmi!]
geluks- (bn)	veiksmīgs	[vɛiksmi:gs]
gelukkig (fortuinlijk)	laimīgs	[laimi:gs]

mislukking (de)	neveiksme (s)	[nevɛiksme]
tegenslag (de)	neveiksme (s)	[nevɛiksme]
pech (de)	neveiksme (s)	[nevɛiksme]
zonder succes (bn)	neveiksmīgs	[nevɛiksmi:gs]
catastrofe (de)	katastrofa (s)	[katastrɔfa]

fierheid (de)	lepnums (v)	[lepnums]
fier (bn)	lepns	[lepns]
fier zijn (ww)	lepoties	[lepɔtiɛs]

winnaar (de)	uzvarētājs (v)	[uzvarɛ:ta:js]
winnen (ww)	uzvarēt	[uzvare:t]
verliezen (ww)	zaudēt	[zaude:t]
poging (de)	mēģinājums (v)	[me:dʲina:jums]
pogen, proberen (ww)	mēģināt	[me:dʲina:t]
kans (de)	izdevība (s)	[izdevi:ba]

67. Ruzies. Negatieve emoties

schreeuw (de)	kliedziens (v)	[kliɛdziɛns]
schreeuwen (ww)	kliegt	[kliɛgt]
beginnen te schreeuwen	iekliegties	[iɛkliɛgtiɛs]

ruzie (de)	ķilda (s)	[tʲilda]
ruzie hebben (ww)	strīdēties	[stri:de:tiɛs]
schandaal (het)	skandāls (v)	[skanda:ls]
schandaal maken (ww)	skandalēt	[skandale:t]
conflict (het)	konflikts (v)	[kɔnflikts]
misverstand (het)	pārpratums (v)	[pa:rpratums]

belediging (de)	apvainošana (s)	[apvainɔʃana]
beledigen	aizvainot	[aizvainɔt]
(met scheldwoorden)		
beledigd (bn)	apvainotais	[apvainɔtais]
krenking (de)	aizvainojums (v)	[aizvainɔjums]
krenken (beledigen)	aizvainot	[aizvainɔt]
gekwetst worden (ww)	aizvainoties	[aizvainɔtiɛs]

verontwaardiging (de)	sašutums (v)	[saʃutums]
verontwaardigd zijn (ww)	paust sašutumu	[paust saʃutumu]
klacht (de)	sūdzība (s)	[su:dzi:ba]
klagen (ww)	sūdzēties	[su:dze:tiɛs]

verontschuldiging (de)	atvainošanās (s dsk)	[atvainɔʃana:s]
zich verontschuldigen	atvainoties	[atvainɔtiɛs]
excuus vragen	lūgt piedošanu	[lu:gt piɛdɔʃanu]

kritiek (de)	kritika (s)	[kritika]
bekritiseren (ww)	kritizēt	[kritize:t]
beschuldiging (de)	apsūdzība (s)	[apsu:dzi:ba]
beschuldigen (ww)	apsūdzēt	[apsu:dze:t]

wraak (de)	atriebība (s)	[atriɛbi:ba]
wreken (ww)	atriebties	[atriɛbtiɛs]
wraak nemen (ww)	atmaksāt	[atmaksa:t]

minachting (de)	nicinājums (v)	[nitsina:jums]
minachten (ww)	nicināt	[nitsina:t]
haat (de)	naids (v)	[naids]
haten (ww)	ienīst	[iɛni:st]

zenuwachtig (bn)	nervozs	[nervɔzs]
zenuwachtig zijn (ww)	nervozēt	[nervɔze:t]
boos (bn)	dusmīgs	[dusmi:gs]
boos maken (ww)	sadusmot	[sadusmɔt]

vernedering (de)	pazemošana (s)	[pazemɔʃana]
vernederen (ww)	pazemot	[pazemɔt]
zich vernederen (ww)	pazemoties	[pazemɔtiɛs]

schok (de)	šoks (v)	[ʃɔks]
schokken (ww)	šokēt	[ʃɔke:t]

onaangenaamheid (de)	**nepatikšanas** (s dsk)	[nɛpatikʃanas]
onaangenaam (bn)	**nepatīkams**	[nɛpatiːkams]

vrees (de)	**bailes** (s dsk)	[bailes]
vreselijk (bijv. ~ onweer)	**baigs**	[baigs]
eng (bn)	**šausmīgs**	[ʃausmiːgs]
gruwel (de)	**šausmas** (s dsk)	[ʃausmas]
vreselijk (~ nieuws)	**briesmīgs**	[briɛsmiːgs]

beginnen te beven	**iedrebēties**	[iɛdrɛbeːtiɛs]
huilen (wenen)	**raudāt**	[raudaːt]
beginnen te huilen (wenen)	**ieraudāties**	[iɛraudaːtiɛs]
traan (de)	**asara** (s)	[asara]

schuld (~ geven aan)	**vaina** (s)	[vaina]
schuldgevoel (het)	**vaina** (s)	[vaina]
schande (de)	**kauns** (v)	[kauns]
protest (het)	**protests** (v)	[prɔtests]
stress (de)	**stress** (v)	[stres]

storen (lastigvallen)	**traucēt**	[trautseːt]
kwaad zijn (ww)	**niknoties**	[niknɔtiɛs]
kwaad (bn)	**nikns**	[nikns]
beëindigen (een relatie ~)	**pārtraukt**	[paːrtraukt]
vloeken (ww)	**lamāties**	[lamaːtiɛs]

schrikken (schrik krijgen)	**baidīties**	[baidiːtiɛs]
slaan (iemand ~)	**iesist**	[iɛsist]
vechten (ww)	**kauties**	[kautiɛs]

regelen (conflict)	**nokārtot**	[nɔkaːrtɔt]
ontevreden (bn)	**neapmierināts**	[neapmiɛrinaːts]
woedend (bn)	**sīvs**	[siːvs]

Dat is niet goed!	**Tas nav labi!**	[tas nav labi!]
Dat is slecht!	**Tas ir slikti!**	[tas ir slikti!]

Geneeskunde

68. Ziekten

ziekte (de)	slimība (s)	[slimi:ba]
ziek zijn (ww)	slimot	[slimɔt]
gezondheid (de)	veselība (s)	[vɛseli:ba]

snotneus (de)	iesnas (s dsk)	[iɛsnas]
angina (de)	angīna (s)	[aŋgi:na]
verkoudheid (de)	saaukstēšanās (s)	[saaukste:ʃana:s]
verkouden raken (ww)	saaukstēties	[saaukste:tiɛs]

bronchitis (de)	bronhīts (v)	[brɔnxi:ts]
longontsteking (de)	plaušu karsonis (v)	[plauʃu karsɔnis]
griep (de)	gripa (s)	[gripa]

bijziend (bn)	tuvredzīgs	[tuvredzi:gs]
verziend (bn)	tālredzīgs	[ta:lredzi:gs]
scheelheid (de)	šķielēšana (s)	[ʃtʲiɛle:ʃana]
scheel (bn)	šķielējošs	[ʃtʲiɛle:jɔʃs]
grauwe staar (de)	katarakta (s)	[katarakta]
glaucoom (het)	glaukoma (s)	[glaukɔma]

beroerte (de)	insults (v)	[insults]
hartinfarct (het)	infarkts (v)	[infarkts]
myocardiaal infarct (het)	miokarda infarkts (v)	[miɔkarda infarkts]
verlamming (de)	paralīze (s)	[parali:ze]
verlammen (ww)	paralizēt	[paralize:t]

allergie (de)	alerģija (s)	[alerdʲija]
astma (de/het)	astma (s)	[astma]
diabetes (de)	diabēts (v)	[diabe:ts]

tandpijn (de)	zobu sāpes (s dsk)	[zɔbu sa:pes]
tandbederf (het)	kariess (v)	[kariɛs]

diarree (de)	caureja (s)	[tsaureja]
constipatie (de)	aizcietējums (v)	[aiztsiɛte:jums]
maagstoornis (de)	gremošanas traucējumi (v dsk)	[gremɔʃanas trautse:jumi]
voedselvergiftiging (de)	saindēšanās (s)	[sainde:ʃana:s]
voedselvergiftiging oplopen	saindēties	[sainde:tiɛs]

artritis (de)	artrīts (v)	[artri:ts]
rachitis (de)	rahīts (v)	[raxi:ts]
reuma (het)	reimatisms (v)	[rɛimatisms]
arteriosclerose (de)	ateroskleroze (s)	[aterɔsklerɔze]
gastritis (de)	gastrīts (v)	[gastri:ts]
blindedarmontsteking (de)	apendicīts (v)	[apenditsi:ts]

| galblaasontsteking (de) | holecistīts (v) | [xɔletsisti:ts] |
| zweer (de) | čūla (s) | [tʃu:la] |

mazelen (mv.)	masalas (s dsk)	[masalas]
rodehond (de)	masaliņas (s dsk)	[masaliɲas]
geelzucht (de)	dzeltenā kaite (s)	[dzeltɛna: kaite]
leverontsteking (de)	hepatīts (v)	[xɛpati:ts]

schizofrenie (de)	šizofrēnija (s)	[ʃizɔfre:nija]
dolheid (de)	trakumsērga (s)	[trakumse:rga]
neurose (de)	neiroze (s)	[nɛirɔze]
hersenschudding (de)	smadzeņu satricinājums (v)	[smadzɛɲu satritsina:jums]

kanker (de)	vēzis (v)	[ve:zis]
sclerose (de)	skleroze (s)	[sklerɔze]
multiple sclerose (de)	multiplā skleroze (s)	[multipla: sklerɔze]

alcoholisme (het)	alkoholisms (v)	[alkɔxɔlisms]
alcoholicus (de)	alkoholiķis (v)	[alkɔxɔlitʲis]
syfilis (de)	sifiliss (v)	[sifilis]
AIDS (de)	AIDS (v)	[aids]

tumor (de)	audzējs (v)	[audze:js]
kwaadaardig (bn)	ļaundabīgs	[lʲaundabi:gs]
goedaardig (bn)	labdabīgs	[labdabi:gs]
koorts (de)	drudzis (v)	[drudzis]
malaria (de)	malārija (s)	[mala:rija]
gangreen (het)	gangrēna (s)	[gaŋgrɛ:na]
zeeziekte (de)	jūras slimība (s)	[ju:ras slimi:ba]
epilepsie (de)	epilepsija (s)	[epilepsija]

epidemie (de)	epidēmija (s)	[epide:mija]
tyfus (de)	tīfs (v)	[ti:fs]
tuberculose (de)	tuberkuloze (s)	[tuberkulɔze]
cholera (de)	holēra (s)	[xɔlɛ:ra]
pest (de)	mēris (v)	[me:ris]

69. Symptomen. Behandelingen. Deel 1

symptoom (het)	simptoms (v)	[simptɔms]
temperatuur (de)	temperatūra (s)	[tempɛratu:ra]
verhoogde temperatuur (de)	augsta temperatūra (s)	[augsta tempɛratu:ra]
polsslag (de)	pulss (v)	[puls]

duizeling (de)	galvas reibšana (s)	[galvas rɛibʃana]
heet (erg warm)	karsts	[karsts]
koude rillingen (mv.)	drebuļi (v dsk)	[drɛbulʲi]
bleek (bn)	bāls	[ba:ls]

hoest (de)	klepus (v)	[klɛpus]
hoesten (ww)	klepot	[klepɔt]
niezen (ww)	šķaudīt	[ʃtʲaudi:t]
flauwte (de)	ģībonis (v)	[dʲi:bonis]
flauwvallen (ww)	paģībt	[padʲi:bt]

blauwe plek (de)	zilums (v)	[zilums]
buil (de)	puns (v)	[puns]
zich stoten (ww)	atsisties	[atsistiɛs]
kneuzing (de)	sasitums (v)	[sasitums]
kneuzen (gekneusd zijn)	sasisties	[sasistiɛs]

hinken (ww)	klibot	[klibɔt]
verstuiking (de)	izmežģījums (v)	[izmeʒdʲiːjums]
verstuiken (enkel, enz.)	izmežģīt	[izmeʒdʲiːt]
breuk (de)	lūzums (v)	[luːzums]
een breuk oplopen	dabūt lūzumu	[dabuːt luːzumu]

snijwond (de)	iegriezums (v)	[iɛgriɛzums]
zich snijden (ww)	sagriezties	[sagriɛztiɛs]
bloeding (de)	asiņošana (s)	[asiɲoʃana]

| brandwond (de) | apdegums (v) | [apdɛgums] |
| zich branden (ww) | apdedzināties | [apdedzinaːtiɛs] |

prikken (ww)	sadurt	[sadurt]
zich prikken (ww)	sadurties	[sadurtiɛs]
blesseren (ww)	sabojāt	[sabɔjaːt]
blessure (letsel)	traumēšana (s)	[traumeːʃana]
wond (de)	ievainojums (v)	[iɛvainɔjums]
trauma (het)	trauma (s)	[trauma]

IJlen (ww)	murgot	[murgɔt]
stotteren (ww)	stostīties	[stɔstiːtiɛs]
zonnesteek (de)	saules dūriens (v)	[saules duːriɛns]

70. Symptomen. Behandelingen. Deel 2

| pijn (de) | sāpes (s dsk) | [saːpes] |
| splinter (de) | skabarga (s) | [skabarga] |

zweet (het)	sviedri (v dsk)	[sviɛdri]
zweten (ww)	svīst	[sviːst]
braking (de)	vemšana (s)	[vemʃana]
stuiptrekkingen (mv.)	krampji (v dsk)	[krampji]

zwanger (bn)	grūta	[gruːta]
geboren worden (ww)	piedzimt	[piɛdzimt]
geboorte (de)	dzemdības (s dsk)	[dzemdiːbas]
baren (ww)	dzemdēt	[dzemdeːt]
abortus (de)	aborts (v)	[abɔrts]

ademhaling (de)	elpošana (s)	[elpoʃana]
inademing (de)	ieelpa (s)	[iɛelpa]
uitademing (de)	izelpa (s)	[izelpa]
uitademen (ww)	izelpot	[izelpɔt]
inademen (ww)	ieelpot	[iɛelpɔt]

| invalide (de) | invalīds (v) | [invaliːds] |
| gehandicapte (de) | kroplis (v) | [krɔplis] |

drugsverslaafde (de)	narkomäns (v)	[narkɔma:ns]
doof (bn)	kurls	[kurls]
stom (bn)	mēms	[me:ms]
doofstom (bn)	kurlmēms	[kurlme:ms]

krankzinnig (bn)	traks	[traks]
krankzinnige (man)	trakais (v)	[trakais]
krankzinnige (vrouw)	traka (s)	[traka]
krankzinnig worden	zaudēt prātu	[zaude:t pra:tu]

gen (het)	gēns (v)	[ge:ns]
immuniteit (de)	imunitāte (s)	[imunita:te]
erfelijk (bn)	mantojams	[mantɔjams]
aangeboren (bn)	iedzimts	[iɛdzimts]

virus (het)	vīruss (v)	[vi:rus]
microbe (de)	mikrobs (v)	[mikrɔbs]
bacterie (de)	baktērija (s)	[bakte:rija]
infectie (de)	infekcija (s)	[infektsija]

71. Symptomen. Behandelingen. Deel 3

ziekenhuis (het)	slimnīca (s)	[slimni:tsa]
patiënt (de)	pacients (v)	[patsiɛnts]

diagnose (de)	diagnoze (s)	[diagnɔze]
genezing (de)	ārstēšana (s)	[a:rste:ʃana]
medische behandeling (de)	ārstēšana (s)	[a:rste:ʃana]
onder behandeling zijn	ārstēties	[a:rste:tiɛs]
behandelen (ww)	ārstēt	[a:rste:t]
zorgen (zieken ~)	apkopt	[apkɔpt]
ziekenzorg (de)	apkope (s)	[apkɔpe]

operatie (de)	operācija (s)	[ɔpɛra:tsija]
verbinden (een arm ~)	pārsiet	[pa:rsiɛt]
verband (het)	pārsiešana (s)	[pa:rsiɛʃana]

vaccin (het)	potēšana (s)	[pote:ʃana]
inenten (vaccineren)	potēt	[pote:t]
injectie (de)	injekcija (s)	[injektsija]
een injectie geven	injicēt	[injitse:t]

aanval (de)	lēkme (s)	[le:kme]
amputatie (de)	amputācija (s)	[amputa:tsija]
amputeren (ww)	amputēt	[ampute:t]
coma (het)	koma (s)	[kɔma]
in coma liggen	būt komā	[bu:t kɔma:]
intensieve zorg, ICU (de)	reanimācija (s)	[reanima:tsija]

zich herstellen (ww)	atveseļoties	[atvɛseļɔtiɛs]
toestand (de)	stāvoklis (v)	[sta:vɔklis]
bewustzijn (het)	apziņa (s)	[apziņa]
geheugen (het)	atmiņa (s)	[atmiņa]
trekken (een kies ~)	izraut	[izraut]

vulling (de)	plomba (s)	[plɔmba]
vullen (ww)	plombēt	[plɔmbe:t]

hypnose (de)	hipnoze (s)	[xipnɔze]
hypnotiseren (ww)	hipnotizēt	[xipnɔtize:t]

72. Artsen

dokter, arts (de)	ārsts (v)	[a:rsts]
ziekenzuster (de)	medmāsa (s)	[medma:sa]
lijfarts (de)	personīgais ārsts (v)	[pɛrsɔni:gais a:rsts]

tandarts (de)	dentists (v)	[dentists]
oogarts (de)	okulists (v)	[ɔkulists]
therapeut (de)	terapeits (v)	[tɛrapɛits]
chirurg (de)	ķirurgs (v)	[tʲirurgs]

psychiater (de)	psihiatrs (v)	[psixiatrs]
pediater (de)	pediatrs (v)	[pediatrs]
psycholoog (de)	psihologs (v)	[psixɔlɔgs]
gynaecoloog (de)	ginekologs (v)	[ginekɔlɔgs]
cardioloog (de)	kardiologs (v)	[kardiɔlɔgs]

73. Geneeskunde. Medicijnen. Accessoires

geneesmiddel (het)	zāles (s dsk)	[za:les]
middel (het)	līdzeklis (v)	[li:dzeklis]
voorschrijven (ww)	izrakstīt	[izraksti:t]
recept (het)	recepte (s)	[retsepte]

tablet (de/het)	tablete (s)	[tablɛte]
zalf (de)	ziede (s)	[ziɛde]
ampul (de)	ampula (s)	[ampula]
drank (de)	mikstūra (s)	[mikstu:ra]
siroop (de)	sīrups (v)	[si:rups]
pil (de)	zāļu kapsula (s)	[za:lʲu kapsula]
poeder (de/het)	pulveris (v)	[pulveris]

verband (het)	saite (s)	[saite]
watten (mv.)	vate (s)	[vate]
jodium (het)	jods (v)	[jɔds]

pleister (de)	plāksteris (v)	[pla:ksteris]
pipet (de)	pipete (s)	[pipɛte]
thermometer (de)	termometrs (v)	[termɔmetrs]
spuit (de)	šļirce (s)	[ʃlʲirtse]

rolstoel (de)	ratiņkrēsls (v)	[ratiɲkre:sls]
krukken (mv.)	kruķi (v dsk)	[krutʲi]

pijnstiller (de)	pretsāpju līdzeklis (v)	[pretsa:pju li:dzeklis]
laxeermiddel (het)	caurejas līdzeklis (v)	[tsaurejas li:dzeklis]

spiritus (de)	spirts (v)	[spirts]
medicinale kruiden (mv.)	zāle (s)	[za:le]
kruiden- (abn)	zāļu	[za:ļu]

74. Roken. Tabaksproducten

tabak (de)	tabaka (s)	[tabaka]
sigaret (de)	cigarete (s)	[tsigarɛte]
sigaar (de)	cigārs (v)	[tsiga:rs]
pijp (de)	pīpe (s)	[pi:pe]
pakje (~ sigaretten)	paciņa (s)	[patsiɲa]

lucifers (mv.)	sērkociņi (v dsk)	[se:rkɔtsiɲi]
luciferdoosje (het)	sērkociņu kastīte (s)	[se:rkɔtsiɲu kasti:te]
aansteker (de)	šķiltavas (s dsk)	[ʃťiltavas]
asbak (de)	pelnu trauks (v)	[pelnu trauks]
sigarettendoosje (het)	etvija (s)	[ɛtvija]

| sigarettenpijpje (het) | iemutis (v) | [iɛmutis] |
| filter (de/het) | filtrs (v) | [filtrs] |

roken (ww)	smēķēt	[smɛ:ťe:t]
een sigaret opsteken	uzsmēķēt	[uzsmɛ:ťe:t]
roken (het)	smēķēšana (s)	[smɛ:ťe:ʃana]
roker (de)	smēķētājs (v)	[smɛ:ťɛ:ta:js]

peuk (de)	izsmēķis (v)	[izsme:ťis]
rook (de)	dūmi (v dsk)	[du:mi]
as (de)	pelni (v dsk)	[pelni]

HET MENSELIJKE LEEFGEBIED

Stad

75. Stad. Het leven in de stad

stad (de)	**pilsēta** (s)	[pilsɛ:ta]
hoofdstad (de)	**galvaspilsēta** (s)	[galvaspilsɛ:ta]
dorp (het)	**ciems** (v)	[tsiɛms]
plattegrond (de)	**pilsētas plāns** (v)	[pilsɛ:tas pla:ns]
centrum (ov. een stad)	**pilsētas centrs** (v)	[pilsɛ:tas tsentrs]
voorstad (de)	**piepilsēta** (s)	[piɛpilsɛ:ta]
voorstads- (abn)	**piepilsētas**	[piɛpilsɛ:tas]
randgemeente (de)	**nomale** (s)	[nɔmale]
omgeving (de)	**apkārtnes** (s dsk)	[apka:rtnes]
blok (huizenblok)	**kvartāls** (v)	[kvarta:ls]
woonwijk (de)	**dzīvojamais kvartāls** (v)	[dzi:vɔjamais kvarta:ls]
verkeer (het)	**satiksme** (s)	[satiksme]
verkeerslicht (het)	**luksofors** (v)	[luksɔfɔrs]
openbaar vervoer (het)	**sabiedriskais transports** (v)	[sabiɛdriskais transpɔrts]
kruispunt (het)	**krustojums** (v)	[krustɔjums]
zebrapad (oversteekplaats)	**gājēju pāreja** (s)	[ga:je:ju pa:reja]
onderdoorgang (de)	**pazemes pāreja** (s)	[pazɛmes pa:reja]
oversteken (de straat ~)	**pāriet**	[pa:riɛt]
voetganger (de)	**kājāmgājējs** (v)	[ka:ja:mga:je:js]
trottoir (het)	**trotuārs** (v)	[trɔtua:rs]
brug (de)	**tilts** (v)	[tilts]
dijk (de)	**krastmala** (s)	[krastmala]
fontein (de)	**strūklaka** (s)	[stru:klaka]
allee (de)	**gatve** (s)	[gatve]
park (het)	**parks** (v)	[parks]
boulevard (de)	**bulvāris** (v)	[bulva:ris]
plein (het)	**laukums** (v)	[laukums]
laan (de)	**prospekts** (v)	[prɔspekts]
straat (de)	**iela** (s)	[iɛla]
zijstraat (de)	**šķērsiela** (s)	[ʃťɛ:rsiɛla]
doodlopende straat (de)	**strupceļš** (v)	[struptseľʃ]
huis (het)	**māja** (s)	[ma:ja]
gebouw (het)	**ēka** (s)	[ɛ:ka]
wolkenkrabber (de)	**augstceltne** (s)	[augsttseltne]
gevel (de)	**fasāde** (s)	[fasa:de]
dak (het)	**jumts** (v)	[jumts]

venster (het)	logs (v)	[lɔgs]
boog (de)	loks (v)	[lɔks]
pilaar (de)	kolona (s)	[kɔlɔna]
hoek (ov. een gebouw)	stūris (v)	[stu:ris]

vitrine (de)	skatlogs (v)	[skatlɔgs]
gevelreclame (de)	izkārtne (s)	[izka:rtne]
affiche (de/het)	afiša (s)	[afiʃa]
reclameposter (de)	reklāmu plakāts (v)	[rekla:mu plaka:ts]
aanplakbord (het)	reklāmu dēlis (v)	[rekla:mu de:lis]

vuilnis (de/het)	atkritumi (v dsk)	[atkritumi]
vuilnisbak (de)	atkritumu tvertne (s)	[atkritumu tvertne]
afval weggooien (ww)	piegružot	[piɛgruʒɔt]
stortplaats (de)	izgāztuve (s)	[izga:ztuve]

telefooncel (de)	telefona būda (s)	[tɛlefɔna bu:da]
straatlicht (het)	laterna (s)	[laterna]
bank (de)	sols (v)	[sɔls]

politieagent (de)	policists (v)	[pɔlitsists]
politie (de)	policija (s)	[pɔlitsija]
zwerver (de)	nabags (v)	[nabags]
dakloze (de)	bezpajumtnieks (v)	[bezpajumtniɛks]

76. Stedelijke instellingen

winkel (de)	veikals (v)	[vɛikals]
apotheek (de)	aptieka (s)	[aptiɛka]
optiek (de)	optika (s)	[ɔptika]
winkelcentrum (het)	tirdzniecības centrs (v)	[tirdzniɛtsi:bas tsentrs]
supermarkt (de)	lielveikals (v)	[liɛlvɛikals]

bakkerij (de)	maiznīca (s)	[maizni:tsa]
bakker (de)	maiznieks (v)	[maizniɛks]
banketbakkerij (de)	konditoreja (s)	[kɔnditɔreja]
kruidenier (de)	pārtikas preču veikals (v)	[pa:rtikas pretʃu vɛikals]
slagerij (de)	gaļas veikals (v)	[gaļas vɛikals]

groentewinkel (de)	sakņu veikals (v)	[sakɲu vɛikals]
markt (de)	tirgus (v)	[tirgus]

koffiehuis (het)	kafejnīca (s)	[kafejni:tsa]
restaurant (het)	restorāns (v)	[restɔra:ns]
bar (de)	alus krogs (v)	[alus krɔgs]
pizzeria (de)	picērija (s)	[pitse:rija]

kapperssalon (de/het)	frizētava (s)	[frizɛ:tava]
postkantoor (het)	pasts (v)	[pasts]
stomerij (de)	ķīmiskā tīrītava (s)	[tʲi:miska: ti:ri:tava]
fotostudio (de)	fotostudija (s)	[fɔtɔstudija]

schoenwinkel (de)	apavu veikals (v)	[apavu vɛikals]
boekhandel (de)	grāmatnīca (s)	[gra:matni:tsa]

sportwinkel (de)	**sporta preču veikals** (v)	[sporta pretʃu vɛikals]
kledingreparatie (de)	**apģērbu labošana** (s)	[apdʲe:rbu laboʃana]
kledingverhuur (de)	**apģērbu noma** (s)	[apdʲe:rbu nɔma]
videotheek (de)	**filmu noma** (s)	[filmu nɔma]
circus (de/het)	**cirks** (v)	[tsirks]
dierentuin (de)	**zoodārzs** (v)	[zɔɔda:rzs]
bioscoop (de)	**kinoteātris** (v)	[kinɔtea:tris]
museum (het)	**muzejs** (v)	[muzejs]
bibliotheek (de)	**bibliotēka** (s)	[bibliɔtɛ:ka]
theater (het)	**teātris** (v)	[tea:tris]
opera (de)	**opera** (s)	[ɔpɛra]
nachtclub (de)	**naktsklubs** (v)	[naktsklubs]
casino (het)	**kazino** (v)	[kazinɔ]
moskee (de)	**mošeja** (s)	[mɔʃeja]
synagoge (de)	**sinagoga** (s)	[sinagɔga]
kathedraal (de)	**katedrāle** (s)	[katedra:le]
tempel (de)	**dievnams** (v)	[diɛvnams]
kerk (de)	**baznīca** (s)	[bazni:tsa]
instituut (het)	**institūts** (v)	[institu:ts]
universiteit (de)	**universitāte** (s)	[univɛrsita:te]
school (de)	**skola** (s)	[skɔla]
gemeentehuis (het)	**prefektūra** (s)	[prefektu:ra]
stadhuis (het)	**mērija** (s)	[me:rija]
hotel (het)	**viesnīca** (s)	[viɛsni:tsa]
bank (de)	**banka** (s)	[banka]
ambassade (de)	**vēstniecība** (s)	[ve:stniɛtsi:ba]
reisbureau (het)	**tūrisma aģentūra** (s)	[tu:risma adʲentu:ra]
informatieloket (het)	**izziņu birojs** (v)	[izziɲu birɔjs]
wisselkantoor (het)	**apmaiņas punkts** (v)	[apmaiɲas punkts]
metro (de)	**metro** (v)	[metrɔ]
ziekenhuis (het)	**slimnīca** (s)	[slimni:tsa]
benzinestation (het)	**degvielas uzpildes stacija** (s)	[degviɛlas uzpildes statsija]
parking (de)	**autostāvvieta** (s)	[autɔsta:vviɛta]

77. Stedelijk vervoer

bus, autobus (de)	**autobuss** (v)	[autobus]
tram (de)	**tramvajs** (v)	[tramvajs]
trolleybus (de)	**trolejbuss** (v)	[trɔlejbus]
route (de)	**maršruts** (v)	[marʃruts]
nummer (busnummer, enz.)	**numurs** (v)	[numurs]
rijden met …	**braukt ar …**	[braukt ar …]
stappen (in de bus ~)	**iekāpt**	[iɛka:pt]
afstappen (ww)	**izkāpt**	[izka:pt]

halte (de)	pietura (s)	[piɛtura]
volgende halte (de)	nākamā pietura (s)	[na:kama: piɛtura]
eindpunt (het)	galapunkts (v)	[galapunkts]
dienstregeling (de)	saraksts (v)	[saraksts]
wachten (ww)	gaidīt	[gaidi:t]

| kaartje (het) | biļete (s) | [bilʲɛte] |
| reiskosten (de) | biļetes maksa (s) | [bilʲɛtes maksa] |

kassier (de)	kasieris (v)	[kasiɛris]
kaartcontrole (de)	kontrole (s)	[kɔntrɔle]
controleur (de)	kontrolieris (v)	[kɔntrɔliɛris]

te laat zijn (ww)	nokavēties	[nɔkave:tiɛs]
missen (de bus ~)	nokavēt ...	[nɔkave:t ...]
zich haasten (ww)	steigties	[stɛigtiɛs]

taxi (de)	taksometrs (v)	[taksɔmetrs]
taxichauffeur (de)	taksists (v)	[taksists]
met de taxi (bw)	ar taksometru	[ar taksɔmetru]
taxistandplaats (de)	taksometru stāvvieta (s)	[taksɔmetru sta:vviɛta]
een taxi bestellen	izsaukt taksometru	[izsaukt taksɔmetru]
een taxi nemen	nolīgt taksometru	[nɔli:gt taksɔmetru]

verkeer (het)	satiksme (s)	[satiksme]
file (de)	sastrēgums (v)	[sastrɛ:gums]
spitsuur (het)	maksimālās slodzes laiks (v)	[maksima:la:s slɔdzes laiks]

parkeren (on.ww.)	novietot auto	[nɔviɛtot autɔ]
parkeren (ov.ww.)	novietot auto	[nɔviɛtot autɔ]
parking (de)	autostāvvieta (s)	[autɔsta:vviɛta]

metro (de)	metro (v)	[metrɔ]
halte (bijv. kleine treinhalte)	stacija (s)	[statsija]
de metro nemen	braukt ar metro	[braukt ar metrɔ]
trein (de)	vilciens (v)	[viltsiɛns]
station (treinstation)	dzelzceļa stacija (s)	[dzelztsɛlʲa statsija]

78. Bezienswaardigheden

monument (het)	piemineklis (v)	[piɛmineklis]
vesting (de)	cietoksnis (v)	[tsiɛtɔksnis]
paleis (het)	pils (s)	[pils]
kasteel (het)	pils (s)	[pils]
toren (de)	tornis (v)	[tɔrnis]
mausoleum (het)	mauzolejs (v)	[mauzɔlejs]

architectuur (de)	arhitektūra (s)	[arxitektu:ra]
middeleeuws (bn)	viduslaiku	[viduslaiku]
oud (bn)	senlaiku	[senlaiku]
nationaal (bn)	nacionāls	[natsiɔna:ls]
bekend (bn)	slavens	[slavens]
toerist (de)	tūrists (v)	[tu:rists]
gids (de)	gids (v)	[gids]

rondleiding (de)	ekskursija (s)	[ekskursija]
tonen (ww)	parādīt	[para:di:t]
vertellen (ww)	stāstīt	[sta:sti:t]

vinden (ww)	atrast	[atrast]
verdwalen (de weg kwijt zijn)	nomaldīties	[nɔmaldi:tiɛs]
plattegrond (~ van de metro)	shēma (s)	[sxɛ:ma]
plattegrond (~ van de stad)	plāns (v)	[pla:ns]

souvenir (het)	suvenīrs (v)	[suveni:rs]
souvenirwinkel (de)	suvenīru veikals (v)	[suveni:ru vɛikals]
een foto maken (ww)	fotografēt	[fɔtɔgrafe:t]
zich laten fotograferen	fotografēties	[fɔtɔgrafe:tiɛs]

79. Winkelen

kopen (ww)	pirkt	[pirkt]
aankoop (de)	pirkums (v)	[pirkums]
winkelen (ww)	iepirkties	[iɛpirktiɛs]
winkelen (het)	iepirkšanās (s)	[iɛpirkʃana:s]

| open zijn (ov. een winkel, enz.) | strādāt | [stra:da:t] |
| gesloten zijn (ww) | slēgties | [sle:gtiɛs] |

schoeisel (het)	apavi (v dsk)	[apavi]
kleren (mv.)	apģērbs (v)	[apdʲe:rbs]
cosmetica (de)	kosmētika (s)	[kɔsme:tika]
voedingswaren (mv.)	pārtikas produkti (v dsk)	[pa:rtikas prɔdukti]
geschenk (het)	dāvana (s)	[da:vana]

| verkoper (de) | pārdevējs (v) | [pa:rdɛve:js] |
| verkoopster (de) | pārdevēja (s) | [pa:rdɛve:ja] |

kassa (de)	kase (s)	[kase]
spiegel (de)	spogulis (v)	[spɔgulis]
toonbank (de)	lete (s)	[lɛte]
paskamer (de)	pielaikošanas kabīne (s)	[piɛlaikɔʃanas kabi:ne]

aanpassen (ww)	pielaikot	[piɛlaikɔt]
passen (ov. kleren)	derēt	[dɛre:t]
bevallen (prettig vinden)	patikt	[patikt]

prijs (de)	cena (s)	[tsɛna]
prijskaartje (het)	cenas zīme (s)	[tsɛnas zi:me]
kosten (ww)	maksāt	[maksa:t]
Hoeveel?	Cik?	[tsik?]
korting (de)	atlaide (s)	[atlaide]

niet duur (bn)	ne visai dārgs	[ne visai da:rgs]
goedkoop (bn)	lēts	[le:ts]
duur (bn)	dārgs	[da:rgs]
Dat is duur.	Tas ir dārgi	[tas ir da:rgi]
verhuur (de)	noma (s)	[nɔma]

huren (smoking, enz.)	paņemt nomā	[paņemt nɔma:]
krediet (het)	kredīts (v)	[kredi:ts]
op krediet (bw)	uz kredīta	[uz kredi:ta]

80. Geld

geld (het)	nauda (s)	[nauda]
ruil (de)	maiņa (s)	[maiņa]
koers (de)	kurss (v)	[kurs]
geldautomaat (de)	bankomāts (v)	[bankɔma:ts]
muntstuk (de)	monēta (s)	[mɔnɛ:ta]

| dollar (de) | dolārs (v) | [dɔla:rs] |
| euro (de) | eiro (v) | [ɛirɔ] |

lire (de)	lira (s)	[lira]
Duitse mark (de)	marka (s)	[marka]
frank (de)	franks (v)	[franks]
pond sterling (het)	sterliņu mārciņa (s)	[sterliņu ma:rtsiņa]
yen (de)	jena (s)	[jena]

schuld (geldbedrag)	parāds (v)	[para:ds]
schuldenaar (de)	parādnieks (v)	[para:dniɛks]
uitlenen (ww)	aizdot	[aizdɔt]
lenen (geld ~)	aizņemties	[aizņemtiɛs]

bank (de)	banka (s)	[banka]
bankrekening (de)	konts (v)	[kɔnts]
storten (ww)	noguldīt	[nɔguldi:t]
op rekening storten	noguldīt kontā	[nɔguldi:t kɔnta:]
opnemen (ww)	izņemt no konta	[izņemt nɔ kɔnta]

kredietkaart (de)	kredītkarte (s)	[kredi:tkarte]
baar geld (het)	skaidra nauda (v)	[skaidra nauda]
cheque (de)	čeks (v)	[tʃeks]
een cheque uitschrijven	izrakstīt čeku	[izraksti:t tʃɛku]
chequeboekje (het)	čeku grāmatiņa (s)	[tʃɛku gra:matiņa]

portefeuille (de)	maks (v)	[maks]
geldbeugel (de)	maks (v)	[maks]
safe (de)	seifs (v)	[sɛifs]

erfgenaam (de)	mantinieks (v)	[mantiniɛks]
erfenis (de)	mantojums (v)	[mantɔjums]
fortuin (het)	mantība (s)	[manti:ba]

huur (de)	rentēšana (s)	[rente:ʃana]
huurprijs (de)	īres maksa (s)	[i:res maksa]
huren (huis, kamer)	īrēt	[i:re:t]

prijs (de)	cena (s)	[tsɛna]
kostprijs (de)	vērtība (s)	[ve:rti:ba]
som (de)	summa (s)	[summa]
uitgeven (geld besteden)	tērēt	[tɛ:re:t]

kosten (mv.)	izdevumi (v dsk)	[izdɛvumi]
bezuinigen (ww)	taupīt	[taupi:t]
zuinig (bn)	taupīgs	[taupi:gs]

betalen (ww)	maksāt	[maksa:t]
betaling (de)	samaksa (s)	[samaksa]
wisselgeld (het)	atlikums (v)	[atlikums]

belasting (de)	nodoklis (v)	[nɔdɔklis]
boete (de)	sods (v)	[sɔds]
beboeten (bekeuren)	uzlikt naudas sodu	[uzlikt naudas sɔdu]

81. Post. Postkantoor

postkantoor (het)	pasts (v)	[pasts]
post (de)	pasts (v)	[pasts]
postbode (de)	pastnieks (v)	[pastniɛks]
openingsuren (mv.)	darba laiks (v)	[darba laiks]

brief (de)	vēstule (s)	[ve:stule]
aangetekende brief (de)	ierakstīta vēstule (s)	[iɛraksti:ta ve:stule]
briefkaart (de)	pastkarte (s)	[pastkarte]
telegram (het)	telegramma (s)	[tɛlegramma]
postpakket (het)	sūtījums (v)	[su:ti:jums]
overschrijving (de)	naudas pārvedums (v)	[naudas pa:rvɛdums]

ontvangen (ww)	saņemt	[saɲemt]
sturen (zenden)	nosūtīt	[nɔsu:ti:t]
verzending (de)	aizsūtīšana (s)	[aizsu:ti:ʃana]

adres (het)	adrese (s)	[adrɛse]
postcode (de)	indekss (v)	[indeks]
verzender (de)	sūtītājs (v)	[su:ti:ta:js]
ontvanger (de)	saņēmējs (v)	[saɲɛ:me:js]

| naam (de) | vārds (v) | [va:rds] |
| achternaam (de) | uzvārds (v) | [uzva:rds] |

tarief (het)	tarifs (v)	[tarifs]
standaard (bn)	parasts	[parasts]
zuinig (bn)	ekonomisks	[ekɔnɔmisks]

gewicht (het)	svars (v)	[svars]
afwegen (op de weegschaal)	svērt	[sve:rt]
envelop (de)	aploksne (s)	[aplɔksne]
postzegel (de)	marka (s)	[marka]
een postzegel plakken op	uzlīmēt marku	[uzli:me:t marku]

Woning. Huis. Thuis

82. Huis. Woning

huis (het)	**māja** (s)	[ma:ja]
thuis (bw)	**mājās**	[ma:ja:s]
cour (de)	**sēta** (s)	[sɛ:ta]
omheining (de)	**žogs** (v)	[ʒɔgs]
baksteen (de)	**ķieģelis** (v)	[tʲiɛdʲelis]
van bakstenen	**ķieģeļu**	[tʲiɛdʲɛlʲu]
steen (de)	**akmens** (v)	[akmens]
stenen (bn)	**akmeņu**	[akmɛɲu]
beton (het)	**betons** (v)	[betɔns]
van beton	**betona**	[betɔna]
nieuw (bn)	**jauns**	[jauns]
oud (bn)	**vecs**	[vets]
vervallen (bn)	**vecs**	[vets]
modern (bn)	**moderns**	[mɔderns]
met veel verdiepingen	**daudzstāvu**	[daudzsta:vu]
hoog (bn)	**augsts**	[augsts]
verdieping (de)	**stāvs** (v)	[sta:vs]
met een verdieping	**vienstāva**	[viɛnsta:va]
laagste verdieping (de)	**apakšstāvs** (v)	[apakʃsta:vs]
bovenverdieping (de)	**augšstāvs** (v)	[augʃsta:vs]
dak (het)	**jumts** (v)	[jumts]
schoorsteen (de)	**skurstenis** (v)	[skurstenis]
dakpan (de)	**dakstiņi** (v dsk)	[dakstiɲi]
pannen- (abn)	**dakstiņu**	[dakstiɲu]
zolder (de)	**bēniņi** (v dsk)	[be:niɲi]
venster (het)	**logs** (v)	[lɔgs]
glas (het)	**stikls** (v)	[stikls]
vensterbank (de)	**palodze** (s)	[palɔdze]
luiken (mv.)	**slēģi** (v dsk)	[sle:dʲi]
muur (de)	**siena** (s)	[siɛna]
balkon (het)	**balkons** (v)	[balkɔns]
regenpijp (de)	**notekcaurule** (s)	[nɔtektsaurule]
boven (bw)	**augšā**	[augʃa:]
naar boven gaan (ww)	**kāpt augšup**	[ka:pt augʃup]
afdalen (on.ww.)	**nokāpt**	[nɔka:pt]
verhuizen (ww)	**pārcelties**	[pa:rtseltiɛs]

83. Huis. Ingang. Lift

ingang (de)	ieeja (s)	[iɛeja]
trap (de)	kāpnes (s dsk)	[ka:pnes]
treden (mv.)	pakāpieni (v dsk)	[paka:piɛni]
trapleuning (de)	margas (s dsk)	[margas]
hal (de)	halle (s)	[xalle]
postbus (de)	pastkastīte (s)	[pastkasti:te]
vuilnisbak (de)	atkritumu tvertne (s)	[atkritumu tvertne]
vuilniskoker (de)	atkritumvads (v)	[atkritumvads]
lift (de)	lifts (v)	[lifts]
goederenlift (de)	kravas lifts (v)	[kravas lifts]
liftcabine (de)	kabīne (s)	[kabi:ne]
de lift nemen	braukt ar liftu	[braukt ar liftu]
appartement (het)	dzīvoklis (v)	[dzi:vɔklis]
bewoners (mv.)	mājas iedzīvotāji (v dsk)	[ma:jas iɛdzi:vɔta:ji]
buurman (de)	kaimiņš (v)	[kaimiɲʃ]
buurvrouw (de)	kaimiņiene (s)	[kaimiɲiɛne]
buren (mv.)	kaimiņi (v dsk)	[kaimiɲi]

84. Huis. Deuren. Sloten

deur (de)	durvis (s dsk)	[durvis]
toegangspoort (de)	vārti (v dsk)	[va:rti]
deurkruk (de)	rokturis (v)	[rɔkturis]
ontsluiten (ontgrendelen)	attaisīt	[attaisi:t]
openen (ww)	atvērt	[atve:rt]
sluiten (ww)	aizvērt	[aizve:rt]
sleutel (de)	atslēga (s)	[atslɛ:ga]
sleutelbos (de)	saišķis (v)	[saiʃtʲis]
knarsen (bijv. scharnier)	čirkstēt	[tʃirkste:t]
knarsgeluid (het)	čirkstoņa (s)	[tʃirkstɔɲa]
scharnier (het)	eņģe (s)	[eɲdʲe]
deurmat (de)	paklājiņš (v)	[pakla:jiɲʃ]
slot (het)	slēdzis (v)	[sle:dzis]
sleutelgat (het)	atslēgas caurums (v)	[atslɛ:gas tsaurums]
grendel (de)	aizšaujamais (v)	[aizʃaujamais]
schuif (de)	aizbīdnis (v)	[aizbi:dnis]
hangslot (het)	piekaramā slēdzene (s)	[piɛkarama: sle:dzɛne]
aanbellen (ww)	zvanīt	[zvani:t]
bel (geluid)	zvans (v)	[zvans]
deurbel (de)	zvans (v)	[zvans]
belknop (de)	poga (s)	[pɔga]
geklop (het)	klaudziens (v)	[klaudziɛns]
kloppen (ww)	klauvēt	[klauve:t]

code (de)	**kods** (v)	[kɔds]
cijferslot (het)	**kodu slēdzene** (s)	[kɔdu sle:dzɛne]
parlofoon (de)	**namrunis** (v)	[namrunis]
nummer (het)	**numurs** (v)	[numurs]
naambordje (het)	**tabuliņa** (s)	[tabuliɲa]
deurspion (de)	**actiņa** (s)	[atstiɲa]

85. Huis op het platteland

dorp (het)	**ciems** (v)	[tsiɛms]
moestuin (de)	**sakņu dārzs** (v)	[sakɲu da:rzs]
hek (het)	**žogs** (v)	[ʒɔgs]
houten hekwerk (het)	**sēta** (s)	[sɛ:ta]
tuinpoortje (het)	**vārtiņi** (v dsk)	[va:rtiɲi]

graanschuur (de)	**klēts** (v)	[kle:ts]
wortelkelder (de)	**pagrabs** (v)	[pagrabs]
schuur (de)	**šķūnis** (v)	[ʃtʲu:nis]
waterput (de)	**aka** (s)	[aka]

kachel (de)	**krāsns** (v)	[kra:sns]
de kachel stoken	**kurināt**	[kurina:t]
brandhout (het)	**malka** (v, s)	[malka]
houtblok (het)	**pagale** (s)	[pagale]

veranda (de)	**veranda** (s)	[vɛranda]
terras (het)	**terase** (s)	[tɛrase]
bordes (het)	**lievenis** (v)	[liɛvenis]
schommel (de)	**šūpoles** (s dsk)	[ʃu:pɔles]

86. Kasteel. Paleis

kasteel (het)	**pils** (s)	[pils]
paleis (het)	**pils** (s)	[pils]
vesting (de)	**cietoksnis** (v)	[tsiɛtɔksnis]

ringmuur (de)	**cietokšņa mūris** (v)	[tsiɛtɔkʃɲa mu:ris]
toren (de)	**tornis** (v)	[tɔrnis]
donjon (de)	**galvenais tornis** (v)	[galvɛnais tɔrnis]

valhek (het)	**nolaižamie vārti** (v dsk)	[nɔlaiʒamiɛ va:rti]
onderaardse gang (de)	**pazemes eja** (s)	[pazɛmes eja]
slotgracht (de)	**grāvis** (v)	[gra:vis]

ketting (de)	**ķēde** (s)	[tʲɛ:de]
schietgat (het)	**šaujamlūka** (s)	[ʃaujamlu:ka]

prachtig (bn)	**lielisks**	[liɛlisks]
majestueus (bn)	**dižens**	[diʒens]

onneembaar (bn)	**neaizsniedzams**	[neaizsniɛdzams]
middeleeuws (bn)	**viduslaiku**	[viduslaiku]

87. Appartement

appartement (het)	dzīvoklis (v)	[dzi:vɔklis]
kamer (de)	istaba (s)	[istaba]
slaapkamer (de)	guļamistaba (s)	[guļamistaba]
eetkamer (de)	ēdamistaba (s)	[ɛ:damistaba]
salon (de)	viesistaba (s)	[viɛsistaba]
studeerkamer (de)	kabinets (v)	[kabinets]
gang (de)	priekštelpa (s)	[priɛkʃtelpa]
badkamer (de)	vannas istaba (s)	[vannas istaba]
toilet (het)	tualete (s)	[tualɛte]
plafond (het)	griesti (v dsk)	[griɛsti]
vloer (de)	grīda (s)	[gri:da]
hoek (de)	kakts (v)	[kakts]

88. Appartement. Schoonmaken

schoonmaken (ww)	uzkopt	[uzkɔpt]
opbergen (in de kast, enz.)	aizvākt	[aizva:kt]
stof (het)	putekļi (v dsk)	[putekļi]
stoffig (bn)	putekļains	[putekļains]
stoffen (ww)	slaucīt putekļus	[slautsi:t putekļus]
stofzuiger (de)	putekļu sūcējs (v)	[putekļu su:tse:js]
stofzuigen (ww)	sūkt putekļus	[su:kt putekļus]
vegen (de vloer ~)	slaucīt	[slautsi:t]
veegsel (het)	saslaukas (s dsk)	[saslaukas]
orde (de)	kārtība (s)	[ka:rti:ba]
wanorde (de)	nekārtība (s)	[nɛka:rti:ba]
zwabber (de)	birste (s)	[birste]
poetsdoek (de)	lupata (s)	[lupata]
veger (de)	slota (s)	[slɔta]
stofblik (het)	liekšķere (s)	[liɛkʃtʲɛre]

89. Meubels. Interieur

meubels (mv.)	mēbeles (s dsk)	[me:bɛles]
tafel (de)	galds (v)	[galds]
stoel (de)	krēsls (v)	[kre:sls]
bed (het)	gulta (s)	[gulta]
bankstel (het)	dīvāns (v)	[di:va:ns]
fauteuil (de)	atpūtas krēsls (v)	[atpu:tas kre:sls]
boekenkast (de)	grāmatplaukts (v)	[gra:matplaukts]
boekenrek (het)	plaukts (v)	[plaukts]
kledingkast (de)	drēbju skapis (v)	[dre:bju skapis]
kapstok (de)	pakaramais (v)	[pakaramais]

staande kapstok (de)	stāvpakaramais (v)	[sta:vpakaramais]
commode (de)	kumode (s)	[kumɔde]
salontafeltje (het)	žurnālu galdiņš (v)	[ʒurna:lu galdiɲʃ]

spiegel (de)	spogulis (v)	[spɔgulis]
tapijt (het)	paklājs (v)	[pakla:js]
tapijtje (het)	paklājiņš (v)	[pakla:jiɲʃ]

haard (de)	kamīns (v)	[kami:ns]
kaars (de)	svece (s)	[svetse]
kandelaar (de)	svečturis (v)	[svetʃturis]

gordijnen (mv.)	aizkari (v dsk)	[aizkari]
behang (het)	tapetes (s dsk)	[tapɛtes]
jaloezie (de)	žalūzijas (s dsk)	[ʒalu:zijas]

bureaulamp (de)	galda lampa (s)	[galda lampa]
wandlamp (de)	gaismeklis (v)	[gaismeklis]
staande lamp (de)	stāvlampa (s)	[sta:vlampa]
luchter (de)	lustra (s)	[lustra]

poot (ov. een tafel, enz.)	kāja (s)	[ka:ja]
armleuning (de)	elkoņa balsts (v)	[elkɔɲa balsts]
rugleuning (de)	atzveltne (s)	[atzveltne]
la (de)	atvilktne (s)	[atvilktne]

90. Beddengoed

beddengoed (het)	gultas veļa (s)	[gultas vɛlʲa]
kussen (het)	spilvens (v)	[spilvens]
kussenovertrek (de)	spilvendrāna (s)	[spilvendra:na]
deken (de)	sega (s)	[sɛga]
laken (het)	palags (v)	[palags]
sprei (de)	pārsegs (v)	[pa:rsegs]

91. Keuken

keuken (de)	virtuve (s)	[virtuve]
gas (het)	gāze (s)	[ga:ze]
gasfornuis (het)	gāzes plīts (v)	[ga:zes pli:ts]
elektrisch fornuis (het)	elektriskā plīts (v)	[ɛlektriska: pli:ts]
oven (de)	cepeškrāsns (v)	[tsɛpeʃkra:sns]
magnetronoven (de)	mikroviļņu krāsns (v)	[mikrɔvilʲɲu kra:sns]

koelkast (de)	ledusskapis (v)	[lɛduskapis]
diepvriezer (de)	saldētava (s)	[saldɛ:tava]
vaatwasmachine (de)	trauku mazgājamā mašīna (s)	[trauku mazga:jama: maʃi:na]

vleesmolen (de)	gaļas mašīna (s)	[galʲas maʃi:na]
vruchtenpers (de)	sulu spiede (s)	[sulu spiɛde]
toaster (de)	tosters (v)	[tɔstɛrs]

mixer (de)	**mikseris** (v)	[mikseris]
koffiemachine (de)	**kafijas aparāts** (v)	[kafijas apara:ts]
koffiepot (de)	**kafijas kanna** (s)	[kafijas kanna]
koffiemolen (de)	**kafijas dzirnaviņas** (s)	[kafijas dzirnaviņas]
fluitketel (de)	**tējkanna** (s)	[te:jkanna]
theepot (de)	**tējkanna** (s)	[te:jkanna]
deksel (de/het)	**vāciņš** (v)	[va:tsiɲʃ]
theezeefje (het)	**sietiņš** (v)	[siɛtiɲʃ]
lepel (de)	**karote** (s)	[karɔte]
theelepeltje (het)	**tējkarote** (s)	[te:jkarɔte]
eetlepel (de)	**ēdamkarote** (s)	[ɛ:damkarɔte]
vork (de)	**dakša** (s)	[dakʃa]
mes (het)	**nazis** (v)	[nazis]
vaatwerk (het)	**galda piederumi** (v dsk)	[galda piɛdɛrumi]
bord (het)	**šķīvis** (v)	[ʃʲtʲi:vis]
schoteltje (het)	**apakštase** (s)	[apakʃtase]
likeurglas (het)	**glāzīte** (s)	[gla:zi:te]
glas (het)	**glāze** (s)	[gla:ze]
kopje (het)	**tase** (s)	[tase]
suikerpot (de)	**cukurtrauks** (v)	[tsukurtrauks]
zoutvat (het)	**sālstrauks** (v)	[sa:lstrauks]
pepervat (het)	**piparu trauciņš** (v)	[piparu trautsiɲʃ]
boterschaaltje (het)	**sviesta trauks** (v)	[sviɛsta trauks]
steelpan (de)	**kastrolis** (v)	[kastrɔlis]
bakpan (de)	**panna** (s)	[panna]
pollepel (de)	**smeļamkarote** (s)	[smɛlʲamkarɔte]
vergiet (de/het)	**caurduris** (v)	[tsaurduris]
dienblad (het)	**paplāte** (s)	[papla:te]
fles (de)	**pudele** (s)	[pudɛle]
glazen pot (de)	**burka** (s)	[burka]
blik (conserven~)	**bundža** (s)	[bundʒa]
flesopener (de)	**atvere** (s)	[atvɛre]
blikopener (de)	**atvere** (s)	[atvɛre]
kurkentrekker (de)	**korķvilķis** (v)	[kɔrtʲvilʲtʲis]
filter (de/het)	**filtrs** (v)	[filtrs]
filteren (ww)	**filtrēt**	[filtre:t]
huisvuil (het)	**atkritumi** (v dsk)	[atkritumi]
vuilnisemmer (de)	**atkritumu tvertne** (s)	[atkritumu tvertne]

92. Badkamer

badkamer (de)	**vannas istaba** (s)	[vannas istaba]
water (het)	**ūdens** (v)	[u:dens]
kraan (de)	**krāns** (v)	[kra:ns]
warm water (het)	**karsts ūdens** (v)	[karsts u:dens]

koud water (het)	auksts ūdens (v)	[auksts u:dens]
tandpasta (de)	zobu pasta (s)	[zɔbu pasta]
tanden poetsen (ww)	tīrīt zobus	[ti:ri:t zɔbus]
tandenborstel (de)	zobu birste (s)	[zɔbu birste]

zich scheren (ww)	skūties	[sku:tiɛs]
scheercrème (de)	skūšanās putas (s)	[sku:ʃana:s putas]
scheermes (het)	skuveklis (v)	[skuveklis]

wassen (ww)	mazgāt	[mazga:t]
een bad nemen	mazgāties	[mazga:tiɛs]
douche (de)	duša (s)	[duʃa]
een douche nemen	iet dušā	[iɛt duʃa:]

bad (het)	vanna (s)	[vanna]
toiletpot (de)	klozetpods (v)	[klɔzetpɔds]
wastafel (de)	izlietne (s)	[izliɛtne]

| zeep (de) | ziepes (s dsk) | [ziɛpes] |
| zeepbakje (het) | ziepju trauks (v) | [ziɛpju trauks] |

spons (de)	sūklis (v)	[su:klis]
shampoo (de)	šampūns (v)	[ʃampu:ns]
handdoek (de)	dvielis (v)	[dviɛlis]
badjas (de)	halāts (v)	[xala:ts]

was (bijv. handwas)	veļas mazgāšana (s)	[vɛlʲas mazga:ʃana]
wasmachine (de)	veļas mazgājamā mašīna (s)	[vɛlʲas mazga:jama: maʃi:na]
de was doen	mazgāt veļu	[mazga:t vɛlʲu]
waspoeder (de)	veļas pulveris (v)	[vɛlʲas pulveris]

93. Huishoudelijke apparaten

televisie (de)	televizors (v)	[tɛlevizɔrs]
cassettespeler (de)	magnetofons (v)	[magnetɔfɔns]
videorecorder (de)	videomagnetofons (v)	[videɔmagnetɔfɔns]
radio (de)	radio uztvērējs (v)	[radiɔ uztvɛ:re:js]
speler (de)	atskaņotājs (v)	[atskaɲɔta:js]

videoprojector (de)	video projektors (v)	[videɔ prɔjektɔrs]
home theater systeem (het)	mājas kinoteātris (v)	[ma:jas kinɔtea:tris]
DVD-speler (de)	DVD atskaņotājs (v)	[dvd atskaɲɔta:js]
versterker (de)	pastiprinātājs (v)	[pastiprina:ta:js]
spelconsole (de)	spēļu konsole (s)	[spɛ:lʲu kɔnsɔle]

videocamera (de)	videokamera (s)	[videɔkamɛra]
fotocamera (de)	fotoaparāts (v)	[fɔtɔapara:ts]
digitale camera (de)	digitālais fotoaparāts (v)	[digita:lais fɔtɔapara:ts]

stofzuiger (de)	putekļu sūcējs (v)	[puteklʲu su:tse:js]
strijkijzer (het)	gludeklis (v)	[gludeklis]
strijkplank (de)	gludināmais dēlis (v)	[gludina:mais de:lis]
telefoon (de)	tālrunis (v)	[ta:lrunis]

mobieltje (het)	**mobilais tālrunis** (v)	[mɔbilais ta:lrunis]
schrijfmachine (de)	**rakstāmmašīna** (s)	[raksta:mmaʃi:na]
naaimachine (de)	**šujmašīna** (s)	[ʃujmaʃi:na]

microfoon (de)	**mikrofons** (v)	[mikrɔfɔns]
koptelefoon (de)	**austiņas** (s dsk)	[austiņas]
afstandsbediening (de)	**pults** (v)	[pults]

CD (de)	**kompaktdisks** (v)	[kɔmpaktdisks]
cassette (de)	**kasete** (s)	[kasɛte]
vinylplaat (de)	**plate** (s)	[plate]

94. Reparaties. Renovatie

renovatie (de)	**remonts** (v)	[remɔnts]
renoveren (ww)	**renovēt**	[renɔve:t]
repareren (ww)	**remontēt**	[remɔnte:t]
op orde brengen	**sakārtot**	[saka:rtɔt]
overdoen (ww)	**pārtaisīt**	[pa:rtaisi:t]

verf (de)	**krāsa** (s)	[kra:sa]
verven (muur ~)	**krāsot**	[kra:sɔt]
schilder (de)	**krāsotājs** (v)	[kra:sɔta:js]
kwast (de)	**ota** (s)	[ɔta]

kalk (de)	**krīts** (v)	[kri:ts]
kalken (ww)	**balināt**	[balina:t]

behang (het)	**tapetes** (s dsk)	[tapɛtes]
behangen (ww)	**izlīmēt tapetes**	[izli:me:t tapɛtes]
lak (de/het)	**laka** (s)	[laka]
lakken (ww)	**nolakot**	[nɔlakɔt]

95. Loodgieterswerk

water (het)	**ūdens** (v)	[u:dens]
warm water (het)	**karsts ūdens** (v)	[karsts u:dens]
koud water (het)	**auksts ūdens** (v)	[auksts u:dens]
kraan (de)	**krāns** (v)	[kra:ns]

druppel (de)	**piliens** (v)	[piliɛns]
druppelen (ww)	**pilēt**	[pile:t]
lekken (een lek hebben)	**tecēt**	[tetse:t]
lekkage (de)	**sūce** (s)	[su:tse]
plasje (het)	**peļķe** (s)	[peʎťe]

buis, leiding (de)	**caurule** (s)	[tsaurule]
stopkraan (de)	**ventilis** (v)	[ventilis]
verstopt raken (ww)	**aizsērēt**	[aizsɛ:re:t]

gereedschap (het)	**instrumenti** (v dsk)	[instrumenti]
Engelse sleutel (de)	**bīdatslēga** (s)	[bi:datslɛ:ga]

losschroeven (ww)	atgriezt	[atgriɛzt]
aanschroeven (ww)	aizgriezt	[aizgriɛzt]

ontstoppen (riool, enz.)	izslaucīt	[izslautsi:t]
loodgieter (de)	santehniķis (v)	[santexnit'is]
kelder (de)	pagrabs (v)	[pagrabs]
riolering (de)	kanalizācija (s)	[kanaliza:tsija]

96. Brand. Vuurzee

vuur (het)	uguns (v)	[uguns]
vlam (de)	liesma (s)	[liɛsma]
vonk (de)	dzirkstele (s)	[dzirkstɛle]
rook (de)	dūmi (v dsk)	[du:mi]
fakkel (de)	lāpa (s)	[la:pa]
kampvuur (het)	ugunskurs (v)	[ugunskurs]

benzine (de)	benzīns (v)	[benzi:ns]
kerosine (de)	petroleja (s)	[petrɔleja]
brandbaar (bn)	degošs	[degɔʃs]
ontplofbaar (bn)	eksplozīvs	[eksplɔzi:vs]
VERBODEN TE ROKEN!	SMĒĶĒT AIZLIEGTS!	[smɛ:t'e:t aizliɛgts!]

veiligheid (de)	drošība (s)	[drɔʃi:ba]
gevaar (het)	bīstams (v)	[bi:stams]
gevaarlijk (bn)	bīstams	[bi:stams]

in brand vliegen (ww)	iedegties	[iɛdegtiɛs]
explosie (de)	sprādziens (v)	[spra:dziɛns]
in brand steken (ww)	aizdedzināt	[aizdedzina:t]
brandstichter (de)	dedzinātājs (v)	[dedzina:ta:js]
brandstichting (de)	dedzināšana (s)	[dedzina:ʃana]

vlammen (ww)	liesmot	[liɛsmɔt]
branden (ww)	degt	[degt]
afbranden (ww)	nodegt	[nɔdegt]

de brandweer bellen	izsaukt ugunsdzēsējus	[izsaukt ugunsdzɛ:se:jus]
brandweerman (de)	ugunsdzēsējs (v)	[ugunsdzɛ:se:js]
brandweerwagen (de)	ugunsdzēsēju mašīna (s)	[ugunsdzɛ:se:ju maʃi:na]
brandweer (de)	ugunsdzēsēju komanda (s)	[ugunsdzɛ:se:ju kɔmanda]
uitschuifbare ladder (de)	ugunsdzēsēju kāpnes (s dsk)	[ugunsdzɛ:se:ju ka:pnes]

brandslang (de)	šļūtene (s)	[ʃl'u:tɛne]
brandblusser (de)	ugunsdzēšamais aparāts (v)	[ugunsdze:ʃamais apara:ts]
helm (de)	ķivere (s)	[t'ivɛre]
sirene (de)	sirēna (s)	[sirɛ:na]

roepen (ww)	kliegt	[kliɛgt]
hulp roepen	saukt palīgā	[saukt pali:ga:]
redder (de)	glābējs (v)	[gla:be:js]
redden (ww)	glābt	[gla:bt]
aankomen (per auto, enz.)	atbraukt	[atbraukt]

blussen (ww)	**dzēst**	[dze:st]
water (het)	**ūdens** (v)	[u:dens]
zand (het)	**smiltis** (s dsk)	[smiltis]
ruïnes (mv.)	**drupas** (s dsk)	[drupas]
instorten (gebouw, enz.)	**sabrukt**	[sabrukt]
ineenstorten (ww)	**sabrukt**	[sabrukt]
inzakken (ww)	**sagāzties**	[saga:ztiɛs]
brokstuk (het)	**atlūza** (s)	[atlu:za]
as (de)	**pelni** (v dsk)	[pelni]
verstikken (ww)	**nosmakt**	[nɔsmakt]
omkomen (ww)	**nomirt**	[nɔmirt]

MENSELIJKE ACTIVITEITEN

Baan. Business. Deel 1

97. Bankieren

bank (de)	banka (s)	[banka]
bankfiliaal (het)	nodaļa (s)	[nɔdalʲa]
bankbediende (de)	konsultants (v)	[kɔnsultants]
manager (de)	pārvaldnieks (v)	[paːrvaldniɛks]
bankrekening (de)	konts (v)	[kɔnts]
rekeningnummer (het)	konta numurs (v)	[kɔnta numurs]
lopende rekening (de)	tekošais konts (v)	[tekɔʃais kɔnts]
spaarrekening (de)	iekrājumu konts (v)	[iɛkraːjumu kɔnts]
een rekening openen	atvērt kontu	[atveːrt kɔntu]
de rekening sluiten	aizvērt kontu	[aizveːrt kɔntu]
op rekening storten	nolikt kontā	[nɔlikt kɔnta:]
opnemen (ww)	izņemt no konta	[izɲemt nɔ kɔnta]
storting (de)	ieguldījums (v)	[iɛguldi:jums]
een storting maken	veikt ieguldījumu	[vɛikt iɛguldi:jumu]
overschrijving (de)	pārskaitījums (v)	[pa:rskaiti:jums]
een overschrijving maken	pārskaitīt	[pa:rskaiti:t]
som (de)	summa (s)	[summa]
Hoeveel?	Cik?	[tsik?]
handtekening (de)	paraksts (v)	[paraksts]
ondertekenen (ww)	parakstīt	[paraksti:t]
kredietkaart (de)	kredītkarte (s)	[kredi:tkarte]
code (de)	kods (v)	[kɔds]
kredietkaartnummer (het)	kredītkartes numurs (v)	[kredi:tkartes numurs]
geldautomaat (de)	bankomāts (v)	[bankɔma:ts]
cheque (de)	čeks (v)	[tʃeks]
een cheque uitschrijven	izrakstīt čeku	[izraksti:t tʃeku]
chequeboekje (het)	čeku grāmatiņa (s)	[tʃeku gra:matiɲa]
lening, krediet (de)	kredīts (v)	[kredi:ts]
een lening aanvragen	griezties pēc kredīta	[griɛzties pe:ts kredi:ta]
een lening nemen	ņemt kredītu	[ɲemt kredi:tu]
een lening verlenen	dot kredītu	[dɔt kredi:tu]
garantie (de)	garantija (s)	[garantija]

98. Telefoon. Telefoongesprek

telefoon (de)	tālrunis (v)	[ta:lrunis]
mobieltje (het)	mobilais tālrunis (v)	[mɔbilais ta:lrunis]
antwoordapparaat (het)	autoatbildētājs (v)	[autɔatbildɛ:ta:js]
bellen (ww)	zvanīt	[zvani:t]
belletje (telefoontje)	zvans (v)	[zvans]
een nummer draaien	uzgriezt telefona numuru	[uzgriɛzt tɛlefɔna numuru]
Hallo!	Hallo!	[xallɔ!]
vragen (ww)	pajautāt	[pajauta:t]
antwoorden (ww)	atbildēt	[atbilde:t]
horen (ww)	dzirdēt	[dzirde:t]
goed (bw)	labi	[labi]
slecht (bw)	slikti	[slikti]
storingen (mv.)	traucējumi (v dsk)	[trautse:jumi]
hoorn (de)	klausule (s)	[klausule]
opnemen (ww)	noņemt klausuli	[nɔņemt klausuli]
ophangen (ww)	nolikt klausuli	[nɔlikt klausuli]
bezet (bn)	aizņemts	[aizņemts]
overgaan (ww)	zvanīt	[zvani:t]
telefoonboek (het)	telefona grāmata (s)	[tɛlefɔna gra:mata]
lokaal (bn)	vietējais	[viɛte:jais]
interlokaal (bn)	starppilsētu	[starppilsɛ:tu]
buitenlands (bn)	starptautiskais	[starptautiskais]

99. Mobiele telefoon

mobieltje (het)	mobilais tālrunis (v)	[mɔbilais ta:lrunis]
scherm (het)	displejs (v)	[displejs]
toets, knop (de)	poga (s)	[pɔga]
simkaart (de)	SIM-karte (s)	[sim-karte]
batterij (de)	baterija (s)	[baterija]
leeg zijn (ww)	izlādēties	[izla:de:tiɛs]
acculader (de)	uzlādes ierīce (s)	[uzla:des iɛri:tse]
menu (het)	izvēlne (s)	[izve:lne]
instellingen (mv.)	uzstādījumi (v dsk)	[uzsta:di:jumi]
melodie (beltoon)	melodija (s)	[melɔdija]
selecteren (ww)	izvēlēties	[izvɛ:le:tiɛs]
rekenmachine (de)	kalkulators (v)	[kalkulatɔrs]
voicemail (de)	autoatbildētājs (v)	[autɔatbildɛ:ta:js]
wekker (de)	modinātājs (v)	[mɔdina:ta:js]
contacten (mv.)	telefona grāmata (s)	[tɛlefɔna gra:mata]
SMS-bericht (het)	SMS-ziņa (s)	[sms-ziņa]
abonnee (de)	abonents (v)	[abɔnents]

100. Schrijfbehoeften

| balpen (de) | lodīšu pildspalva (s) | [lɔdi:ʃu pildspalva] |
| vulpen (de) | spalvaskāts (v) | [spalvaska:ts] |

potlood (het)	zīmulis (v)	[zi:mulis]
marker (de)	marķieris (v)	[martʲiɛris]
viltstift (de)	flomasteris (v)	[flɔmasteris]

| notitieboekje (het) | bloknots (v) | [blɔknɔts] |
| agenda (boekje) | dienasgrāmata (s) | [diɛnasgra:mata] |

liniaal (de/het)	lineāls (v)	[linea:ls]
rekenmachine (de)	kalkulators (v)	[kalkulatɔrs]
gom (de)	dzēšgumija (s)	[dze:ʃgumija]
punaise (de)	piespraude (s)	[piɛspraude]
paperclip (de)	saspraude (s)	[saspraude]

lijm (de)	līme (s)	[li:me]
nietmachine (de)	skavotājs (v)	[skavɔta:js]
perforator (de)	caurumotājs (v)	[tsaurumɔta:js]
potloodslijper (de)	zīmuļu asināmais (v)	[zi:muʎu asina:mais]

Baan. Business. Deel 2

101. Massamedia

krant (de)	laikraksts (v)	[laikraksts]
tijdschrift (het)	žurnāls (v)	[ʒurna:ls]
pers (gedrukte media)	prese (s)	[prɛse]
radio (de)	radio (v)	[radiɔ]
radiostation (het)	radiostacija (s)	[radiɔstatsija]
televisie (de)	televīzija (s)	[tɛlevi:zija]
presentator (de)	vadītājs (v)	[vadi:ta:js]
nieuwslezer (de)	diktors (v)	[diktɔrs]
commentator (de)	komentētājs (v)	[kɔmentɛ:ta:js]
journalist (de)	žurnālists (v)	[ʒurna:lists]
correspondent (de)	korespondents (v)	[kɔrespɔndents]
fotocorrespondent (de)	fotokorespondents (v)	[fotɔkɔrespɔndents]
reporter (de)	reportieris (v)	[repɔrtiɛris]
redacteur (de)	redaktors (v)	[rɛdaktɔrs]
chef-redacteur (de)	galvenais redaktors (v)	[galvɛnais rɛdaktɔrs]
zich abonneren op	pasūtīt	[pasu:ti:t]
abonnement (het)	parakstīšanās (s)	[paraksti:ʃana:s]
abonnee (de)	abonents (v)	[abɔnents]
lezen (ww)	lasīt	[lasi:t]
lezer (de)	lasītājs (v)	[lasi:ta:js]
oplage (de)	tirāža (s)	[tira:ʒa]
maand-, maandelijks (bn)	ikmēneša-	[ikmɛ:neʃa-]
wekelijks (bn)	iknedēļas	[iknɛdɛ:lʲas]
nummer (het)	numurs (v)	[numurs]
vers (~ van de pers)	svaigs	[svaigs]
kop (de)	virsraksts (v)	[virsraksts]
korte artikel (het)	piezīme (s)	[piɛzi:me]
rubriek (de)	rubrika (s)	[rubrika]
artikel (het)	raksts (v)	[raksts]
pagina (de)	lappuse (s)	[lappuse]
reportage (de)	reportāža (s)	[repɔrta:ʒa]
gebeurtenis (de)	notikums (v)	[nɔtikums]
sensatie (de)	sensācija (s)	[sensa:tsija]
schandaal (het)	skandāls (v)	[skanda:ls]
schandalig (bn)	skandalozs	[skandalɔzs]
groot (~ schandaal, enz.)	skaļš	[skalʲʃ]
programma (het)	raidījums (v)	[raidi:jums]
interview (het)	intervija (s)	[intervija]

| live uitzending (de) | tieša translācija (s) | [tiɛʃa transla:tsija] |
| kanaal (het) | kanāls (v) | [kana:ls] |

102. Landbouw

landbouw (de)	lauksaimniecība (s)	[lauksaimniɛtsi:ba]
boer (de)	zemnieks (v)	[zemniɛks]
boerin (de)	zemniece (s)	[zemniɛtse]
landbouwer (de)	fermeris (v)	[fermeris]

| tractor (de) | traktors (v) | [traktɔrs] |
| maaidorser (de) | kombains (v) | [kɔmbains] |

ploeg (de)	arkls (v)	[arkls]
ploegen (ww)	art	[art]
akkerland (het)	uzarts lauks (v)	[uzarts lauks]
voor (de)	vaga (s)	[vaga]

zaaien (ww)	sēt	[se:t]
zaaimachine (de)	sējmašīna (s)	[se:jmaʃi:na]
zaaien (het)	sēšana (s)	[se:ʃana]

| zeis (de) | izkapts (s) | [izkapts] |
| maaien (ww) | pļaut | [plʲaut] |

| schop (de) | lāpsta (s) | [la:psta] |
| spitten (ww) | rakt | [rakt] |

schoffel (de)	kaplis (v)	[kaplis]
wieden (ww)	ravēt	[rave:t]
onkruid (het)	nezāle (s)	[nɛza:le]

gieter (de)	lejkanna (s)	[lejkanna]
begieten (water geven)	laistīt	[laisti:t]
bewatering (de)	laistīšana (s)	[laisti:ʃana]

| riek, hooivork (de) | dakšas (s dsk) | [dakʃas] |
| hark (de) | grābeklis (v) | [gra:beklis] |

meststof (de)	mēslojums (v)	[me:slɔjums]
bemesten (ww)	mēslot	[me:slɔt]
mest (de)	kūtsmēsli (v dsk)	[ku:tsme:sli]

veld (het)	lauks (v)	[lauks]
wei (de)	pļava (s)	[plʲava]
moestuin (de)	sakņu dārzs (v)	[sakɲu da:rzs]
boomgaard (de)	dārzs (v)	[da:rzs]

weiden (ww)	ganīt	[gani:t]
herder (de)	gans (v)	[gans]
weiland (de)	ganības (s dsk)	[gani:bas]

| veehouderij (de) | lopkopība (s) | [lɔpkɔpi:ba] |
| schapenteelt (de) | aitkopība (s) | [aitkɔpi:ba] |

plantage (de)	plantācija (s)	[planta:tsija]
rijtje (het)	dobe (s)	[dɔbe]
broeikas (de)	lecekts (v)	[letsekts]

| droogte (de) | sausums (v) | [sausums] |
| droog (bn) | sauss | [saus] |

graan (het)	graudi (v dsk)	[graudi]
graangewassen (mv.)	graudaugi (v dsk)	[graudaugi]
oogsten (ww)	novākt	[nɔva:kt]

molenaar (de)	dzirnavnieks (v)	[dzirnavnιɛks]
molen (de)	dzirnavas (s dsk)	[dzirnavas]
malen (graan ~)	malt graudus	[malt graudus]
bloem (bijv. tarwebloem)	milti (v dsk)	[milti]
stro (het)	salmi (v dsk)	[salmi]

103. Gebouw. Bouwproces

bouwplaats (de)	būvvieta (s)	[bu:vvιɛta]
bouwen (ww)	būvēt	[bu:ve:t]
bouwvakker (de)	celtnieks (v)	[tseltniɛks]

project (het)	projekts (v)	[prɔjekts]
architect (de)	arhitekts (v)	[arxitekts]
arbeider (de)	strādnieks (v)	[stra:dniɛks]

fundering (de)	pamats (v)	[pamats]
dak (het)	jumts (v)	[jumts]
heipaal (de)	pālis (v)	[pa:lis]
muur (de)	siena (s)	[siɛna]

| betonstaal (het) | armatūra (s) | [armatu:ra] |
| steigers (mv.) | būvkoki (v dsk) | [bu:vkɔki] |

beton (het)	betons (v)	[betɔns]
graniet (het)	granīts (v)	[grani:ts]
steen (de)	akmens (v)	[akmens]
baksteen (de)	ķieģelis (v)	[tⁱiɛdⁱelis]

zand (het)	smiltis (s dsk)	[smiltis]
cement (de/het)	cements (v)	[tsɛments]
pleister (het)	apmetums (v)	[apmɛtums]
pleisteren (ww)	apmest	[apmest]

verf (de)	krāsa (s)	[kra:sa]
verven (muur ~)	krāsot	[kra:sɔt]
ton (de)	muca (s)	[mutsa]

kraan (de)	krāns (v)	[kra:ns]
heffen, hijsen (ww)	celt	[tselt]
neerlaten (ww)	nolaist	[nɔlaist]
bulldozer (de)	buldozers (v)	[buldɔzɛrs]
graafmachine (de)	ekskavators (v)	[ekskavatɔrs]

graafbak (de)	**kauss** (v)	[kaus]
graven (tunnel, enz.)	**rakt**	[rakt]
helm (de)	**ķivere** (s)	[tʲivɛre]

Beroepen en ambachten

104. Zoeken naar werk. Ontslag

baan (de)	darbs (v)	[darbs]
personeel (het)	štats (v)	[ʃtats]
carrière (de)	karjera (s)	[karjera]
vooruitzichten (mv.)	perspektīva (s)	[pɛrspekti:va]
meesterschap (het)	meistarība (s)	[mɛistari:ba]
keuze (de)	izlase (s)	[izlase]
uitzendbureau (het)	nodarbinātības aģentūra (s)	[nɔdarbina:ti:bas adʲentu:ra]
CV, curriculum vitae (het)	kopsavilkums (v)	[kɔpsavilkums]
sollicitatiegesprek (het)	darba intervija (s)	[darba intervija]
vacature (de)	vakance (s)	[vakantse]
salaris (het)	darba alga (s)	[darba alga]
vaste salaris (het)	alga (s)	[alga]
loon (het)	samaksa (s)	[samaksa]
betrekking (de)	amats (v)	[amats]
taak, plicht (de)	pienākums (v)	[piɛna:kums]
takenpakket (het)	loks (v)	[lɔks]
bezig (~ zijn)	aizņemts	[aizɲemts]
ontslagen (ww)	atlaist	[atlaist]
ontslag (het)	atlaišana (s)	[atlaiʃana]
werkloosheid (de)	bezdarbs (v)	[bezdarbs]
werkloze (de)	bezdarbnieks (v)	[bezdarbniɛks]
pensioen (het)	pensija (s)	[pensija]
met pensioen gaan	aiziet pensijā	[aiziɛt pensija:]

105. Zakenmensen

directeur (de)	direktors (v)	[direktɔrs]
beheerder (de)	pārvaldnieks (v)	[pa:rvaldniɛks]
hoofd (het)	vadītājs (v)	[vadi:ta:js]
baas (de)	priekšnieks (v)	[priɛkʃniɛks]
superieuren (mv.)	priekšniecība (s)	[priɛkʃniɛtsi:ba]
president (de)	prezidents (v)	[prezidents]
voorzitter (de)	priekšsēdētājs (v)	[priɛkʃsɛ:dɛ:ta:js]
adjunct (de)	aizvietotājs (v)	[aizviɛtota:js]
assistent (de)	palīgs (v)	[pali:gs]
secretaris (de)	sekretārs (v)	[sekrɛta:rs]

persoonlijke assistent (de)	**personīgais sekretārs** (v)	[pɛrsɔni:gais sekrɛta:rs]
zakenman (de)	**biznesmenis** (v)	[biznesmenis]
ondernemer (de)	**uzņēmējs** (v)	[uzɲɛ:me:js]
oprichter (de)	**pamatlicējs** (v)	[pamatlitse:js]
oprichten	**nodibināt**	[nɔdibina:t]
(een nieuw bedrijf ~)		

stichter (de)	**dibinātājs** (v)	[dibina:ta:js]
partner (de)	**partneris** (v)	[partneris]
aandeelhouder (de)	**akcionārs** (v)	[aktsiɔna:rs]

miljonair (de)	**miljonārs** (v)	[miljɔna:rs]
miljardair (de)	**miljardieris** (v)	[miljardiɛris]
eigenaar (de)	**īpašnieks** (v)	[i:paʃniɛks]
landeigenaar (de)	**zemes īpašnieks** (v)	[zɛmes i:paʃniɛks]

klant (de)	**klients** (v)	[kliɛnts]
vaste klant (de)	**pastāvīgais klients** (v)	[pasta:vi:gais kliɛnts]
koper (de)	**pircējs** (v)	[pirtse:js]
bezoeker (de)	**apmeklētājs** (v)	[apmeklɛ:ta:js]

professioneel (de)	**profesionālis** (v)	[prɔfesiɔna:lis]
expert (de)	**eksperts** (v)	[eksperts]
specialist (de)	**speciālists** (v)	[spetsia:lists]

bankier (de)	**baņķieris** (v)	[baɲtʲiɛris]
makelaar (de)	**brokeris** (v)	[brɔkeris]

kassier (de)	**kasieris** (v)	[kasiɛris]
boekhouder (de)	**grāmatvedis** (v)	[gra:matvedis]
bewaker (de)	**apsargs** (v)	[apsargs]

investeerder (de)	**investors** (v)	[investɔrs]
schuldenaar (de)	**parādnieks** (v)	[para:dniɛks]
crediteur (de)	**kreditors** (v)	[kreditɔrs]
lener (de)	**aizņēmējs** (v)	[aizɲɛ:me:js]

importeur (de)	**importētājs** (v)	[impɔrtɛ:ta:js]
exporteur (de)	**eksportētājs** (v)	[ekspɔrtɛ:ta:js]

producent (de)	**ražotājs** (v)	[raʒɔta:js]
distributeur (de)	**izplatītājs** (v)	[izplati:ta:js]
bemiddelaar (de)	**starpnieks** (v)	[starpniɛks]

adviseur, consulent (de)	**konsultants** (v)	[kɔnsultants]
vertegenwoordiger (de)	**pārstāvis** (v)	[pa:rsta:vis]
agent (de)	**aģents** (v)	[adʲents]
verzekeringsagent (de)	**apdrošināšanas aģents** (v)	[apdrɔʃina:ʃanas adʲents]

106. Dienstverlenende beroepen

kok (de)	**pavārs** (v)	[pava:rs]
chef-kok (de)	**šefpavārs** (v)	[ʃefpava:rs]
bakker (de)	**maiznieks** (v)	[maizniɛks]

barman (de)	bārmenis (v)	[ba:rmenis]
kelner, ober (de)	oficiants (v)	[ɔfitsiants]
serveerster (de)	oficiante (s)	[ɔfitsiante]

advocaat (de)	advokāts (v)	[advɔka:ts]
jurist (de)	jurists (v)	[jurists]
notaris (de)	notārs (v)	[nɔta:rs]

elektricien (de)	elektriķis (v)	[ɛlektritʲis]
loodgieter (de)	santehniķis (v)	[santexnitʲis]
timmerman (de)	namdaris (v)	[namdaris]

masseur (de)	masieris (v)	[masiɛris]
masseuse (de)	masiere (s)	[masiɛre]
dokter, arts (de)	ārsts (v)	[a:rsts]

taxichauffeur (de)	taksists (v)	[taksists]
chauffeur (de)	šoferis (v)	[ʃɔferis]
koerier (de)	kurjers (v)	[kurjers]

kamermeisje (het)	istabene (s)	[istabɛne]
bewaker (de)	apsargs (v)	[apsargs]
stewardess (de)	stjuarte (s)	[stjuarte]

meester (de)	skolotājs (v)	[skɔlɔta:js]
bibliothecaris (de)	bibliotekārs (v)	[bibliɔtɛka:rs]
vertaler (de)	tulks (v)	[tulks]
tolk (de)	tulks (v)	[tulks]
gids (de)	gids (v)	[gids]

kapper (de)	frizieris (v)	[friziɛris]
postbode (de)	pastnieks (v)	[pastniɛks]
verkoper (de)	pārdevējs (v)	[pa:rdɛve:js]

tuinman (de)	dārznieks (v)	[da:rzniɛks]
huisbediende (de)	kalps (v)	[kalps]
dienstmeisje (het)	kalpone (s)	[kalpɔne]
schoonmaakster (de)	apkopēja (s)	[apkɔpe:ja]

107. Militaire beroepen en rangen

soldaat (rang)	ierindnieks (v)	[iɛrindniɛks]
sergeant (de)	seržants (v)	[serʒants]
luitenant (de)	leitnants (v)	[lɛitnants]
kapitein (de)	kapteinis (v)	[kaptɛinis]

majoor (de)	majors (v)	[majɔrs]
kolonel (de)	pulkvedis (v)	[pulkvedis]
generaal (de)	ģenerālis (v)	[dʲɛnɛra:lis]
maarschalk (de)	maršals (v)	[marʃals]
admiraal (de)	admirālis (v)	[admira:lis]

militair (de)	karavīrs (v)	[karavi:rs]
soldaat (de)	karavīrs (v)	[karavi:rs]

officier (de)	**virsnieks** (v)	[virsniɛks]
commandant (de)	**komandieris** (v)	[kɔmandiɛris]

grenswachter (de)	**robežsargs** (v)	[rɔbeʒsargs]
marconist (de)	**radists** (v)	[radists]
verkenner (de)	**izlūks** (v)	[izlu:ks]
sappeur (de)	**sapieris** (v)	[sapiɛris]
schutter (de)	**šāvējs** (v)	[ʃa:ve:js]
stuurman (de)	**stūrmanis** (v)	[stu:rmanis]

108. Ambtenaren. Priesters

koning (de)	**karalis** (v)	[karalis]
koningin (de)	**karaliene** (s)	[karaliɛne]

prins (de)	**princis** (v)	[printsis]
prinses (de)	**princese** (s)	[printsɛse]

tsaar (de)	**cars** (v)	[tsars]
tsarina (de)	**cariene** (s)	[tsariɛne]

president (de)	**prezidents** (v)	[prezidents]
minister (de)	**ministrs** (v)	[ministrs]
eerste minister (de)	**premjerministrs** (v)	[premjerministrs]
senator (de)	**senators** (v)	[sɛnatɔrs]

diplomaat (de)	**diplomāts** (v)	[diplɔma:ts]
consul (de)	**konsuls** (v)	[kɔnsuls]
ambassadeur (de)	**vēstnieks** (v)	[ve:stniɛks]
adviseur (de)	**padomnieks** (v)	[padɔmniɛks]

ambtenaar (de)	**ierēdnis** (v)	[iɛre:dnis]
prefect (de)	**prefekts** (v)	[prefekts]
burgemeester (de)	**mērs** (v)	[mɛ:rs]

rechter (de)	**tiesnesis** (v)	[tiɛsnesis]
aanklager (de)	**prokurors** (v)	[prɔkurɔrs]

missionaris (de)	**misionārs** (v)	[misiɔna:rs]
monnik (de)	**mūks** (v)	[mu:ks]
abt (de)	**abats** (v)	[abats]
rabbi, rabbijn (de)	**rabīns** (v)	[rabi:ns]

vizier (de)	**vezīrs** (v)	[vezi:rs]
sjah (de)	**šahs** (v)	[ʃaxs]
sjeik (de)	**šeihs** (v)	[ʃɛixs]

109. Agrarische beroepen

imker (de)	**biškopis** (v)	[biʃkɔpis]
herder (de)	**gans** (v)	[gans]
landbouwkundige (de)	**agronoms** (v)	[agrɔnɔms]

| veehouder (de) | lopkopis (v) | [lɔpkɔpis] |
| dierenarts (de) | veterinārs (v) | [vɛterina:rs] |

landbouwer (de)	fermeris (v)	[fermeris]
wijnmaker (de)	vīndaris (v)	[vi:ndaris]
zoöloog (de)	zoologs (v)	[zɔɔlɔgs]
cowboy (de)	kovbojs (v)	[kɔvbɔjs]

110. Kunst beroepen

| acteur (de) | aktieris (v) | [aktiɛris] |
| actrice (de) | aktrise (s) | [aktrise] |

| zanger (de) | dziedātājs (v) | [dziɛda:ta:js] |
| zangeres (de) | dziedātāja (s) | [dziɛda:ta:ja] |

| danser (de) | dejotājs (v) | [dejɔta:js] |
| danseres (de) | dejotāja (s) | [dejɔta:ja] |

| artiest (mann.) | mākslinieks (v) | [ma:ksliniɛks] |
| artiest (vrouw.) | māksliniece (s) | [ma:ksliniɛtse] |

muzikant (de)	mūziķis (v)	[mu:zitʲis]
pianist (de)	pianists (v)	[pianists]
gitarist (de)	ģitārists (v)	[dʲita:rists]

orkestdirigent (de)	diriģents (v)	[diridʲents]
componist (de)	komponists (v)	[kɔmpɔnists]
impresario (de)	impresārijs (v)	[imprɛsa:rijs]

filmregisseur (de)	režisors (v)	[reʒisɔrs]
filmproducent (de)	producents (v)	[prɔdutsents]
scenarioschrijver (de)	scenārija autors (v)	[stsɛna:rija autɔrs]
criticus (de)	kritiķis (v)	[krititʲis]

schrijver (de)	rakstnieks (v)	[rakstniɛks]
dichter (de)	dzejnieks (v)	[dzejniɛks]
beeldhouwer (de)	skulptors (v)	[skulptɔrs]
kunstenaar (de)	mākslinieks (v)	[ma:ksliniɛks]

jongleur (de)	žonglieris (v)	[ʒɔŋgliɛris]
clown (de)	klauns (v)	[klauns]
acrobaat (de)	akrobāts (v)	[akrɔba:ts]
goochelaar (de)	burvju mākslinieks (v)	[burvju ma:ksliniɛks]

111. Verschillende beroepen

dokter, arts (de)	ārsts (v)	[a:rsts]
ziekenzuster (de)	medmāsa (s)	[medma:sa]
psychiater (de)	psihiatrs (v)	[psixiatrs]
tandarts (de)	stomatologs (v)	[stɔmatɔlɔgs]
chirurg (de)	ķirurgs (v)	[tʲirurgs]

astronaut (de)	**astronauts** (v)	[astrɔnauts]
astronoom (de)	**astronoms** (v)	[astrɔnɔms]

chauffeur (de)	**vadītājs** (v)	[vadi:ta:js]
machinist (de)	**mašīnists** (v)	[maʃi:nists]
mecanicien (de)	**mehāniķis** (v)	[mexa:nitʲis]

mijnwerker (de)	**ogļracis** (v)	[ɔglʲratsis]
arbeider (de)	**strādnieks** (v)	[stra:dniɛks]
bankwerker (de)	**atslēdznieks** (v)	[atsle:dzniɛks]
houtbewerker (de)	**galdnieks** (v)	[galdniɛks]
draaier (de)	**virpotājs** (v)	[virpɔta:js]
bouwvakker (de)	**celtnieks** (v)	[tseltniɛks]
lasser (de)	**metinātājs** (v)	[metina:ta:js]

professor (de)	**profesors** (v)	[prɔfesɔrs]
architect (de)	**arhitekts** (v)	[arxitekts]
historicus (de)	**vēsturnieks** (v)	[ve:sturniɛks]
wetenschapper (de)	**zinātnieks** (v)	[zina:tniɛks]
fysicus (de)	**fiziķis** (v)	[fizitʲis]
scheikundige (de)	**ķīmiķis** (v)	[tʲi:mitʲis]

archeoloog (de)	**arheologs** (v)	[arxeɔlɔgs]
geoloog (de)	**ģeologs** (v)	[dʲeɔlɔgs]
onderzoeker (de)	**pētnieks** (v)	[pe:tniɛks]

babysitter (de)	**aukle** (s)	[aukle]
leraar, pedagoog (de)	**pedagogs** (v)	[pɛdagɔgs]

redacteur (de)	**redaktors** (v)	[rɛdaktɔrs]
chef-redacteur (de)	**galvenais redaktors** (v)	[galvɛnais rɛdaktɔrs]
correspondent (de)	**korespondents** (v)	[kɔrespɔndents]
typiste (de)	**mašīnrakstītāja** (s)	[maʃi:nraksti:ta:ja]

designer (de)	**dizainers** (v)	[dizainɛrs]
computerexpert (de)	**datoru eksperts** (v)	[datɔru eksperts]
programmeur (de)	**programmētājs** (v)	[prɔgrammɛ:ta:js]
ingenieur (de)	**inženieris** (v)	[inʒeniɛris]

matroos (de)	**jūrnieks** (v)	[ju:rniɛks]
zeeman (de)	**matrozis** (v)	[matrɔzis]
redder (de)	**glābējs** (v)	[gla:be:js]

brandweerman (de)	**ugunsdzēsējs** (v)	[ugunsdzɛ:se:js]
politieagent (de)	**policists** (v)	[pɔlitsists]
nachtwaker (de)	**sargs** (v)	[sargs]
detective (de)	**detektīvs** (v)	[dɛtekti:vs]

douanier (de)	**muitas ierēdnis** (v)	[muitas iɛre:dnis]
lijfwacht (de)	**miesassargs** (v)	[miɛsasargs]
gevangenisbewaker (de)	**uzraugs** (v)	[uzraugs]
inspecteur (de)	**inspektors** (v)	[inspektɔrs]

sportman (de)	**sportists** (v)	[spɔrtists]
trainer (de)	**treneris** (v)	[trɛneris]
slager, beenhouwer (de)	**miesnieks** (v)	[miɛsniɛks]

schoenlapper (de)	**kurpnieks** (v)	[kurpniɛks]
handelaar (de)	**komersants** (v)	[kɔmɛrsants]
lader (de)	**krāvējs** (v)	[kra:ve:js]

kledingstilist (de)	**modelētājs** (v)	[mɔdɛlɛ:ta:js]
model (het)	**modele** (s)	[mɔdɛle]

112. Beroepen. Sociale status

scholier (de)	**skolnieks** (v)	[skɔlniɛks]
student (de)	**students** (v)	[students]

filosoof (de)	**filosofs** (v)	[filɔsɔfs]
econoom (de)	**ekonomists** (v)	[ekɔnɔmists]
uitvinder (de)	**izgudrotājs** (v)	[izgudrɔta:js]

werkloze (de)	**bezdarbnieks** (v)	[bezdarbniɛks]
gepensioneerde (de)	**pensionārs** (v)	[pensiɔna:rs]
spion (de)	**spiegs** (v)	[spiɛgs]

gedetineerde (de)	**ieslodzītais** (v)	[iɛslɔdzi:tais]
staker (de)	**streikotājs** (v)	[strɛikɔta:js]
bureaucraat (de)	**birokrāts** (v)	[birɔkra:ts]
reiziger (de)	**ceļotājs** (v)	[tseḷɔta:js]

homoseksueel (de)	**homoseksuālists** (v)	[xɔmɔseksua:lists]
hacker (computerkraker)	**hakeris** (v)	[xakeris]
hippie (de)	**hipijs** (v)	[xipijs]

bandiet (de)	**bandīts** (v)	[bandi:ts]
huurmoordenaar (de)	**algots slepkava** (v)	[algɔts slepkava]
drugsverslaafde (de)	**narkomāns** (v)	[narkɔma:ns]
drugshandelaar (de)	**narkotiku tirgotājs** (v)	[narkɔtiku tirgɔta:js]
prostituee (de)	**prostitūta** (s)	[prɔstitu:ta]
pooier (de)	**suteners** (v)	[sutɛnɛrs]

tovenaar (de)	**burvis** (v)	[burvis]
tovenares (de)	**burve** (s)	[burve]
piraat (de)	**pirāts** (v)	[pira:ts]
slaaf (de)	**vergs** (v)	[vergs]
samoerai (de)	**samurajs** (v)	[samurajs]
wilde (de)	**mežonis** (v)	[meʒɔnis]

Sport

113. Soorten sporten. Sporters

sportman (de)	sportists (v)	[sportists]
soort sport (de/het)	sporta veids (v)	[sporta vɛids]
basketbal (het)	basketbols (v)	[basketbɔls]
basketbalspeler (de)	basketbolists (v)	[basketbɔlists]
baseball (het)	beisbols (v)	[bɛisbɔls]
baseballspeler (de)	beisbolists (v)	[bɛisbɔlists]
voetbal (het)	futbols (v)	[futbɔls]
voetballer (de)	futbolists (v)	[futbɔlists]
doelman (de)	vārtsargs (v)	[va:rtsargs]
hockey (het)	hokejs (v)	[xɔkejs]
hockeyspeler (de)	hokejists (v)	[xɔkejists]
volleybal (het)	volejbols (v)	[volejbɔls]
volleybalspeler (de)	volejbolists (v)	[volejbɔlists]
boksen (het)	bokss (v)	[bɔks]
bokser (de)	bokseris (v)	[bɔkseris]
worstelen (het)	cīņa (s)	[tsi:ɲa]
worstelaar (de)	cīkstonis (v)	[tsi:kstɔnis]
karate (de)	karatē (v)	[karate:]
karateka (de)	karatists (v)	[karatists]
judo (de)	džudo (v)	[dʒudɔ]
judoka (de)	džudists (v)	[dʒudists]
tennis (het)	teniss (v)	[tenis]
tennisspeler (de)	tenisists (v)	[tenisists]
zwemmen (het)	peldēšana (s)	[pelde:ʃana]
zwemmer (de)	peldētājs (v)	[peldɛ:ta:js]
schermen (het)	paukošana (s)	[paukɔʃana]
schermer (de)	paukotājs (v)	[paukɔta:js]
schaak (het)	šahs (v)	[ʃaxs]
schaker (de)	šahists (v)	[ʃaxists]
alpinisme (het)	alpīnisms (v)	[alpi:nisms]
alpinist (de)	alpīnists (v)	[alpi:nists]
hardlopen (het)	skriešana (s)	[skriɛʃana]

renner (de)	skrējējs (v)	[skre:je:js]
atletiek (de)	vieglatlētika (s)	[viɛglatle:tika]
atleet (de)	atlēts (v)	[atle:ts]

| paardensport (de) | jāšanas sports (v) | [ja:ʃanas sports] |
| ruiter (de) | jātnieks (v) | [ja:tniɛks] |

kunstschaatsen (het)	daiļslidošana (s)	[dailʲslidɔʃana]
kunstschaatser (de)	daiļslidotājs (v)	[dailʲslidɔta:js]
kunstschaatsster (de)	daiļslidotāja (s)	[dailʲslidɔta:ja]

gewichtheffen (het)	smagatlētika (s)	[smagatle:tika]
gewichtheffer (de)	svarcēlājs (v)	[svartsɛ:la:js]
autoraces (mv.)	autosacīkstes (s dsk)	[autɔsatsi:kstes]
coureur (de)	braucējs (v)	[brautse:js]

| wielersport (de) | riteņbraukšana (s) | [riteɲbraukʃana] |
| wielrenner (de) | riteņbraucējs (v) | [riteɲbrautse:js] |

verspringen (het)	tāllēkšana (s)	[ta:lle:kʃana]
polsstokspringen (het)	kārtslēkšana (s)	[ka:rtsle:kʃana]
verspringer (de)	lēcējs (v)	[le:tse:js]

114. Soorten sporten. Diversen

Amerikaans voetbal (het)	amerikāņu futbols (v)	[amerika:ɲu futbɔls]
badminton (het)	badmintons (v)	[badmintɔns]
biatlon (de)	biatlons (v)	[biatlɔns]
biljart (het)	biljards (v)	[biljards]

bobsleeën (het)	bobslejs (v)	[bobslejs]
bodybuilding (de)	bodibildings (v)	[bodibildiŋs]
waterpolo (het)	ūdenspolo (v)	[u:denspɔlɔ]
handbal (de)	rokasbumba (s)	[rɔkasbumba]
golf (het)	golfs (v)	[gɔlfs]

roeisport (de)	airēšana (s)	[aire:ʃana]
duiken (het)	niršana (s)	[nirʃana]
langlaufen (het)	slēpošanas sacīkstes (s dsk)	[sle:pɔʃanas satsi:kstes]
tafeltennis (het)	galda teniss (v)	[galda tenis]

zeilen (het)	buru sports (v)	[buru sports]
rally (de)	rallijs (v)	[rallijs]
rugby (het)	regbijs (v)	[regbijs]
snowboarden (het)	snovbords (v)	[snɔvbɔrds]
boogschieten (het)	loka šaušana (s)	[lɔka ʃauʃana]

115. Fitnessruimte

lange halter (de)	stienis (v)	[stiɛnis]
halters (mv.)	hanteles (s dsk)	[xantɛles]
training machine (de)	trenažieris (v)	[trɛnaʒiɛris]

hometrainer (de)	velotrenažieris (v)	[velɔtrɛnaʒiɛris]
loopband (de)	skrejceļš (v)	[skrejtseļʃ]

rekstok (de)	šķērssija (s)	[ʃķɛːrsija]
brug (de) gelijke leggers	līdztekas (s dsk)	[liːdztɛkas]
paardsprong (de)	vingrošanas zirgs (v)	[viŋgrɔʃanas zirgs]
mat (de)	vingrošanas paklājs (v)	[viŋgrɔʃanas paklaːjs]

springtouw (het)	lecamaukla (s)	[letsamaukla]
aerobics (de)	vingrošana (s)	[viŋgrɔʃana]
yoga (de)	joga (s)	[jɔga]

116. Sporten. Diversen

Olympische Spelen (mv.)	Olimpiskās Spēles (s dsk)	[ɔlimpiska:s spɛ:les]
winnaar (de)	uzvarētājs (v)	[uzvarɛ:ta:js]
overwinnen (ww)	uzvarēt	[uzvare:t]
winnen (ww)	vinnēt	[vinne:t]

leider (de)	līderis (v)	[li:deris]
leiden (ww)	izrauties vadībā	[izrauties vadi:ba:]

eerste plaats (de)	pirmā vieta (s)	[pirma: viɛta]
tweede plaats (de)	otrā vieta (s)	[ɔtra: viɛta]
derde plaats (de)	trešā vieta (s)	[treʃa: viɛta]

medaille (de)	medaļa (s)	[mɛdaļa]
trofee (de)	trofeja (s)	[trɔfeja]
beker (de)	kauss (v)	[kaus]
prijs (de)	balva (s)	[balva]
hoofdprijs (de)	galvenā balva (s)	[galvɛna: balva]

record (het)	rekords (v)	[rekɔrds]
een record breken	uzstādīt rekordu	[uzsta:di:t rekɔrdu]

finale (de)	fināls (v)	[fina:ls]
finale (bn)	fināla	[fina:la]

kampioen (de)	čempions (v)	[tʃempiɔns]
kampioenschap (het)	čempionāts (v)	[tʃempiɔna:ts]

stadion (het)	stadions (v)	[stadiɔns]
tribune (de)	tribīne (s)	[tribi:ne]
fan, supporter (de)	līdzjutējs (v)	[li:dzjute:js]
tegenstander (de)	pretinieks (v)	[pretiniɛks]

start (de)	starts (v)	[starts]
finish (de)	finišs (v)	[finiʃs]

nederlaag (de)	sakāve (s)	[saka:ve]
verliezen (ww)	zaudēt	[zaude:t]

rechter (de)	tiesnesis (v)	[tiɛsnesis]
jury (de)	žūrija (s)	[ʒu:rija]

stand (~ is 3-1)	rezultāts (v)	[rɛzulta:ts]
gelijkspel (het)	neizšķirts rezultāts (v)	[nɛizʃtʲirts rɛzulta:ts]
in gelijk spel eindigen	nospēlēt neizšķirti	[nɔspɛ:le:t nɛizʃtʲirti]
punt (het)	punkts (v)	[punkts]
uitslag (de)	rezultāts (v)	[rɛzulta:ts]

periode (de)	periods (v)	[periɔds]
pauze (de)	pārtraukums (v)	[pa:rtraukums]
doping (de)	dopings (v)	[dɔpiŋgs]
straffen (ww)	sodīt	[sɔdi:t]
diskwalificeren (ww)	diskvalificēt	[diskvalifitse:t]

toestel (het)	sporta inventārs (v)	[spɔrta inventa:rs]
speer (de)	šķēps (v)	[ʃtʲe:ps]
kogel (de)	lode (s)	[lɔde]
bal (de)	biljarda bumbiņa (s)	[biljarda bumbiɲa]

doel (het)	mērķis (v)	[me:rtʲis]
schietkaart (de)	mērķis (v)	[me:rtʲis]
schieten (ww)	šaut	[ʃaut]
precies (bijv. precieze schot)	precīzs	[pretsi:zs]

trainer, coach (de)	treneris (v)	[trɛneris]
trainen (ww)	trenēt	[trɛne:t]
zich trainen (ww)	trenēties	[trɛne:tiɛs]
training (de)	treniņš (v)	[treniɲʃ]

gymnastiekzaal (de)	sporta zāle (s)	[spɔrta za:le]
oefening (de)	vingrinājums (v)	[viŋgrina:jums]
opwarming (de)	izvingrināšana (s)	[izviŋgrina:ʃana]

Onderwijs

117. School

school (de)	skola (s)	[skɔla]
schooldirecteur (de)	skolas direktors (v)	[skɔlas direktɔrs]
leerling (de)	skolnieks (v)	[skɔlniɛks]
leerlinge (de)	skolniece (s)	[skɔlniɛtse]
scholier (de)	skolnieks (v)	[skɔlniɛks]
scholiere (de)	skolniece (s)	[skɔlniɛtse]
leren (lesgeven)	mācīt	[maːtsiːt]
studeren (bijv. een taal ~)	mācīties	[maːtsiːtiɛs]
van buiten leren	mācīties no galvas	[maːtsiːties nɔ galvas]
leren (bijv. ~ tellen)	mācīties	[maːtsiːtiɛs]
in school zijn	mācīties	[maːtsiːtiɛs]
(schooljongen zijn)		
naar school gaan	iet skolā	[iɛt skɔlaː]
alfabet (het)	alfabēts (v)	[alfabeːts]
vak (schoolvak)	mācības priekšmets (v)	[maːtsiːbas priɛkʃmets]
klaslokaal (het)	klase (s)	[klase]
les (de)	stunda (s)	[stunda]
pauze (de)	starpbrīdis (v)	[starpbriːdis]
bel (de)	zvans (v)	[zvans]
schooltafel (de)	skolas sols (v)	[skɔlas sɔls]
schoolbord (het)	tāfele (s)	[taːfɛle]
cijfer (het)	atzīme (s)	[atziːme]
goed cijfer (het)	laba atzīme (s)	[laba atziːme]
slecht cijfer (het)	slikta atzīme (s)	[slikta atziːme]
een cijfer geven	likt atzīmi	[likt atziːmi]
fout (de)	kļūda (s)	[klʲuːda]
fouten maken	kļūdīties	[klʲuːdiːtiɛs]
corrigeren (fouten ~)	labot	[labɔt]
spiekbriefje (het)	špikeris (v)	[ʃpikeris]
huiswerk (het)	mājas darbs (v)	[maːjas darbs]
oefening (de)	vingrinājums (v)	[viŋgrinaːjums]
aanwezig zijn (ww)	būt klāt	[buːt klaːt]
absent zijn (ww)	nebūt klāt	[nɛbuːt klaːt]
school verzuimen	kavēt stundas	[kaveːt stundas]
bestraffen (een stout kind ~)	sodīt	[sɔdiːt]
bestraffing (de)	sods (v)	[sɔds]

gedrag (het)	uzvedība (s)	[uzvedi:ba]
cijferlijst (de)	dienasgrāmata (s)	[diɛnasgra:mata]
potlood (het)	zīmulis (v)	[zi:mulis]
gom (de)	dzēšgumija (s)	[dze:ʃgumija]
krijt (het)	krīts (v)	[kri:ts]
pennendoos (de)	penālis (v)	[pɛna:lis]

boekentas (de)	portfelis (v)	[pɔrtfelis]
pen (de)	pildspalva (s)	[pildspalva]
schrift (de)	burtnīca (s)	[burtni:tsa]
leerboek (het)	mācību grāmata (s)	[ma:tsi:bu gra:mata]
passer (de)	cirkulis (v)	[tsirkulis]

| technisch tekenen (ww) | rasēt | [rase:t] |
| technische tekening (de) | rasējums (v) | [rase:jums] |

gedicht (het)	dzejolis (v)	[dzejɔlis]
van buiten (bw)	no galvas	[nɔ galvas]
van buiten leren	mācīties no galvas	[ma:tsi:ties nɔ galvas]

vakantie (de)	brīvlaiks (v)	[bri:vlaiks]
met vakantie zijn	būt brīvlaikā	[bu:t bri:vlaika:]
vakantie doorbrengen	pavadīt brīvlaiku	[pavadi:t bri:vlaiku]

toets (schriftelijke ~)	kontroldarbs (v)	[kɔntrɔldarbs]
opstel (het)	sacerējums (v)	[satsɛre:jums]
dictee (het)	diktāts (v)	[dikta:ts]
examen (het)	eksāmens (v)	[eksa:mens]
examen afleggen	likt eksāmenus	[likt eksa:menus]
experiment (het)	mēģinājums (v)	[me:dʲina:jums]

118. Hogeschool. Universiteit

academie (de)	akadēmija (s)	[akade:mija]
universiteit (de)	universitāte (s)	[univɛrsita:te]
faculteit (de)	fakultāte (s)	[fakulta:te]

student (de)	students (v)	[students]
studente (de)	studente (s)	[studente]
leraar (de)	pasniedzējs (v)	[pasniɛdze:js]

| collegezaal (de) | auditorija (s) | [auditɔrija] |
| afgestudeerde (de) | absolvents (v) | [absɔlvents] |

| diploma (het) | diploms (v) | [diplɔms] |
| dissertatie (de) | disertācija (s) | [diserta:tsija] |

| onderzoek (het) | pētījums (v) | [pe:ti:jums] |
| laboratorium (het) | laboratorija (s) | [labɔratɔrija] |

college (het)	lekcija (s)	[lektsija]
medestudent (de)	kursa biedrs (v)	[kursa biɛdrs]
studiebeurs (de)	stipendija (s)	[stipendija]
academische graad (de)	zinātniskais grāds (v)	[zina:tniskais gra:ds]

119. Wetenschappen. Disciplines

wiskunde (de)	matemātika (s)	[matɛma:tika]
algebra (de)	algebra (s)	[algebra]
meetkunde (de)	ģeometrija (s)	[dʲeɔmetrija]
astronomie (de)	astronomija (s)	[astrɔnɔmija]
biologie (de)	bioloģija (s)	[biɔlɔdʲija]
geografie (de)	ģeogrāfija (s)	[dʲeɔgra:fija]
geologie (de)	ģeoloģija (s)	[dʲeɔlɔdʲija]
geschiedenis (de)	vēsture (s)	[ve:sture]
geneeskunde (de)	medicīna (s)	[meditsi:na]
pedagogiek (de)	pedagoģija (s)	[pɛdagɔdʲija]
rechten (mv.)	tieslietas (s dsk)	[tiɛsliɛtas]
fysica, natuurkunde (de)	fizika (s)	[fizika]
scheikunde (de)	ķīmija (s)	[tʲi:mija]
filosofie (de)	filozofija (s)	[filɔzɔfija]
psychologie (de)	psiholoģija (s)	[psixɔlɔdʲija]

120. Schrift. Spelling

grammatica (de)	gramatika (s)	[gramatika]
vocabulaire (het)	leksika (s)	[leksika]
fonetiek (de)	fonētika (s)	[fɔne:tika]
zelfstandig naamwoord (het)	lietvārds (v)	[liɛtva:rds]
bijvoeglijk naamwoord (het)	īpašības vārds (v)	[i:paʃi:bas va:rds]
werkwoord (het)	darbības vārds (v)	[darbi:bas va:rds]
bijwoord (het)	apstākļa vārds (v)	[apsta:klʲa va:rds]
voornaamwoord (het)	vietniekvārds (v)	[viɛtniɛkva:rds]
tussenwerpsel (het)	izsauksmes vārds (v)	[izsauksmes va:rds]
voorzetsel (het)	prievārds (v)	[priɛva:rds]
stam (de)	vārda sakne (s)	[va:rda sakne]
achtervoegsel (het)	galotne (s)	[galɔtne]
voorvoegsel (het)	priedēklis (v)	[priɛde:klis]
lettergreep (de)	zilbe (s)	[zilbe]
achtervoegsel (het)	sufikss (v)	[sufiks]
nadruk (de)	uzsvars (v)	[uzsvars]
afkappingsteken (het)	apostrofs (v)	[apɔstrɔfs]
punt (de)	punkts (v)	[punkts]
komma (de/het)	komats (v)	[kɔmats]
puntkomma (de)	semikols (v)	[semikɔls]
dubbelpunt (de)	kols (v)	[kɔls]
beletselteken (het)	daudzpunkte (s)	[daudzpunkte]
vraagteken (het)	jautājuma zīme (s)	[jauta:juma zi:me]
uitroepteken (het)	izsaukuma zīme (s)	[izsaukuma zi:me]

aanhalingstekens (mv.)	pēdiņas (s dsk)	[pe:diɲas]
tussen aanhalingstekens (bw)	pēdiņās	[pe:diɲa:s]
haakjes (mv.)	iekavas (s dsk)	[iɛkavas]
tussen haakjes (bw)	iekavās	[iɛkava:s]

streepje (het)	defise (s)	[defise]
gedachtestreepje (het)	domuzīme (s)	[dɔmuzi:me]
spatie	atstarpe (s)	[atstarpe]
(~ tussen twee woorden)		

letter (de)	burts (v)	[burts]
hoofdletter (de)	lielais burts (v)	[liɛlais burts]

klinker (de)	patskanis (v)	[patskanis]
medeklinker (de)	līdzskanis (v)	[li:dzskanis]

zin (de)	teikums (v)	[tɛikums]
onderwerp (het)	teikuma priekšmets (v)	[tɛikuma priɛkʃmets]
gezegde (het)	izteicējs (v)	[iztɛitse:js]

regel (in een tekst)	rinda (s)	[rinda]
op een nieuwe regel (bw)	ar jaunu rindu	[ar jaunu rindu]
alinea (de)	rindkopa (s)	[rindkɔpa]

woord (het)	vārds (v)	[va:rds]
woordgroep (de)	vārdkopa (s)	[va:rdkɔpa]
uitdrukking (de)	izteiciens (v)	[iztɛitsiɛns]
synoniem (het)	sinonīms (v)	[sinɔni:ms]
antoniem (het)	antonīms (v)	[antɔni:ms]

regel (de)	likums (v)	[likums]
uitzondering (de)	izņēmums (v)	[izɲɛ:mums]
correct (bijv. ~e spelling)	pareizs	[parɛizs]

vervoeging, conjugatie (de)	konjugācija (s)	[kɔnjuga:tsija]
verbuiging, declinatie (de)	deklinācija (s)	[deklina:tsija]
naamval (de)	locījums (v)	[lɔtsi:jums]
vraag (de)	jautājums (v)	[jauta:jums]
onderstrepen (ww)	pasvītrot	[pasvi:trɔt]
stippellijn (de)	punktēta līnija (s)	[punktɛ:ta li:nija]

121. Vreemde talen

taal (de)	valoda (s)	[valɔda]
vreemd (bn)	svešs	[sveʃs]
vreemde taal (de)	svešvaloda (s)	[sveʃvalɔda]
leren (bijv. van buiten ~)	pētīt	[pe:ti:t]
studeren (Nederlands ~)	mācīties	[ma:tsi:tiɛs]

lezen (ww)	lasīt	[lasi:t]
spreken (ww)	runāt	[runa:t]
begrijpen (ww)	saprast	[saprast]
schrijven (ww)	rakstīt	[raksti:t]
snel (bw)	ātri	[a:tri]

| langzaam (bw) | lēni | [le:ni] |
| vloeiend (bw) | brīvi | [bri:vi] |

regels (mv.)	noteikumi (v dsk)	[nɔtɛikumi]
grammatica (de)	gramatika (s)	[gramatika]
vocabulaire (het)	leksika (s)	[leksika]
fonetiek (de)	fonētika (s)	[fɔne:tika]

leerboek (het)	mācību grāmata (s)	[ma:tsi:bu gra:mata]
woordenboek (het)	vārdnīca (s)	[va:rdni:tsa]
leerboek (het) voor zelfstudie	pašmācības grāmata (s)	[paʃma:tsi:bas gra:mata]
taalgids (de)	sarunvārdnīca (s)	[sarunva:rdni:tsa]

cassette (de)	kasete (s)	[kasɛte]
videocassette (de)	videokasete (s)	[videɔkasɛte]
CD (de)	kompaktdisks (v)	[kɔmpaktdisks]
DVD (de)	DVD (v)	[dvd]

alfabet (het)	alfabēts (v)	[alfabe:ts]
spellen (ww)	izrunāt pa burtiem	[izruna:t pa burtiɛm]
uitspraak (de)	izruna (s)	[izruna]

accent (het)	akcents (v)	[aktsents]
met een accent (bw)	ar akcentu	[ar aktsentu]
zonder accent (bw)	bez akcenta	[bez aktsenta]

| woord (het) | vārds (v) | [va:rds] |
| betekenis (de) | nozīme (s) | [nɔzi:me] |

cursus (de)	kursi (v dsk)	[kursi]
zich inschrijven (ww)	pierakstīties	[piɛraksti:tiɛs]
leraar (de)	pasniedzējs (v)	[pasniɛdze:js]

vertaling (een ~ maken)	tulkošana (s)	[tulkɔʃana]
vertaling (tekst)	tulkojums (v)	[tulkɔjums]
vertaler (de)	tulks (v)	[tulks]
tolk (de)	tulks (v)	[tulks]

| polyglot (de) | poliglots (v) | [pɔliglɔts] |
| geheugen (het) | atmiņa (s) | [atmiɲa] |

122. Sprookjesfiguren

Sinterklaas (de)	Santa Klauss (v)	[santa klaus]
Assepoester (de)	Pelnruškīte (s)	[pelnruʃti:te]
zeemeermin (de)	nāra (s)	[na:ra]
Neptunus (de)	Neptūns (v)	[neptu:ns]

magiër, tovenaar (de)	burvis (v)	[burvis]
goede heks (de)	burve (s)	[burve]
magisch (bn)	burvju	[burvju]
toverstokje (het)	burvju nūjiņa (s)	[burvju nu:jiɲa]
sprookje (het)	pasaka (s)	[pasaka]
wonder (het)	brīnums (v)	[bri:nums]

dwerg (de)	rūķītis (v)	[ru:tʲi:tis]
veranderen in ...	pārvērsties par ...	[pa:rvɛ:rsties par ...]
(anders worden)		

geest (de)	spoks (v)	[spɔks]
spook (het)	rēgs (v)	[re:gs]
monster (het)	nezvērs (v)	[nezvɛ:rs]
draak (de)	pūķis (v)	[pu:tʲis]
reus (de)	milzis (v)	[milzis]

123. Dierenriem

Ram (de)	Auns (v)	[auns]
Stier (de)	Vērsis (v)	[vɛ:rsis]
Tweelingen (mv.)	Dvīņi (v dsk)	[dvi:ɲi]
Kreeft (de)	Vēzis (v)	[ve:zis]
Leeuw (de)	Lauva (s)	[lauva]
Maagd (de)	Jaunava (s)	[jaunava]

Weegschaal (de)	Svari (v dsk)	[svari]
Schorpioen (de)	Skorpions (v)	[skɔrpiɔns]
Boogschutter (de)	Strēlnieks (v)	[stre:lniɛks]
Steenbok (de)	Mežāzis (v)	[meʒa:zis]
Waterman (de)	Ūdensvīrs (v)	[u:densvi:rs]
Vissen (mv.)	Zivis (v dsk)	[zivis]

karakter (het)	raksturs (v)	[raksturs]
karaktertrekken (mv.)	rakstura iezīmes (s dsk)	[rakstura iɛzi:mes]
gedrag (het)	uzvedība (s)	[uzvedi:ba]
waarzeggen (ww)	zīlēt	[zi:le:t]
waarzegster (de)	zīlniece (s)	[zi:lniɛtse]
horoscoop (de)	horoskops (v)	[xɔrɔskɔps]

Kunst

124. Theater

theater (het)	teātris (v)	[tea:tris]
opera (de)	opera (s)	[ɔpɛra]
operette (de)	operete (s)	[ɔpɛrɛte]
ballet (het)	balets (v)	[balets]

affiche (de/het)	afiša (s)	[afiʃa]
theatergezelschap (het)	trupa (s)	[trupa]
tournee (de)	viesizrāde (s)	[viɛsizra:de]
op tournee zijn	sniegt viesizrādes	[sniɛgt viɛsizra:des]
repeteren (ww)	mēģināt	[me:dʲina:t]
repetitie (de)	mēģinājums (v)	[me:dʲina:jums]
repertoire (het)	repertuārs (v)	[rɛpertua:rs]

voorstelling (de)	izrāde (s)	[izra:de]
spektakel (het)	izrāde (s)	[izra:de]
toneelstuk (het)	luga (s)	[luga]

biljet (het)	biļete (s)	[bilʲɛte]
kassa (de)	biļešu kase (s)	[bilʲeʃu kase]
foyer (de)	halle (s)	[xalle]
garderobe (de)	garderobe (s)	[garderɔbe]
garderobe nummer (het)	numurs (v)	[numurs]
verrekijker (de)	binoklis (v)	[binɔklis]
plaatsaanwijzer (de)	kontrolieris (v)	[kɔntrɔliɛris]

parterre (de)	parters (v)	[partɛrs]
balkon (het)	balkons (v)	[balkɔns]
gouden rang (de)	beletāža (s)	[bɛlɛta:ʒa]
loge (de)	loža (s)	[lɔʒa]
rij (de)	rinda (s)	[rinda]
plaats (de)	vieta (s)	[viɛta]

publiek (het)	publika (s)	[publika]
kijker (de)	skatītājs (v)	[skati:ta:js]
klappen (ww)	aplaudēt	[aplaude:t]
applaus (het)	aplausi (v dsk)	[aplausi]
ovatie (de)	ovācijas (s dsk)	[ɔva:tsijas]

toneel (op het ~ staan)	skatuve (s)	[skatuve]
gordijn, doek (het)	priekškars (v)	[priɛkʃkars]
toneeldecor (het)	dekorācija (s)	[dekɔra:tsija]
backstage (de)	kulises (s dsk)	[kulises]

scène (de)	skats (v)	[skats]
bedrijf (het)	cēliens (v)	[tse:liɛns]
pauze (de)	starpbrīdis (v)	[starpbri:dis]

125. Bioscoop

acteur (de)	aktieris (v)	[aktiɛris]
actrice (de)	aktrise (s)	[aktrise]
bioscoop (de)	kino (v)	[kinɔ]
speelfilm (de)	kino (v)	[kinɔ]
aflevering (de)	sērija (s)	[se:rija]
detectivefilm (de)	detektīvs (v)	[dɛtekti:vs]
actiefilm (de)	grāvējs (v)	[gra:ve:js]
avonturenfilm (de)	piedzīvojumu filma (s)	[piɛdzi:vɔjumu filma]
sciencefictionfilm (de)	fantastiska filma (s)	[fantastiska filma]
griezelfilm (de)	šausmu filma (s)	[ʃausmu filma]
komedie (de)	kino komēdija (s)	[kinɔ kɔme:dija]
melodrama (het)	melodrāma (s)	[melɔdra:ma]
drama (het)	drāma (s)	[dra:ma]
speelfilm (de)	mākslas filma (s)	[ma:kslas filma]
documentaire (de)	dokumentāla filma (s)	[dɔkumenta:la filma]
tekenfilm (de)	multfilma (s)	[multfilma]
stomme film (de)	mēmais kino (v)	[mɛ:mais kinɔ]
rol (de)	loma (s)	[lɔma]
hoofdrol (de)	galvenā loma (s)	[galvɛna: lɔma]
spelen (ww)	spēlēt	[spɛ:le:t]
filmster (de)	kinozvaigzne (s)	[kinɔzvaigzne]
bekend (bn)	slavens	[slavens]
beroemd (bn)	slavens	[slavens]
populair (bn)	populārs	[pɔpula:rs]
scenario (het)	scenārijs (v)	[stsɛna:rijs]
scenarioschrijver (de)	scenārija autors (v)	[stsɛna:rija autɔrs]
regisseur (de)	režisors (v)	[reʒisɔrs]
filmproducent (de)	producents (v)	[prɔdutsents]
assistent (de)	asistents (v)	[asistents]
cameraman (de)	operators (v)	[ɔpɛratɔrs]
stuntman (de)	kaskadieris (v)	[kaskadiɛris]
stuntdubbel (de)	dublieris (v)	[dubliɛris]
een film maken	uzņemt filmu	[uzņemt filmu]
auditie (de)	mēģinājumi (v dsk)	[me:dʲina:jumi]
opnamen (mv.)	uzņemšana (s)	[uzņemʃana]
filmploeg (de)	uzņemšanas grupa (s)	[uzņemʃanas grupa]
filmset (de)	uzņemšanas laukums (v)	[uzņemʃanas laukums]
filmcamera (de)	kinokamera (s)	[kinɔkamɛra]
bioscoop (de)	kinoteātris (v)	[kinɔtea:tris]
scherm (het)	ekrāns (v)	[ekra:ns]
een film vertonen	rādīt filmu	[ra:di:t filmu]
geluidsspoor (de)	skaņas celiņš (v)	[skaņas tseliņʃ]
speciale effecten (mv.)	specefekti (v dsk)	[spetsefekti]

ondertiteling (de)	**subtitri** (v dsk)	[subtitri]
voortiteling, aftiteling (de)	**titri** (v dsk)	[titri]
vertaling (de)	**tulkojums** (v)	[tulkɔjums]

126. Schilderij

kunst (de)	**māksla** (s)	[ma:ksla]
schone kunsten (mv.)	**daiļās mākslas** (s dsk)	[dailʲa:s ma:kslas]
kunstgalerie (de)	**mākslas galerija** (s)	[ma:kslas galerija]
kunsttentoonstelling (de)	**gleznu izstāde** (s)	[gleznu izsta:de]

schilderkunst (de)	**gleznieciība** (s)	[gleznɛtsi:ba]
grafiek (de)	**grafika** (s)	[grafika]
abstracte kunst (de)	**abstrakcionisms** (v)	[abstraktsiɔnisms]
impressionisme (het)	**impresionisms** (v)	[impresiɔnisms]

schilderij (het)	**glezna** (s)	[glezna]
tekening (de)	**zīmējums** (v)	[zi:me:jums]
poster (de)	**plakāts** (v)	[plaka:ts]

illustratie (de)	**ilustrācija** (s)	[ilustra:tsija]
miniatuur (de)	**miniatūra** (s)	[miniatu:ra]
kopie (de)	**kopija** (s)	[kɔpija]
reproductie (de)	**reprodukcija** (s)	[reprɔduktsija]

mozaïek (het)	**mozaīka** (s)	[mɔzai:ka]
gebrandschilderd glas (het)	**vitrāža** (s)	[vitra:ʒa]
fresco (het)	**freska** (s)	[freska]
gravure (de)	**gravīra** (s)	[gravi:ra]

buste (de)	**biste** (s)	[biste]
beeldhouwwerk (het)	**skulptūra** (s)	[skulptu:ra]
beeld (bronzen ~)	**statuja** (s)	[statuja]
gips (het)	**ģipsis** (v)	[dʲipsis]
gipsen (bn)	**ģipša**	[dʲipʃa]

portret (het)	**portrets** (v)	[pɔrtrets]
zelfportret (het)	**pašportrets** (v)	[paʃportrets]
landschap (het)	**ainava** (s)	[ainava]
stilleven (het)	**klusā daba** (s)	[klusa: daba]
karikatuur (de)	**karikatūra** (s)	[karikatu:ra]
schets (de)	**uzmetums** (v)	[uzmɛtums]

verf (de)	**krāsa** (s)	[kra:sa]
aquarel (de)	**akvareļkrāsa** (s)	[akvarelʲkra:sa]
olieverf (de)	**eļļas krāsas** (s dsk)	[ellʲas kra:sas]
potlood (het)	**zīmulis** (v)	[zi:mulis]
Oostindische inkt (de)	**tuša** (s)	[tuʃa]
houtskool (de)	**ogle** (s)	[ɔgle]

tekenen (met krijt)	**zīmēt**	[zi:me:t]
schilderen (ww)	**gleznot**	[gleznɔt]
poseren (ww)	**pozēt**	[pɔze:t]
naaktmodel (man)	**modelis** (v)	[mɔdelis]

naaktmodel (vrouw)	modele (s)	[mɔdɛle]
kunstenaar (de)	mākslinieks (v)	[maːksliniɛks]
kunstwerk (het)	darbs (v)	[darbs]
meesterwerk (het)	šedevrs (v)	[ʃɛdevrs]
studio, werkruimte (de)	darbnīca (s)	[darbniːtsa]

schildersdoek (het)	audekls (v)	[audekls]
schildersezel (de)	molberts (v)	[mɔlberts]
palet (het)	palete (s)	[palɛte]

lijst (een vergulde ~)	ietvars (v)	[iɛtvars]
restauratie (de)	restaurācija (s)	[restauraːtsija]
restaureren (ww)	restaurēt	[restaureːt]

127. Literatuur & Poëzie

literatuur (de)	literatūra (s)	[litɛratuːra]
auteur (de)	autors (v)	[autɔrs]
pseudoniem (het)	pseidonīms (v)	[psɛidɔniːms]

boek (het)	grāmata (s)	[graːmata]
boekdeel (het)	sējums (v)	[seːjums]
inhoudsopgave (de)	satura rādītājs (v)	[satura raːdiːtaːjs]
pagina (de)	lappuse (s)	[lappuse]
hoofdpersoon (de)	galvenais varonis (v)	[galvɛnais varɔnis]
handtekening (de)	autogrāfs (v)	[autɔgraːfs]

verhaal (het)	stāsts (v)	[staːsts]
novelle (de)	stāsts (v)	[staːsts]
roman (de)	romāns (v)	[romaːns]
werk (literatuur)	sacerējums (v)	[satsɛreːjums]
fabel (de)	fabula (s)	[fabula]
detectiveroman (de)	detektīvs (v)	[dɛtektiːvs]

gedicht (het)	dzejolis (v)	[dzejɔlis]
poëzie (de)	dzeja (s)	[dzeja]
epos (het)	poēma (s)	[pɔɛːma]
dichter (de)	dzejnieks (v)	[dzejniɛks]

fictie (de)	beletristika (s)	[bɛletristika]
sciencefiction (de)	zinātniskā fantastika (s)	[zinaːtniska: fantastika]
avonturenroman (de)	piedzīvojumi (v dsk)	[piɛdziːvɔjumi]
opvoedkundige literatuur (de)	mācību literatūra (s)	[maːtsiːbu litɛratuːra]
kinderliteratuur (de)	bērnu literatūra (s)	[beːrnu litɛratuːra]

128. Circus

circus (de/het)	cirks (v)	[tsirks]
chapiteau circus (de/het)	ceļojošais cirks (v)	[tseɫojoʃais tsirks]
programma (het)	programma (s)	[prɔgramma]
voorstelling (de)	izrāde (s)	[izraːde]
nummer (circus ~)	numurs (v)	[numurs]

arena (de)	arēna (s)	[arɛ:na]
pantomime (de)	pantomīma (s)	[pantɔmi:ma]
clown (de)	klauns (v)	[klauns]

acrobaat (de)	akrobāts (v)	[akrɔba:ts]
acrobatiek (de)	akrobātika (s)	[akrɔba:tika]
gymnast (de)	vingrotājs (v)	[viŋgrɔta:js]
gymnastiek (de)	vingrošana (s)	[viŋgrɔʃana]
salto (de)	salto (v)	[saltɔ]

sterke man (de)	atlēts, spēkavīrs (v)	[atle:ts], [spɛ:kavi:rs]
temmer (de)	dīdītājs (v)	[di:di:ta:js]
ruiter (de)	jātnieks (v)	[ja:tniɛks]
assistent (de)	asistents (v)	[asistents]

stunt (de)	triks (v)	[triks]
goocheltruc (de)	fokuss (v)	[fɔkus]
goochelaar (de)	triku meistars (v)	[triku mɛistars]

jongleur (de)	žonglieris (v)	[ʒɔŋgliɛris]
jongleren (ww)	žonglēt	[ʒɔŋgle:t]
dierentrainer (de)	dresētājs (v)	[drɛsɛ:ta:js]
dressuur (de)	dresēšana (s)	[drɛse:ʃana]
dresseren (ww)	dresēt	[drɛse:t]

129. Muziek. Popmuziek

muziek (de)	mūzika (s)	[mu:zika]
muzikant (de)	mūziķis (v)	[mu:zitʲis]
muziekinstrument (het)	mūzikas instruments (v)	[mu:zikas instruments]
spelen (bijv. gitaar ~)	spēlēt ...	[spɛ:le:t ...]

gitaar (de)	ģitāra (s)	[dʲita:ra]
viool (de)	vijole (s)	[vijɔle]
cello (de)	čells (v)	[tʃells]
contrabas (de)	kontrabass (v)	[kɔntrabas]
harp (de)	arfa (s)	[arfa]

piano (de)	pianīns (v)	[piani:ns]
vleugel (de)	flīģelis (v)	[fli:dʲelis]
orgel (het)	ērģeles (s dsk)	[e:rdʲɛles]

blaasinstrumenten (mv.)	pūšamie instrumenti (v dsk)	[pu:ʃamiɛ instrumenti]
hobo (de)	oboja (s)	[ɔbɔja]
saxofoon (de)	saksofons (v)	[saksɔfɔns]
klarinet (de)	klarnete (s)	[klarnɛte]
fluit (de)	flauta (s)	[flauta]
trompet (de)	trompete (s)	[trɔmpɛte]

| accordeon (de/het) | akordeons (v) | [akɔrdeɔns] |
| trommel (de) | bungas (s dsk) | [buŋgas] |

| duet (het) | duets (v) | [duets] |
| trio (het) | trio (v) | [triɔ] |

kwartet (het)	**kvartets** (v)	[kvartets]
koor (het)	**koris** (v)	[koris]
orkest (het)	**orķestris** (v)	[ortˈestris]
popmuziek (de)	**popmūzika** (s)	[pɔpmu:zika]
rockmuziek (de)	**rokmūzika** (s)	[rɔkmu:zika]
rockgroep (de)	**rokgrupa** (s)	[rɔkgrupa]
jazz (de)	**džezs** (v)	[ʤezs]
idool (het)	**elks** (v)	[elks]
bewonderaar (de)	**cienītājs** (v)	[tsiɛni:ta:js]
concert (het)	**koncerts** (v)	[kɔntserts]
symfonie (de)	**simfonija** (s)	[simfɔnija]
compositie (de)	**sacerējums** (v)	[satsɛre:jums]
componeren (muziek ~)	**sacerēt**	[satsɛre:t]
zang (de)	**dziedāšana** (s)	[dziɛda:ʃana]
lied (het)	**dziesma** (s)	[dziɛsma]
melodie (de)	**melodija** (s)	[melɔdija]
ritme (het)	**ritms** (v)	[ritms]
blues (de)	**blūzs** (v)	[blu:zs]
bladmuziek (de)	**notis** (s dsk)	[nɔtis]
dirigeerstok (baton)	**zizlis** (v)	[zizlis]
strijkstok (de)	**lociņš** (v)	[lɔtsiɲʃ]
snaar (de)	**stīga** (s)	[sti:ga]
koffer (de)	**futrālis** (v)	[futra:lis]

Rusten. Entertainment. Reizen

130. Trip. Reizen

toerisme (het)	tūrisms (v)	[tu:risms]
toerist (de)	tūrists (v)	[tu:rists]
reis (de)	ceļojums (v)	[tselʲojums]
avontuur (het)	piedzīvojums (v)	[piɛdzi:vɔjums]
tocht (de)	brauciens (v)	[brautsiɛns]
vakantie (de)	atvaļinājums (v)	[atvalʲina:jums]
met vakantie zijn	būt atvaļinājumā	[bu:t atvalʲina:juma:]
rust (de)	atpūta (s)	[atpu:ta]
trein (de)	vilciens (v)	[viltsiɛns]
met de trein	ar vilcienu	[ar viltsiɛnu]
vliegtuig (het)	lidmašīna (s)	[lidmaʃi:na]
met het vliegtuig	ar lidmašīnu	[ar lidmaʃi:nu]
met de auto	ar automobili	[ar autɔmɔbili]
per schip (bw)	ar kuģi	[ar kudʲi]
bagage (de)	bagāža (s)	[baga:ʒa]
valies (de)	čemodāns (v)	[tʃemɔda:ns]
bagagekarretje (het)	bagāžas ratiņi (v dsk)	[baga:ʒas ratiɲi]
paspoort (het)	pase (s)	[pase]
visum (het)	vīza (s)	[vi:za]
kaartje (het)	biļete (s)	[bilʲɛte]
vliegticket (het)	aviobiļete (s)	[aviɔbilʲɛte]
reisgids (de)	ceļvedis (v)	[tselʲvedis]
kaart (de)	karte (s)	[karte]
gebied (landelijk ~)	apvidus (v)	[apvidus]
plaats (de)	vieta (s)	[viɛta]
exotische bestemming (de)	eksotika (s)	[eksɔtika]
exotisch (bn)	eksotisks	[eksɔtisks]
verwonderlijk (bn)	apbrīnojams	[apbri:nɔjams]
groep (de)	grupa (s)	[grupa]
rondleiding (de)	ekskursija (s)	[ekskursija]
gids (de)	gids (v)	[gids]

131. Hotel

motel (het)	motelis (v)	[mɔtelis]
3-sterren	trīszvaigžņu	[tri:szvaigʒɲu]
5-sterren	pieczvaigžņu	[piɛtszvaigʒɲu]

overnachten (ww)	apmesties	[apmestiɛs]
kamer (de)	numurs (v)	[numurs]
eenpersoonskamer (de)	vienvietīgs numurs (v)	[viɛnviɛti:gs numurs]
tweepersoonskamer (de)	divvietīgs numurs (v)	[divviɛti:gs numurs]
een kamer reserveren	rezervēt numuru	[rɛzerve:t numuru]

halfpension (het)	pus pansija (s)	[pus pansija]
volpension (het)	pilna pansija (s)	[pilna pansija]

met badkamer	ar vannu	[ar vannu]
met douche	ar dušu	[ar duʃu]
satelliet-tv (de)	satelīta televīzija (s)	[sateli:ta tɛlevi:zija]
airconditioner (de)	kondicionētājs (v)	[kɔnditsiɔnɛ:ta:js]
handdoek (de)	dvielis (v)	[dviɛlis]
sleutel (de)	atslēga (s)	[atslɛ:ga]

administrateur (de)	administrators (v)	[administratɔrs]
kamermeisje (het)	istabene (s)	[istabɛne]
piccolo (de)	nesējs (v)	[nɛse:js]
portier (de)	portjē (v)	[pɔrtje:]

restaurant (het)	restorāns (v)	[restɔra:ns]
bar (de)	bārs (v)	[ba:rs]
ontbijt (het)	brokastis (s dsk)	[brɔkastis]
avondeten (het)	vakariņas (s dsk)	[vakariɲas]
buffet (het)	zviedru galds (v)	[zviɛdru galds]

hal (de)	vestibils (v)	[vestibils]
lift (de)	lifts (v)	[lifts]

NIET STOREN	NETRAUCĒT	[netrautse:t]
VERBODEN TE ROKEN!	SMĒĶĒT AIZLIEGTS!	[smɛ:tʲe:t aizliɛgts!]

132. Boeken. Lezen

boek (het)	grāmata (s)	[gra:mata]
auteur (de)	autors (v)	[autɔrs]
schrijver (de)	rakstnieks (v)	[rakstniɛks]
schrijven (een boek)	uzrakstīt	[uzrakstl:t]

lezer (de)	lasītājs (v)	[lasi:ta:js]
lezen (ww)	lasīt	[lasi:t]
lezen (het)	lasīšana (s)	[lasi:ʃana]

stil (~ lezen)	klusībā	[klusi:ba:]
hardop (~ lezen)	skaļi	[skalʲi]

uitgeven (boek ~)	izdot	[izdɔt]
uitgeven (het)	izdevums (v)	[izdɛvums]
uitgever (de)	izdevējs (v)	[izdɛve:js]
uitgeverij (de)	izdevniecība (s)	[izdevniɛtsi:ba]

verschijnen (bijv. boek)	iznākt	[izna:kt]
verschijnen (het)	iznākšana (s)	[izna:kʃana]

oplage (de)	**izloze** (s)	[izlɔze]
boekhandel (de)	**grāmatnīca** (s)	[gra:matni:tsa]
bibliotheek (de)	**bibliotēka** (s)	[bibliotɛ:ka]

novelle (de)	**stāsts** (v)	[sta:sts]
verhaal (het)	**stāsts** (v)	[sta:sts]
roman (de)	**romāns** (v)	[rɔma:ns]
detectiveroman (de)	**detektīvs** (v)	[dɛtekti:vs]

memoires (mv.)	**memuāri** (v dsk)	[mɛmua:ri]
legende (de)	**leģenda** (s)	[lɛdʲenda]
mythe (de)	**mīts** (v)	[mi:ts]

gedichten (mv.)	**dzeja** (s)	[dzeja]
autobiografie (de)	**autobiogrāfija** (s)	[autɔbiɔgra:fija]
bloemlezing (de)	**izlase** (s)	[izlase]
sciencefiction (de)	**zinātniskā fantastika** (s)	[zina:tniska: fantastika]
naam (de)	**nosaukums** (v)	[nɔsaukums]
inleiding (de)	**ievads** (v)	[iɛvads]
voorblad (het)	**titullapa** (s)	[titullapa]

hoofdstuk (het)	**nodaļa** (s)	[nɔdalʲa]
fragment (het)	**fragments** (v)	[fragments]
episode (de)	**epizode** (s)	[epizɔde]

intrige (de)	**sižets** (v)	[siʒets]
inhoud (de)	**saturs** (v)	[saturs]
inhoudsopgave (de)	**satura rādītājs** (v)	[satura ra:di:ta:js]
hoofdpersonage (het)	**galvenais varonis** (v)	[galvɛnais varɔnis]

boekdeel (het)	**sējums** (v)	[se:jums]
omslag (de/het)	**vāks** (v)	[va:ks]
boekband (de)	**iesējums** (v)	[iɛse:jums]
bladwijzer (de)	**ieliekamā zīme** (s)	[iɛliɛkama: zi:me]

pagina (de)	**lappuse** (s)	[lappuse]
bladeren (ww)	**šķirstīt**	[ʃtʲirsti:t]
marges (mv.)	**apmales** (s dsk)	[apmales]
annotatie (de)	**ķeksītis** (v)	[tʲeksi:tis]
opmerking (de)	**piezīme** (s)	[piɛzi:me]

tekst (de)	**teksts** (v)	[teksts]
lettertype (het)	**burtu raksts** (v)	[burtu raksts]
drukfout (de)	**drukas kļūda** (s)	[drukas klʲu:da]

vertaling (de)	**tulkojums** (v)	[tulkɔjums]
vertalen (ww)	**tulkot**	[tulkɔt]
origineel (het)	**oriģināldarbs** (v)	[ɔridʲina:ldarbs]

beroemd (bn)	**slavens**	[slavens]
onbekend (bn)	**nezināms**	[nezina:ms]
interessant (bn)	**interesants**	[intɛrɛsants]
bestseller (de)	**bestsellers** (v)	[bestsellɛrs]
woordenboek (het)	**vārdnīca** (s)	[va:rdni:tsa]
leerboek (het)	**mācību grāmata** (s)	[ma:tsi:bu gra:mata]
encyclopedie (de)	**enciklopēdija** (s)	[entsiklɔpe:dija]

133. Jacht. Vissen

jacht (de)	**medības** (s dsk)	[medi:bas]
jagen (ww)	**medīt**	[medi:t]
jager (de)	**mednieks** (v)	[medniɛks]
schieten (ww)	**šaut**	[ʃaut]
geweer (het)	**šautene** (s)	[ʃautɛne]
patroon (de)	**patrona** (s)	[patrɔna]
hagel (de)	**skrotis** (s dsk)	[skrɔtis]
val (de)	**lamatas** (s dsk)	[lamatas]
valstrik (de)	**slazds** (v)	[slazds]
in de val trappen	**iekrist lamatās**	[iɛkrist lamata:s]
een val zetten	**izlikt lamatas**	[izlikt lamatas]
stroper (de)	**malumednieks** (v)	[malumedniɛks]
wild (het)	**medījums** (v)	[medi:jums]
jachthond (de)	**medību suns** (v)	[medi:bu suns]
safari (de)	**safari** (v)	[safari]
opgezet dier (het)	**izbāzenis** (v)	[izba:zenis]
visser (de)	**zvejnieks** (v)	[zvejniɛks]
visvangst (de)	**makšķerēšana** (s)	[makʃtʲɛre:ʃana]
vissen (ww)	**zvejot**	[zvejɔt]
hengel (de)	**makšķere** (s)	[makʃtʲɛre]
vislijn (de)	**makšķeres aukla** (s)	[makʃtʲɛres aukla]
haak (de)	**āķis** (v)	[a:tʲis]
dobber (de)	**pludiņš** (v)	[pludiŋʃ]
aas (het)	**ēsma** (s)	[ɛ:sma]
de hengel uitwerpen	**iemest makšķeri**	[iɛmest makʃtʲeri]
bijten (ov. de vissen)	**ķerties**	[tʲertiɛs]
vangst (de)	**ķēriens** (v)	[tʲe:riɛns]
wak (het)	**āliņģis** (v)	[a:liŋdʲis]
net (het)	**tīkls** (v)	[ti:kls]
boot (de)	**laiva** (s)	[laiva]
vissen met netten	**zvejot**	[zvejɔt]
het net uitwerpen	**iemest tīklu**	[iɛmest ti:klu]
het net binnenhalen	**izvilkt tīklu**	[izvilkt ti:klu]
in het net vallen	**ieskriet tīklā**	[iɛskriɛt ti:kla:]
walvisvangst (de)	**valzivju mednieks** (v)	[valzivju medniɛks]
walvisvaarder (de)	**valzivju medību kuģis** (v)	[valzivju medi:bu kudʲis]
harpoen (de)	**harpūna** (s)	[xarpu:na]

134. Spellen. Biljart

biljart (het)	**biljards** (v)	[biljards]
biljartzaal (de)	**biljarda istaba** (s)	[biljarda istaba]
biljartbal (de)	**biljarda bumbiņa** (s)	[biljarda bumbiņa]

een bal in het gat jagen	iesist bumbu	[iɛsist bumbu]
keu (de)	biljarda nūja (s)	[biljarda nu:ja]
gat (het)	maks (v)	[maks]

135. Spellen. Speelkaarten

ruiten (mv.)	kāravs (v)	[ka:ravs]
schoppen (mv.)	pīķis (v)	[pi:tʲis]
klaveren (mv.)	ercens (v)	[ertsens]
harten (mv.)	kreics (v)	[krɛits]

aas (de)	dūzis (v)	[du:zis]
koning (de)	kungs (v)	[kuŋgs]
dame (de)	dāma (s)	[da:ma]
boer (de)	kalps (v)	[kalps]

speelkaart (de)	spēļu kārts (v)	[spɛ:lʲu ka:rts]
kaarten (mv.)	kārtis (s dsk)	[ka:rtis]
troef (de)	trumpis (v)	[trumpis]
pak (het) kaarten	kāršu kava (s)	[ka:rʃu kava]

punt (bijv. vijftig ~en)	punkts (v)	[punkts]
uitdelen (kaarten ~)	izdot	[izdɔt]
schudden (de kaarten ~)	jaukt	[jaukt]
beurt (de)	gājiens (v)	[ga:jiɛns]
valsspeler (de)	blēdis (v)	[ble:dis]

136. Rusten. Spellen. Diversen

wandelen (on.ww.)	pastaigāties	[pastaiga:tiɛs]
wandeling (de)	pastaiga (s)	[pastaiga]
trip (per auto)	izbrauciens (v)	[izbrautsiɛns]
avontuur (het)	piedzīvojums (v)	[piɛdzi:vɔjums]
picknick (de)	pikniks (v)	[pikniks]

spel (het)	spēle (s)	[spɛ:le]
speler (de)	spēlētājs (v)	[spɛ:lɛ:ta:js]
partij (de)	partija (s)	[partija]

collectioneur (de)	kolekcionārs (v)	[kɔlektsiɔna:rs]
collectioneren (ww)	kolekcionēt	[kɔlektsiɔne:t]
collectie (de)	kolekcija (s)	[kɔlektsija]

kruiswoordraadsel (het)	krustvārdu mīkla (s)	[krustva:rdu mi:kla]
hippodroom (de)	hipodroms (v)	[xipɔdrɔms]
discotheek (de)	diskotēka (s)	[diskɔtɛ:ka]

| sauna (de) | sauna (s) | [sauna] |
| loterij (de) | loterija (s) | [lɔterija] |

| trektocht (kampeertocht) | gājiens (v) | [ga:jiɛns] |
| kamp (het) | nometne (s) | [nɔmetne] |

tent (de)	telts (s)	[telts]
kompas (het)	kompass (v)	[kɔmpas]
rugzaktoerist (de)	tūrists (v)	[tu:rists]

bekijken (een film ~)	skatīties	[skati:tiɛs]
kijker (televisie~)	televīzijas skatītājs (v)	[tɛlevi:zijas skati:ta:js]
televisie-uitzending (de)	televīzijas raidījums (v)	[tɛlevi:zijas raidi:jums]

137. Fotografie

fotocamera (de)	fotoaparāts (v)	[fɔtɔapara:ts]
foto (de)	foto (v)	[fɔtɔ]

fotograaf (de)	fotogrāfs (v)	[fɔtɔgra:fs]
fotostudio (de)	fotostudija (s)	[fɔtɔstudija]
fotoalbum (het)	fotoalbums (v)	[fɔtɔalbums]

lens (de), objectief (het)	objektīvs (v)	[ɔbjekti:vs]
telelens (de)	teleobjektīvs (v)	[tɛleɔbjekti:vs]
filter (de/het)	filtrs (v)	[filtrs]
lens (de)	lēca (s)	[le:tsa]

optiek (de)	optika (s)	[ɔptika]
diafragma (het)	diafragma (s)	[diafragma]
belichtingstijd (de)	izturējums (v)	[izture:jums]
zoeker (de)	vizieris (v)	[viziɛris]

digitale camera (de)	ciparkamera (s)	[tsiparkamɛra]
statief (het)	statīvs (v)	[stati:vs]
flits (de)	zibsnis (v)	[zibsnis]
fotograferen (ww)	fotografēt	[fɔtɔgrafe:t]
kieken (foto's maken)	fotografēt	[fɔtɔgrafe:t]
zich laten fotograferen	fotografēties	[fɔtɔgrafe:tiɛs]

focus (de)	asums (v)	[asums]
scherpstellen (ww)	noregulēt asumu	[nɔrɛgule:t asumu]
scherp (bn)	ass	[as]
scherpte (de)	asums (v)	[asums]

contrast (het)	kontrasts (v)	[kɔntrasts]
contrastrijk (bn)	kontrasta	[kɔntrasta]

kiekje (het)	attēls (v)	[attɛ:ls]
negatief (het)	negatīvs (v)	[nɛgati:vs]
filmpje (het)	filma (s)	[filma]
beeld (frame)	kadrs (v)	[kadrs]
afdrukken (foto's ~)	drukāt	[druka:t]

138. Strand. Zwemmen

strand (het)	pludmale (s)	[pludmale]
zand (het)	smiltis (s dsk)	[smiltis]

leeg (~ strand)	tukšs	[tukʃs]
bruine kleur (de)	iedegums (v)	[iɛdɛgums]
zonnebaden (ww)	sauļoties	[saulʲɔtiɛs]
gebruind (bn)	nosauļojies	[nɔsaulʲɔjiɛs]
zonnecrème (de)	sauļošanas krēms (v)	[saulʲɔʃanas kre:ms]

bikini (de)	bikini (v)	[bikini]
badpak (het)	peldkostīms (v)	[peldkɔsti:ms]
zwembroek (de)	peldbikses (s dsk)	[peldbikses]

zwembad (het)	baseins (v)	[basɛins]
zwemmen (ww)	peldēt	[pelde:t]
douche (de)	duša (s)	[duʃa]
zich omkleden (ww)	pārģērbties	[pa:rdʲe:rbtiɛs]
handdoek (de)	dvielis (v)	[dviɛlis]

boot (de)	laiva (s)	[laiva]
motorboot (de)	kuteris (v)	[kuteris]

waterski's (mv.)	ūdensslēpes (s dsk)	[u:denslɛ:pes]
waterfiets (de)	ūdens ritenis (v)	[u:dens ritenis]
surfen (het)	sērfings (v)	[se:rfiŋgs]
surfer (de)	sērfotājs (v)	[se:rfɔta:js]

scuba, aqualong (de)	akvalangs (v)	[akvalaŋgs]
zwemvliezen (mv.)	peldpleznas (s dsk)	[peldpleznas]
duikmasker (het)	maska (s)	[maska]
duiker (de)	nirējs (v)	[nire:js]
duiken (ww)	nirt	[nirt]
onder water (bw)	zem ūdens	[zem u:dens]

parasol (de)	lietussargs (v)	[liɛtusargs]
ligstoel (de)	guļamkrēsls (v)	[gulʲamkre:sls]
zonnebril (de)	brilles (s dsk)	[brilles]
luchtmatras (de/het)	peldmatracis (v)	[peldmatratsis]

spelen (ww)	spēlēt	[spɛ:le:t]
gaan zwemmen (ww)	peldēties	[pelde:tiɛs]

bal (de)	bumba (s)	[bumba]
opblazen (oppompen)	piepūst	[piɛpu:st]
lucht-, opblaasbare (bn)	piepūšams	[piɛpu:ʃams]

golf (hoge ~)	vilnis (v)	[vilnis]
boei (de)	boja (s)	[bɔja]
verdrinken (ww)	slīkt	[sli:kt]

redden (ww)	glābt	[gla:bt]
reddingsvest (de)	glābšanas veste (s)	[gla:bʃanas veste]
waarnemen (ww)	novērot	[nove:rɔt]
redder (de)	glābējs (v)	[gla:be:js]

TECHNISCHE APPARATUUR. VERVOER

Technische apparatuur

139. Computer

computer (de)	dators (v)	[datɔrs]
laptop (de)	portatīvais dators (v)	[pɔrtati:vais datɔrs]
aanzetten (ww)	ieslēgt	[iɛsle:gt]
uitzetten (ww)	izslēgt	[izsle:gt]
toetsenbord (het)	tastatūra (s)	[tastatu:ra]
toets (enter~)	taustiņš (v)	[taustiɲʃ]
muis (de)	pele (s)	[pɛle]
muismat (de)	paliktnis (v)	[paliktnis]
knopje (het)	poga (s)	[pɔga]
cursor (de)	kursors (v)	[kursɔrs]
monitor (de)	monitors (v)	[mɔnitɔrs]
scherm (het)	ekrāns (v)	[ekra:ns]
harde schijf (de)	cietais disks (v)	[tsiɛtais disks]
volume (het)	cieta diska apjoms (v)	[tsiɛta diska apjɔms]
van de harde schijf		
geheugen (het)	atmiņa (s)	[atmiɲa]
RAM-geheugen (het)	operatīvā atmiņa (s)	[ɔpɛrati:va: atmiɲa]
bestand (het)	datne (s)	[datne]
folder (de)	mape (s)	[mape]
openen (ww)	atvērt	[atve:rt]
sluiten (ww)	aizvērt	[aizve:rt]
opslaan (ww)	saglabāt	[saglaba:t]
verwijderen (wissen)	izdzēst	[izdze:st]
kopiëren (ww)	nokopēt	[nɔkɔpe:t]
sorteren (ww)	šķirot	[ʃtʲirɔt]
overplaatsen (ww)	pārrakstīt	[pa:rraksti:t]
programma (het)	programma (s)	[prɔgramma]
software (de)	programmatūra (s)	[prɔgrammatu:ra]
programmeur (de)	programmētājs (v)	[prɔgrammɛ:ta:js]
programmeren (ww)	programmēt	[prɔgramme:t]
hacker (computerkraker)	hakeris (v)	[xakeris]
wachtwoord (het)	parole (s)	[parɔle]
virus (het)	vīruss (v)	[vi:rus]
ontdekken (virus ~)	atrast, uziet	[atrast], [uziɛt]

| byte (de) | baits (v) | [baits] |
| megabyte (de) | megabaits (v) | [mɛgabaits] |

| data (de) | dati (v dsk) | [dati] |
| databank (de) | datu bāze (s) | [datu ba:ze] |

kabel (USB-~, enz.)	kabelis (v)	[kabelis]
afsluiten (ww)	atvienot	[atviɛnɔt]
aansluiten op (ww)	pievienot	[piɛviɛnɔt]

140. Internet. E-mail

internet (het)	internets (v)	[internets]
browser (de)	pārlūka programma (s)	[pa:rlu:ka prɔgramma]
zoekmachine (de)	meklēšanas resurss (v)	[mekle:ʃanas rɛsurs]
internetprovider (de)	provaiders (v)	[prɔvaidɛrs]

webmaster (de)	tīmekļa meistars (v)	[ti:meklʲa mɛistars]
website (de)	saits (v)	[saits]
webpagina (de)	tīmekļa lappuse (s)	[ti:meklʲa lappuse]

| adres (het) | adrese (s) | [adrɛse] |
| adresboek (het) | adrešu grāmata (s) | [adreʃu gra:mata] |

postvak (het)	pastkastīte (s)	[pastkasti:te]
post (de)	pasts (v)	[pasts]
vol (~ postvak)	pārpildīts	[pa:rpildi:ts]

| bericht (het) | ziņojums (v) | [ziɲɔjums] |
| binnenkomende berichten (mv.) | ienākošie ziņojumi (v dsk) | [iɛna:kɔʃiɛ ziɲɔjumi] |

| uitgaande berichten (mv.) | aizsūtītie ziņojumi (v dsk) | [aizsu:ti:tiɛ ziɲɔjumi] |

verzender (de)	sūtītājs (v)	[su:ti:ta:js]
verzenden (ww)	nosūtīt	[nɔsu:ti:t]
verzending (de)	aizsūtīšana (s)	[aizsu:ti:ʃana]

| ontvanger (de) | saņēmējs (v) | [saɲɛ:me:js] |
| ontvangen (ww) | saņemt | [saɲemt] |

| correspondentie (de) | sarakste (s) | [sarakste] |
| corresponderen (met ...) | sarakstīties | [saraksti:tiɛs] |

bestand (het)	datne (s)	[datne]
downloaden (ww)	novilkt	[nɔvilkt]
creëren (ww)	izveidot	[izvɛidot]
verwijderen (een bestand ~)	izdzēst	[izdze:st]
verwijderd (bn)	izdzēstais	[izdze:stais]

verbinding (de)	sakars (v)	[sakars]
snelheid (de)	ātrums (v)	[a:trums]
modem (de)	modems (v)	[mɔdems]
toegang (de)	pieeja (s)	[piɛeja]
poort (de)	pieslēgvieta (s)	[piɛsle:gviɛta]

aansluiting (de)	**pieslēgšana** (s)	[piɛsle:gʃana]
zich aansluiten (ww)	**pieslēgties**	[piɛsle:gtiɛs]
selecteren (ww)	**izvēlēties**	[izvɛ:le:tiɛs]
zoeken (ww)	**meklēt ...**	[mekle:t ...]

Vervoer

141. Vliegtuig

vliegtuig (het)	lidmašīna (s)	[lidmaʃi:na]
vliegticket (het)	aviobiļete (s)	[aviɔbilʲɛte]
luchtvaartmaatschappij (de)	aviokompānija (s)	[aviɔkɔmpa:nija]
luchthaven (de)	lidosta (s)	[lidɔsta]
supersonisch (bn)	virsskaņas	[virskaɲas]

gezagvoerder (de)	kuǧa komandieris (v)	[kudʲa kɔmandiɛris]
bemanning (de)	apkalpe (s)	[apkalpe]
piloot (de)	pilots (v)	[pilɔts]
stewardess (de)	stjuarte (s)	[stjuarte]
stuurman (de)	stūrmanis (v)	[stu:rmanis]

vleugels (mv.)	spārni (v dsk)	[spa:rni]
staart (de)	aste (s)	[aste]
cabine (de)	kabīne (s)	[kabi:ne]
motor (de)	dzinējs (v)	[dzine:js]
landingsgestel (het)	šasija (s)	[ʃasija]
turbine (de)	turbīna (s)	[turbi:na]

propeller (de)	propelleris (v)	[prɔpelleris]
zwarte doos (de)	melnā kaste (s)	[melna: kaste]
stuur (het)	stūres rats (v)	[stu:res rats]
brandstof (de)	degviela (s)	[degviɛla]

veiligheidskaart (de)	instrukcija (s)	[instruktsija]
zuurstofmasker (het)	skābekļa maska (s)	[ska:beklʲa maska]
uniform (het)	uniforma (s)	[unifɔrma]

reddingsvest (de)	glābšanas veste (s)	[gla:bʃanas veste]
parachute (de)	izpletnis (v)	[izpletnis]

opstijgen (het)	pacelšanās (s dsk)	[patselʃana:s]
opstijgen (ww)	pacelties	[patseltiɛs]
startbaan (de)	skrejceļš (v)	[skrejtselʲʃ]

zicht (het)	redzamība (s)	[redzami:ba]
vlucht (de)	lidojums (v)	[lidɔjums]

hoogte (de)	augstums (v)	[augstums]
luchtzak (de)	gaisa bedre (s)	[gaisa bedre]

plaats (de)	sēdeklis (v)	[sɛ:deklis]
koptelefoon (de)	austiņas (s dsk)	[austiɲas]
tafeltje (het)	galdiņš (v)	[galdiɲʃ]
venster (het)	iluminators (v)	[iluminatɔrs]
gangpad (het)	eja (s)	[eja]

142. Trein

trein (de)	vilciens (v)	[viltsiɛns]
elektrische trein (de)	elektrovilciens (v)	[ɛlektrɔviltsiɛns]
sneltrein (de)	ātrvilciens (v)	[a:trviltsiɛns]
diesellocomotief (de)	dīzeļlokomotīve (s)	[di:zeļlɔkɔmɔti:ve]
locomotief (de)	lokomotīve (s)	[lɔkɔmɔti:ve]
rijtuig (het)	vagons (v)	[vagɔns]
restauratierijtuig (het)	restorānvagons (v)	[restɔra:nvagɔns]
rails (mv.)	sliedes (s dsk)	[sliɛdes]
spoorweg (de)	dzelzceļš (v)	[dzelztseļʃ]
dwarsligger (de)	gulsnis (v)	[gulsnis]
perron (het)	platforma (s)	[platfɔrma]
spoor (het)	ceļš (v)	[tseļʃ]
semafoor (de)	semafors (v)	[sɛmafɔrs]
halte (bijv. kleine treinhalte)	stacija (s)	[statsija]
machinist (de)	mašīnists (v)	[maʃi:nists]
kruier (de)	nesējs (v)	[nɛse:js]
conducteur (de)	pavadonis (v)	[pavadɔnis]
passagier (de)	pasažieris (v)	[pasaʒiɛris]
controleur (de)	kontrolieris (v)	[kɔntrɔliɛris]
gang (in een trein)	koridors (v)	[kɔridɔrs]
noodrem (de)	stop-krāns (v)	[stɔp-kra:ns]
coupé (de)	kupeja (s)	[kupeja]
bed (slaapplaats)	plaukts (v)	[plaukts]
bovenste bed (het)	augšējais plaukts (v)	[augʃe:jais plaukts]
onderste bed (het)	apakšējais plaukts (v)	[apakʃe:jais plaukts]
beddengoed (het)	gultas veļa (s)	[gultas vɛļa]
kaartje (het)	biļete (s)	[biļɛte]
dienstregeling (de)	saraksts (v)	[saraksts]
informatiebord (het)	tablo (v)	[tablɔ]
vertrekken	atiet	[atiɛt]
(De trein vertrekt ...)		
vertrek (ov. een trein)	atiešana (s)	[atiɛʃana]
aankomen (ov. de treinen)	ierasties	[iɛrastiɛs]
aankomst (de)	pienākšana (s)	[piɛna:kʃana]
aankomen per trein	atbraukt ar vilcienu	[atbraukt ar viltsiɛnu]
in de trein stappen	iekāpt vilcienā	[iɛka:pt viltsiɛna:]
uit de trein stappen	izkāpt no vilciena	[izka:pt nɔ viltsiɛna]
treinwrak (het)	katastrofa (s)	[katastrofa]
ontspoord zijn	noskriet no sliedēm	[nɔskriɛt nɔ sliɛde:m]
locomotief (de)	lokomotīve (s)	[lɔkɔmɔti:ve]
stoker (de)	kurinātājs (v)	[kurina:ta:js]
stookplaats (de)	kurtuve (s)	[kurtuve]
steenkool (de)	ogles (s dsk)	[ɔgles]

143. Schip

schip (het)	kuģis (v)	[kud'is]
vaartuig (het)	kuģis (v)	[kud'is]
stoomboot (de)	tvaikonis (v)	[tvaikɔnis]
motorschip (het)	motorkuģis (v)	[mɔtɔrkud'is]
lijnschip (het)	laineris (v)	[laineris]
kruiser (de)	kreiseris (v)	[krɛiseris]
jacht (het)	jahta (s)	[jaxta]
sleepboot (de)	velkonis (v)	[velkɔnis]
duwbak (de)	barža (s)	[barʒa]
ferryboot (de)	prāmis (v)	[pra:mis]
zeilboot (de)	burinieks (v)	[burinɛks]
brigantijn (de)	brigantīna (s)	[briganti:na]
IJsbreker (de)	ledlauzis (v)	[ledlauzis]
duikboot (de)	zemūdene (s)	[zɛmu:dɛne]
boot (de)	laiva (s)	[laiva]
sloep (de)	laiva (s)	[laiva]
reddingssloep (de)	glābšanas laiva (s)	[gla:bʃanas laiva]
motorboot (de)	kuteris (v)	[kuteris]
kapitein (de)	kapteinis (v)	[kaptɛinis]
zeeman (de)	matrozis (v)	[matrɔzis]
matroos (de)	jūrnieks (v)	[ju:rnɛks]
bemanning (de)	apkalpe (s)	[apkalpe]
bootsman (de)	bocmanis (v)	[bɔtsmanis]
scheepsjongen (de)	junga (v)	[juŋga]
kok (de)	kuģa pavārs (v)	[kud'a pava:rs]
scheepsarts (de)	kuģa ārsts (v)	[kud'a a:rsts]
dek (het)	klājs (v)	[kla:js]
mast (de)	masts (v)	[masts]
zeil (het)	bura (s)	[bura]
ruim (het)	tilpne (s)	[tilpne]
voorsteven (de)	priekšgals (v)	[priɛkʃgals]
achtersteven (de)	pakaļgals (v)	[pakal'gals]
roeispaan (de)	airis (v)	[airis]
schroef (de)	dzenskrūve (s)	[dzenskru:ve]
kajuit (de)	kajīte (s)	[kaji:te]
officierskamer (de)	kopkajīte (s)	[kɔpkaji:te]
machinekamer (de)	mašīnu nodaļa (s)	[maʃi:nu nɔdal'a]
brug (de)	komandtiltiņš (v)	[kɔmandtiltiɲʃ]
radiokamer (de)	radio telpa (s)	[radiɔ telpa]
radiogolf (de)	vilnis (v)	[vilnis]
logboek (het)	kuģa žurnāls (v)	[kud'a ʒurna:ls]
verrekijker (de)	tālskatis (v)	[ta:lskatis]
klok (de)	zvans (v)	[zvans]

vlag (de)	karogs (v)	[karɔgs]
kabel (de)	tauva (s)	[tauva]
knoop (de)	mezgls (v)	[mezgls]

| trapleuning (de) | rokturis (v) | [rɔkturis] |
| trap (de) | traps (v) | [traps] |

anker (het)	enkurs (v)	[enkurs]
het anker lichten	pacelt enkuru	[patselt enkuru]
het anker neerlaten	izmest enkuru	[izmest enkuru]
ankerketting (de)	enkurķēde (s)	[enkurtʲɛ:de]

haven (bijv. containerhaven)	osta (s)	[ɔsta]
kaai (de)	piestātne (s)	[piɛsta:tne]
aanleggen (ww)	pietauvot	[piɛtauvɔt]
wegvaren (ww)	atiet no krasta	[atiɛt nɔ krasta]

reis (de)	ceļojums (v)	[tselʲɔjums]
cruise (de)	kruīzs (v)	[krui:zs]
koers (de)	kurss (v)	[kurs]
route (de)	maršruts (v)	[marʃruts]

vaarwater (het)	kuģu ceļš (v)	[kudʲu tselʲʃ]
zandbank (de)	sēklis (v)	[se:klis]
stranden (ww)	uzsēsties uz sēkļa	[uzse:sties uz se:klʲa]

storm (de)	vētra (s)	[ve:tra]
signaal (het)	signāls (v)	[signa:ls]
zinken (ov. een boot)	grimt	[grimt]
Man overboord!	Cilvēks aiz borta!	[tsilve:ks aiz bɔrta!]
SOS (noodsignaal)	SOS	[sɔs]
reddingsboei (de)	glābšanas riņķis (v)	[gla:bʃanas riɲtʲis]

144. Vliegveld

luchthaven (de)	lidosta (s)	[lidɔsta]
vliegtuig (het)	lidmašīna (s)	[lidmaʃi:na]
luchtvaartmaatschappij (de)	aviokompānija (s)	[aviɔkɔmpa:nija]
luchtverkeersleider (de)	dispečers (v)	[dispetʃɛrs]

vertrek (het)	izlidojums (v)	[izlidɔjums]
aankomst (de)	atlidošana (s)	[atlidɔʃana]
aankomen (per vliegtuig)	atlidot	[atlidɔt]

| vertrektijd (de) | izlidojuma laiks (v) | [izlidɔjuma laiks] |
| aankomstuur (het) | atlidošanās laiks (v) | [atlidɔʃana:s laiks] |

| vertraagd zijn (ww) | kavēties | [kave:tiɛs] |
| vluchtvertraging (de) | izlidojuma aizkavēšanās (s dsk) | [izlidɔjuma aizkave:ʃana:s] |

informatiebord (het)	informācijas tablo (v)	[infɔrma:tsijas tablɔ]
informatie (de)	informācija (s)	[infɔrma:tsija]
aankondigen (ww)	paziņot	[paziɲɔt]

vlucht (bijv. KLM ~)	reiss (v)	[rɛis]
douane (de)	muita (s)	[muita]
douanier (de)	muitas ierēdnis (v)	[muitas iɛre:dnis]

douaneaangifte (de)	muitas deklerācija (s)	[muitas deklɛra:tsija]
invullen (douaneaangifte ~)	aizpildīt	[aizpildi:t]
een douaneaangifte invullen	aizpildīt deklarāciju	[aizpildi:t deklara:tsiju]
paspoortcontrole (de)	pasu kontrole (s)	[pasu kɔntrɔle]

bagage (de)	bagāža (s)	[baga:ʒa]
handbagage (de)	rokas bagāža (s)	[rɔkas baga:ʒa]
bagagekarretje (het)	bagāžas ratiņi (v dsk)	[baga:ʒas ratiɲi]

landing (de)	nolaišanās (s dsk)	[nɔlaiʃana:s]
landingsbaan (de)	nosēšanās josla (s)	[nɔse:ʃana:s jɔsla]
landen (ww)	nosēsties	[nɔse:stiɛs]
vliegtuigtrap (de)	traps (v)	[traps]

inchecken (het)	reģistrācija (s)	[redʲistra:tsija]
incheckbalie (de)	reģistrācijas galdiņš (v)	[redʲistra:tsijas galdiɲʃ]
inchecken (ww)	piereģistrēties	[piɛredʲistre:tiɛs]
instapkaart (de)	iekāpšanas talons (v)	[iɛka:pʃanas talɔns]
gate (de)	izeja (s)	[izeja]

transit (de)	tranzīts (v)	[tranzi:ts]
wachten (ww)	gaidīt	[gaidi:t]
wachtzaal (de)	uzgaidāmā telpa (s)	[uzgaida:ma: telpa]
begeleiden (uitwuiven)	aizvadīt	[aizvadi:t]
afscheid nemen (ww)	atvadīties	[atvadi:tiɛs]

145. Fiets. Motorfiets

fiets (de)	divritenis (v)	[divritenis]
bromfiets (de)	motorollers (v)	[mɔtɔrɔllɛrs]
motorfiets (de)	motocikls (v)	[mɔtɔtsikls]

met de fiets rijden	braukt ar divriteni	[braukt ar divriteni]
stuur (het)	stūre (s)	[stu:re]
pedaal (de/het)	pedālis (v)	[pɛda:lis]
remmen (mv.)	bremzes (s dsk)	[bremzes]
fietszadel (de/het)	sēdeklis (v)	[sɛ:deklis]

pomp (de)	sūknis (v)	[su:knis]
bagagedrager (de)	bagāžnieks (v)	[baga:ʒniɛks]
fietslicht (het)	lukturis (v)	[lukturis]
helm (de)	ķivere (s)	[tʲivɛre]

wiel (het)	ritenis (v)	[ritenis]
spatbord (het)	spārns (v)	[spa:rns]
velg (de)	riteņa stīpa (s)	[ritɛɲa sti:pa]
spaak (de)	spieķis (v)	[spiɛtʲis]

Auto's

146. Soorten auto's

auto (de)	automobilis (v)	[autɔmɔbilis]
sportauto (de)	sporta automobilis (v)	[spɔrta autɔmɔbilis]
limousine (de)	limuzīns (v)	[limuziːns]
terreinwagen (de)	apvidus automašīna (s)	[apvidus autɔmaʃiːna]
cabriolet (de)	kabriolets (v)	[kabriɔlets]
minibus (de)	mikroautobuss (v)	[mikrɔautobus]
ambulance (de)	ātrā palīdzība (s)	[aːtra: paliːdziːba]
sneeuwruimer (de)	sniega novākšanas mašīna (s)	[sniɛga nɔvaːkʃanas maʃiːna]
vrachtwagen (de)	kravas automašīna (s)	[kravas autɔmaʃiːna]
tankwagen (de)	autocisterna (s)	[autɔtsisterna]
bestelwagen (de)	furgons (v)	[furgɔns]
trekker (de)	vilcējs (v)	[viltseːjs]
aanhangwagen (de)	piekabe (s)	[piɛkabe]
comfortabel (bn)	komfortabls	[kɔmfɔrtabls]
tweedehands (bn)	lietots	[liɛtɔts]

147. Auto's. Carrosserie

motorkap (de)	pārsegs (v)	[paːrsegs]
spatbord (het)	spārns (v)	[spaːrns]
dak (het)	jumts (v)	[jumts]
voorruit (de)	priekšējais stikls (v)	[priɛkʃeːjais stikls]
achterruit (de)	atpakaļskata spogulis (v)	[atpakalʲskata spɔgulis]
ruitensproeier (de)	mazgātājs (v)	[mazga:ta:js]
wisserbladen (mv.)	stikla tīrītāji (v dsk)	[stikla ti:ri:ta:ji]
zijruit (de)	sānu stikls (v)	[sa:nu stikls]
raamlift (de)	stikla celājs (v)	[stikla tsɛla:js]
antenne (de)	antena (s)	[antɛna]
zonnedak (het)	lūka (s)	[lu:ka]
bumper (de)	buferis (v)	[buferis]
koffer (de)	bagāžnieks (v)	[baga:ʒniɛks]
imperiaal (de/het)	jumta bagāžas plaukts (v)	[jumta baga:ʒas plaukts]
portier (het)	durvis (s dsk)	[durvis]
handvat (het)	rokturis (v)	[rɔkturis]
slot (het)	slēdzis (v)	[sle:dzis]
nummerplaat (de)	numurs (v)	[numurs]

knalpot (de)	slāpētājs (v)	[sla:pɛ:ta:js]
benzinetank (de)	benzīna tvertne (s)	[benzi:na tvertne]
uitlaatpijp (de)	izplūdes caurule (s)	[izplu:des tsaurule]

gas (het)	gāze (s)	[ga:ze]
pedaal (de/het)	pedālis (v)	[pɛda:lis]
gaspedaal (de/het)	gāzes pedālis (v)	[ga:zes pɛda:lis]

rem (de)	bremze (s)	[bremze]
rempedaal (de/het)	bremžu pedālis (v)	[bremʒu pɛda:lis]
remmen (ww)	bremzēt	[bremze:t]
handrem (de)	stāvbremze (s)	[sta:vbremze]

koppeling (de)	sajūgs (v)	[saju:gs]
koppelingspedaal (de/het)	sajūga pedālis (v)	[saju:ga pɛda:lis]
koppelingsschijf (de)	sajūga disks (v)	[saju:ga disks]
schokdemper (de)	amortizators (v)	[amɔrtizatɔrs]

wiel (het)	ritenis (v)	[ritenis]
reservewiel (het)	rezerves ritenis (v)	[rɛzerves ritenis]
band (de)	riepa (s)	[riɛpa]
wieldop (de)	kalpaks (v)	[kalpaks]

aandrijfwielen (mv.)	vadošie riteni (v dsk)	[vadɔʃiɛ riteni]
met voorwielaandrijving	priekšējās piedziņas	[priɛkʃe:ja:s piɛdziņas]
met achterwielaandrijving	pakaļējās piedziņas	[pakalʲe:ja:s piɛdziņas]
met vierwielaandrijving	pilnpiedziņas	[pilnpiɛdziņas]

versnellingsbak (de)	ātruma kārba (s)	[a:truma ka:rba]
automatisch (bn)	automātisks	[autɔma:tisks]
mechanisch (bn)	mehānisks	[mexa:nisks]
versnellingspook (de)	pārnesumsvira (s)	[pa:rnɛsumsvira]

voorlicht (het)	lukturis (v)	[lukturis]
voorlichten (mv.)	lukturi (v dsk)	[lukturi]

dimlicht (het)	tuvā gaisma (s)	[tuva: gaisma]
grootlicht (het)	tālā gaisma (s)	[ta:la: gaisma]
stoplicht (het)	bremžu gaismas (s dsk)	[bremʒu gaismas]

standlichten (mv.)	gabarītugunis (s dsk)	[gabari:tugunis]
noodverlichting (de)	avārijas ugunis (s dsk)	[ava:rijas ugunis]
mistlichten (mv.)	miglas lukturi (v dsk)	[miglas lukturi]
pinker (de)	pagrieziena lukturis (v)	[pagriɛziɛna lukturis]
achteruitrijdlicht (het)	atpakaļgaitas gaismas (s dsk)	[atpakalʲgaitas gaismas]

148. Auto's. Passagiersruimte

interieur (het)	salons (v)	[salɔns]
leren (van leer gemaak)	ādas	[a:das]
fluwelen (abn)	velūra	[vɛlu:ra]
bekleding (de)	apdare (s)	[apdare]
toestel (het)	ierīce (s)	[iɛri:tse]
instrumentenbord (het)	panelis (v)	[panelis]

| snelheidsmeter (de) | spidometrs (v) | [spidɔmetrs] |
| pijltje (het) | bulta (s) | [bulta] |

kilometerteller (de)	skaitītājs (v)	[skaiti:ta:js]
sensor (de)	devējs (v)	[dɛve:js]
niveau (het)	līmenis (v)	[li:menis]
controlelampje (het)	lampiņa (s)	[lampiɲa]

stuur (het)	stūres rats (v)	[stu:res rats]
toeter (de)	skaņu signāls (v)	[skaɲu signa:ls]
knopje (het)	poga (s)	[pɔga]
schakelaar (de)	pārslēdzējs (v)	[pa:rsle:dze:js]

stoel (bestuurders~)	sēdeklis (v)	[sɛ:deklis]
rugleuning (de)	atzveltne (s)	[atzveltne]
hoofdsteun (de)	galvturis (v)	[galvturis]
veiligheidsgordel (de)	drošības josta (s)	[drɔʃi:bas jɔsta]
de gordel aandoen	piesprādzēt jostu	[piɛspra:dze:t jɔstu]
regeling (de)	regulēšana (s)	[rɛgule:ʃana]

| airbag (de) | gaisa spilvens (v) | [gaisa spilvens] |
| airconditioner (de) | kondicionētājs (v) | [kɔnditsiɔnɛ:ta:js] |

radio (de)	radio (v)	[radiɔ]
CD-speler (de)	CD atskaņotājs (v)	[tsd atskaɲɔta:js]
aanzetten (bijv. radio ~)	ieslēgt	[iɛsle:gt]
antenne (de)	antena (s)	[antɛna]
handschoenenkastje (het)	cimdu nodalījums (v)	[tsimdu nɔdali:jums]
asbak (de)	pelnu trauks (v)	[pelnu trauks]

149. Auto's. Motor

| diesel- (abn) | dīzeļ- | [di:zeļ-] |
| benzine- (~motor) | benzīna | [benzi:na] |

motorinhoud (de)	dzinēja apjoms (v)	[dzine:ja apjɔms]
vermogen (het)	jauda (s)	[jauda]
paardenkracht (de)	zirgspēks (v)	[zirgspe:ks]
zuiger (de)	virzulis (v)	[virzulis]
cilinder (de)	cilindrs (v)	[tsilindrs]
klep (de)	vārsts (v)	[va:rsts]

injectie (de)	inžektors (v)	[inʒektɔrs]
generator (de)	ģenerators (v)	[dʲɛnɛratɔrs]
carburator (de)	karburators (v)	[karburatɔrs]
motorolie (de)	motoreļļa (s)	[mɔtɔrelʲʲa]

radiator (de)	radiators (v)	[radiatɔrs]
koelvloeistof (de)	dzesēšanas šķidrums (v)	[dzɛse:ʃanas ʃʲidrums]
ventilator (de)	ventilators (v)	[ventilatɔrs]

accu (de)	akumulators (v)	[akumulatɔrs]
starter (de)	starteris (v)	[starteris]
contact (ontsteking)	aizdedze (s)	[aizdedze]

bougie (de)	**aizdedzes svece** (s)	[aizdedzes svetse]
pool (de)	**pieslēgs** (v)	[piɛsle:gs]
positieve pool (de)	**pluss** (v)	[plus]
negatieve pool (de)	**mīnuss** (v)	[mi:nus]
zekering (de)	**drošinātājs** (v)	[droʃina:ta:js]
luchtfilter (de)	**gaisa filtrs** (v)	[gaisa filtrs]
oliefilter (de)	**eļļas filtrs** (v)	[ellʲas filtrs]
benzinefilter (de)	**degvielas filtrs** (v)	[degviɛlas filtrs]

150. Auto's. Botsing. Reparatie

auto-ongeval (het)	**avārija** (s)	[ava:rija]
verkeersongeluk (het)	**ceļa negadījums** (v)	[tsɛlʲa nɛgadi:jums]
aanrijden (tegen een boom, enz.)	**ietriekties**	[iɛtriɛktiɛs]
verongelukken (ww)	**sasisties**	[sasistiɛs]
beschadiging (de)	**bojājums** (v)	[bɔja:jums]
heelhuids (bn)	**vesels**	[vɛsɛls]
pech (de)	**bojājums** (v)	[bɔja:jums]
kapot gaan (zijn gebroken)	**salūzt**	[salu:zt]
sleeptouw (het)	**trose** (s)	[trɔse]
lek (het)	**caurums** (v)	[tsaurums]
lekke krijgen (band)	**izlaist gaisu**	[izlaist gaisu]
oppompen (ww)	**piesūknēt**	[piɛsu:kne:t]
druk (de)	**spiediens** (v)	[spiɛdiɛns]
checken (controleren)	**pārbaudīt**	[pa:rbaudi:t]
reparatie (de)	**remonts** (v)	[remɔnts]
garage (de)	**remontdarbnīca** (s)	[remɔntdarbni:tsa]
wisselstuk (het)	**rezerves daļa** (s)	[rɛzerves dalʲa]
onderdeel (het)	**detaļa** (s)	[dɛtalʲa]
bout (de)	**skrūve** (s)	[skru:ve]
schroef (de)	**skrūve** (s)	[skru:ve]
moer (de)	**uzgrieznis** (v)	[uzgriɛznis]
sluitring (de)	**paplāksne** (s)	[papla:ksne]
kogellager (de/het)	**gultnis** (v)	[gultnis]
pijp (de)	**caurulīte** (s)	[tsauruli:te]
pakking (de)	**paplāksne** (s)	[papla:ksne]
kabel (de)	**vads** (v)	[vads]
dommekracht (de)	**domkrats** (v)	[dɔmkrats]
moersleutel (de)	**uzgriežņu atslēga** (s)	[uzgriɛʒɲu atslɛ:ga]
hamer (de)	**āmurs** (v)	[a:murs]
pomp (de)	**sūknis** (v)	[su:knis]
schroevendraaier (de)	**skrūvgriezis** (v)	[skru:vgriɛzis]
brandblusser (de)	**ugunsdzēšamais aparāts** (v)	[ugunsdze:ʃamais apara:ts]
gevarendriehoek (de)	**avārijas trīsstūris** (v)	[ava:rijas tri:stu:ris]

afslaan	slāpt	[sla:pt]
(ophouden te werken)		
uitvallen (het)	apturēšana (s)	[apture:ʃana]
zijn gebroken	būt salauztam	[bu:t salauztam]

ververhitten (ww)	pārkarst	[pa:rkarst]
verstopt raken (ww)	aizsērēt	[aizsɛ:re:t]
bevriezen (autodeur, enz.)	sasalt	[sasalt]
barsten (leidingen, enz.)	pārplīst	[pa:rpli:st]

druk (de)	spiediens (v)	[spiɛdiɛns]
niveau (bijv. olieniveau)	līmenis (v)	[li:menis]
slap (de drijfriem is ~)	vājš	[va:jʃ]

deuk (de)	iespiedums (v)	[iɛspiɛdums]
geklop (vreemde geluiden)	klaudzēšana (s)	[klaudze:ʃana]
barst (de)	plaisa (s)	[plaisa]
kras (de)	ieskrambājums (v)	[iɛskramba:jums]

151. Auto's. Weg

weg (de)	ceļš (v)	[tselʲʃ]
snelweg (de)	automaģistrāle (s)	[automadʲistra:le]
autoweg (de)	šoseja (s)	[ʃɔseja]
richting (de)	virziens (v)	[virziɛns]
afstand (de)	attālums (v)	[atta:lums]

brug (de)	tilts (v)	[tilts]
parking (de)	auto novietne (s)	[autɔ nɔviɛtne]
plein (het)	laukums (v)	[laukums]
verkeersknooppunt (het)	autoceļu šķērsojuma mezgls (v)	[autɔtsɛlʲu ʃtʲɛ:rsɔjuma mezgls]
tunnel (de)	tunelis (v)	[tunelis]

benzinestation (het)	degvielas uzpildes stacija (s)	[degviɛlas uzpildes statsija]
parking (de)	autostāvvieta (s)	[autɔsta:vviɛta]
benzinepomp (de)	benzīntanks (v)	[benzi:ntanks]
garage (de)	remontdarbnīca (s)	[remɔntdarbni:tsa]
tanken (ww)	uzpildīt	[uzpildi:t]
brandstof (de)	degviela (s)	[degviɛla]
jerrycan (de)	kanna (s)	[kanna]

asfalt (het)	asfalts (v)	[asfalts]
markering (de)	brauktuves apzīmējumi (v dsk)	[brauktuves apzi:me:jumi]

trottoirband (de)	apmale (s)	[apmale]
geleiderail (de)	nožogojums (v)	[nɔʒɔgɔjums]
greppel (de)	ceļa grāvis (v)	[tsɛlʲa gra:vis]
vluchtstrook (de)	ceļmala (s)	[tsɛlʲmala]
lichtmast (de)	stabs (v)	[stabs]

besturen (een auto ~)	vadīt	[vadi:t]
afslaan (naar rechts ~)	pagriezties	[pagriɛztiɛs]

U-bocht maken (ww)	**apgriezties**	[apgriɛztiɛs]
achteruit (de)	**atpakaļgaita** (s)	[atpakaлʲgaita]

toeteren (ww)	**signalizēt**	[signalize:t]
toeter (de)	**skaņas signāls** (v)	[skaɲas signa:ls]
vastzitten (in modder)	**iestrēgt**	[iɛstre:gt]
spinnen (wielen gaan ~)	**buksēt**	[bukse:t]
uitzetten (ww)	**apturēt**	[apture:t]

snelheid (de)	**ātrums** (v)	[a:trums]
een snelheidsovertreding maken	**pārsniegt ātrumu**	[pa:rsniɛgt a:trumu]
bekeuren (ww)	**uzlikt sodu**	[uzlikt sɔdu]
verkeerslicht (het)	**luksofors** (v)	[luksɔfɔrs]
rijbewijs (het)	**vadītāja apliecība** (s)	[vadi:ta:ja apliɛtsi:ba]

overgang (de)	**pārbrauktuve** (s)	[pa:rbrauktuve]
kruispunt (het)	**krustojums** (v)	[krustɔjums]
zebrapad (oversteekplaats)	**gājēju pāreja** (s)	[ga:je:ju pa:reja]
bocht (de)	**pagrieziens** (v)	[pagriɛziɛns]
voetgangerszone (de)	**gājēju zona** (s)	[ga:je:ju zɔna]

MENSEN. GEBEURTENISSEN IN HET LEVEN

Gebeurtenissen in het leven

152. Vakanties. Evenement

feest (het)	**svētki** (v dsk)	[sve:tki]
nationale feestdag (de)	**tautas svētki** (v dsk)	[tautas sve:tki]
feestdag (de)	**svētku diena** (s)	[sve:tku diɛna]
herdenken (ww)	**svinēt**	[svine:t]
gebeurtenis (de)	**notikums** (v)	[nɔtikums]
evenement (het)	**pasākums** (v)	[pasa:kums]
banket (het)	**bankets** (v)	[bankets]
receptie (de)	**pieņemšana** (s)	[piɛɲemʃana]
feestmaal (het)	**mielasts** (v)	[miɛlasts]
verjaardag (de)	**gadadiena** (s)	[gadadiɛna]
jubileum (het)	**jubileja** (s)	[jubileja]
vieren (ww)	**atzīmēt**	[atzi:me:t]
Nieuwjaar (het)	**Jaungads** (v)	[jauŋgads]
Gelukkig Nieuwjaar!	**Laimīgu Jauno gadu!**	[laimi:gu jaunɔ gadu!]
Kerstfeest (het)	**Ziemassvētki** (v dsk)	[ziɛmasve:tki]
Vrolijk kerstfeest!	**Priecīgus Ziemassvētkus!**	[priɛtsi:gus ziɛmasve:tkus!]
kerstboom (de)	**Ziemassvētku eglīte** (s)	[ziɛmasve:tku egli:te]
vuurwerk (het)	**salūts** (v)	[salu:ts]
bruiloft (de)	**kāzas** (s dsk)	[ka:zas]
bruidegom (de)	**līgavainis** (v)	[li:gavainis]
bruid (de)	**līgava** (s)	[li:gava]
uitnodigen (ww)	**ielūgt**	[iɛlu:gt]
uitnodiging (de)	**ielūgums** (v)	[iɛlu:gums]
gast (de)	**viesis** (v)	[viɛsis]
op bezoek gaan	**iet ciemos**	[iɛt tsiɛmɔs]
gasten verwelkomen	**sagaidīt viesus**	[sagaidi:t viɛsus]
geschenk, cadeau (het)	**dāvana** (s)	[da:vana]
geven (iets cadeau ~)	**dāvināt**	[da:vina:t]
geschenken ontvangen	**saņemt dāvanu**	[saɲemt da:vanu]
boeket (het)	**ziedu pušķis** (v)	[ziɛdu puʃťis]
felicitaties (mv.)	**apsveikums** (v)	[apsvɛikums]
feliciteren (ww)	**apsveikt**	[apsvɛikt]
wenskaart (de)	**apsveikuma atklātne** (s)	[apsvɛikuma atkla:tne]
een kaartje versturen	**nosūtīt atklātni**	[nɔsu:ti:t atkla:tni]

een kaartje ontvangen	saņemt atklātni	[saņemt atkla:tni]
toast (de)	tosts (v)	[tɔsts]
aanbieden (een drankje ~)	uzcienāt	[uztsiɛna:t]
champagne (de)	šampanietis (v)	[ʃampaniɛtis]

plezier hebben (ww)	līksmot	[li:ksmɔt]
plezier (het)	jautrība (s)	[jautri:ba]
vreugde (de)	prieks (v)	[priɛks]

dans (de)	deja (s)	[deja]
dansen (ww)	dejot	[dejɔt]

wals (de)	valsis (v)	[valsis]
tango (de)	tango (v)	[taŋgɔ]

153. Begrafenissen. Begrafenis

kerkhof (het)	kapsēta (s)	[kapsɛ:ta]
graf (het)	kaps (v)	[kaps]
kruis (het)	krusts (v)	[krusts]
grafsteen (de)	kapakmens (v)	[kapakmens]
omheining (de)	žogs (v)	[ʒɔgs]
kapel (de)	kapela (s)	[kapɛla]

dood (de)	nāve (s)	[na:ve]
sterven (ww)	nomirt	[nɔmirt]
overledene (de)	nelaiķis (v)	[nɛlaitʲis]
rouw (de)	sēras (s dsk)	[sɛ:ras]

begraven (ww)	apglabāt	[apglaba:t]
begrafenisonderneming (de)	apbedīšanas birojs (v)	[apbedi:ʃanas birɔjs]
begrafenis (de)	bēres (s dsk)	[bɛ:res]

krans (de)	vainags (v)	[vainags]
doodskist (de)	zārks (v)	[za:rks]
lijkwagen (de)	katafalks (v)	[katafalks]
lijkkleed (de)	līķauts (v)	[li:tʲauts]

begrafenisstoet (de)	bēru procesija (s)	[bɛ:ru prɔtsesija]
urn (de)	urna (s)	[urna]
crematorium (het)	krematorija (s)	[krɛmatɔrija]

overlijdensbericht (het)	nekrologs (v)	[nekrɔlɔgs]
huilen (wenen)	raudāt	[rauda:t]
snikken (huilen)	skaļi raudāt	[skalʲi rauda:t]

154. Oorlog. Soldaten

peloton (het)	vads (v)	[vads]
compagnie (de)	rota (s)	[rɔta]
regiment (het)	pulks (v)	[pulks]
leger (armee)	armija (s)	[armija]

divisie (de)	divīzija (s)	[divi:zija]
sectie (de)	vienība (s)	[viɛni:ba]
troep (de)	karaspēks (v)	[karaspe:ks]

| soldaat (militair) | karavīrs (v) | [karavi:rs] |
| officier (de) | virsnieks (v) | [virsniɛks] |

soldaat (rang)	ierindnieks (v)	[iɛrindniɛks]
sergeant (de)	seržants (v)	[serʒants]
luitenant (de)	leitnants (v)	[lɛitnants]
kapitein (de)	kapteinis (v)	[kaptɛinis]
majoor (de)	majors (v)	[majɔrs]
kolonel (de)	pulkvedis (v)	[pulkvedis]
generaal (de)	ģenerālis (v)	[dʲɛnɛra:lis]

matroos (de)	jūrnieks (v)	[ju:rniɛks]
kapitein (de)	kapteinis (v)	[kaptɛinis]
bootsman (de)	bocmanis (v)	[bɔtsmanis]
artillerist (de)	artilērists (v)	[artile:rists]
valschermjager (de)	desantnieks (v)	[dɛsantniɛks]
piloot (de)	lidotājs (v)	[lidɔta:js]
stuurman (de)	stūrmanis (v)	[stu:rmanis]
mecanicien (de)	mehāniķis (v)	[mexa:nitʲis]

sappeur (de)	sapieris (v)	[sapiɛris]
parachutist (de)	izpletņa lēcējs (v)	[izpletɲa le:tse:js]
verkenner (de)	izlūks (v)	[izlu:ks]
scherpschutter (de)	snaiperis (v)	[snaiperis]

patrouille (de)	patruļa (s)	[patruļa]
patrouilleren (ww)	patrulēt	[patrule:t]
wacht (de)	sargs (v)	[sargs]
krijger (de)	karavīrs (v)	[karavi:rs]
patriot (de)	patriots (v)	[patriɔts]
held (de)	varonis (v)	[varɔnis]
heldin (de)	varone (s)	[varɔne]

verrader (de)	nodevējs (v)	[nɔdɛve:js]
verraden (ww)	nodot	[nɔdɔt]
deserteur (de)	dezertieris (v)	[dɛzertiɛris]
deserteren (ww)	dezertēt	[dɛzerte:t]

huurling (de)	algotnis (v)	[algɔtnis]
rekruut (de)	jauniesauktais (v)	[jauniɛsauktais]
vrijwilliger (de)	brīvprātīgais (v)	[bri:vpra:ti:gais]

gedode (de)	bojā gājušais (v)	[bɔja: ga:juʃais]
gewonde (de)	ievainotais (v)	[iɛvainɔtais]
krijgsgevangene (de)	gūsteknis (v)	[gu:steknis]

155. Oorlog. Militaire acties. Deel 1

| oorlog (de) | karš (v) | [karʃ] |
| oorlog voeren (ww) | karot | [karɔt] |

burgeroorlog (de)	**pilsoņu karš** (v)	[pilsɔɲu karʃ]
achterbaks (bw)	**nodevīgi**	[nɔdevi:gi]
oorlogsverklaring (de)	**kara pieteikšana** (s)	[kara piɛtɛikʃana]
verklaren (de oorlog ~)	**pieteikt karu**	[piɛtɛikt karu]
agressie (de)	**agresija** (s)	[agresija]
aanvallen (binnenvallen)	**uzbrukt**	[uzbrukt]
binnenvallen (ww)	**iebrukt**	[iɛbrukt]
invaller (de)	**iebrucējs** (v)	[iɛbrutse:js]
veroveraar (de)	**iekarotājs** (v)	[iɛkarɔta:js]
verdediging (de)	**aizsardzība** (s)	[aizsardzi:ba]
verdedigen (je land ~)	**aizsargāt**	[aizsarga:t]
zich verdedigen (ww)	**aizsargāties**	[aizsarga:tiɛs]
vijand (de)	**ienaidnieks** (v)	[iɛnaidniɛks]
tegenstander (de)	**pretinieks** (v)	[pretiniɛks]
vijandelijk (bn)	**ienaidnieku**	[iɛnaidniɛku]
strategie (de)	**stratēģija** (s)	[strate:dⁱija]
tactiek (de)	**taktika** (s)	[taktika]
order (de)	**pavēle** (s)	[pavɛ:le]
bevel (het)	**komanda** (s)	[kɔmanda]
bevelen (ww)	**pavēlēt**	[pavɛ:le:t]
opdracht (de)	**kara uzdevums** (v)	[kara uzdɛvums]
geheim (bn)	**slepens**	[slɛpens]
strijd, slag (de)	**kauja** (s)	[kauja]
strijd (de)	**cīņa** (s)	[tsi:ɲa]
aanval (de)	**uzbrukums** (v)	[uzbrukums]
bestorming (de)	**trieciens** (v)	[triɛtsiɛns]
bestormen (ww)	**doties triecienā**	[dɔties triɛtsiɛna:]
bezetting (de)	**aplenkums** (v)	[aplenkums]
aanval (de)	**uzbrukums** (v)	[uzbrukums]
in het offensief te gaan	**uzbrukt**	[uzbrukt]
terugtrekking (de)	**atkāpšanās** (s dsk)	[atka:pʃana:s]
zich terugtrekken (ww)	**atkāpties**	[atka:ptiɛs]
omsingeling (de)	**aplenkums** (v)	[aplenkums]
omsingelen (ww)	**aplenkt**	[aplenkt]
bombardement (het)	**bombardēšana** (s)	[bɔmbarde:ʃana]
een bom gooien	**nomest bumbu**	[nɔmest bumbu]
bombarderen (ww)	**bombardēt**	[bɔmbarde:t]
ontploffing (de)	**sprādziens** (v)	[spra:dziɛns]
schot (het)	**šāviens** (v)	[ʃa:viɛns]
een schot lossen	**izšaut**	[izʃaut]
schieten (het)	**šaušana** (s)	[ʃauʃana]
mikken op (ww)	**tēmēt uz ...**	[tɛ:me:t uz ...]
aanleggen (een wapen ~)	**tēmēt**	[tɛ:me:t]

treffen (doelwit ~)	trāpīt	[tra:pi:t]
zinken (tot zinken brengen)	nogremdēt	[nɔgremde:t]
kogelgat (het)	caurums (v)	[tsaurums]
zinken (gezonken zijn)	grimt dibenā	[grimt dibɛna:]

front (het)	fronte (s)	[frɔnte]
evacuatie (de)	evakuācija (s)	[ɛvakua:tsija]
evacueren (ww)	evakuēt	[ɛvakue:t]

loopgraaf (de)	tranšeja (s)	[tranʃeja]
prikkeldraad (de)	dzeloŋstieple (s)	[dzelɔŋstiɛple]
verdedigingsobstakel (het)	nožogojums (v)	[nɔʒɔgɔjums]
wachttoren (de)	tornis (v)	[tɔrnis]

hospitaal (het)	slimnīca (s)	[slimni:tsa]
verwonden (ww)	ievainot	[iɛvainɔt]
wond (de)	ievainojums (v)	[iɛvainɔjums]
gewonde (de)	ievainotais (v)	[iɛvainɔtais]
gewond raken (ww)	gūt ievainojumu	[gu:t iɛvainɔjumu]
ernstig (~e wond)	smags ievainojums	[smags iɛvainɔjums]

156. Wapens

wapens (mv.)	ieroči (v dsk)	[iɛrɔtʃi]
vuurwapens (mv.)	šaujamieroči (v dsk)	[ʃaujamiɛrɔtʃi]
koude wapens (mv.)	aukstie ieroči (v dsk)	[aukstiɛ iɛrɔtʃi]

chemische wapens (mv.)	ķīmiskie ieroči (v dsk)	[tʲi:miskiɛ iɛrɔtʃi]
kern-, nucleair (bn)	kodolu	[kɔdɔlu]
kernwapens (mv.)	kodolieroči (v dsk)	[kɔdɔliɛrɔtʃi]

bom (de)	bumba (s)	[bumba]
atoombom (de)	atombumba (s)	[atɔmbumba]

pistool (het)	pistole (s)	[pistɔle]
geweer (het)	šautene (s)	[ʃautɛne]
machinepistool (het)	automāts (v)	[autɔma:ts]
machinegeweer (het)	ložmetējs (v)	[lɔʒmɛte:js]

loop (schietbuis)	stops (v)	[stɔps]
loop (bijv. geweer met kortere ~)	stobrs (v)	[stɔbrs]
kaliber (het)	kalibrs (v)	[kalibrs]

trekker (de)	gailis (v)	[gailis]
korrel (de)	tēmeklis (v)	[tɛ:meklis]
magazijn (het)	magazīna (s)	[magazi:na]
geweerkolf (de)	laide (s)	[laide]

granaat (handgranaat)	granāta (s)	[grana:ta]
explosieven (mv.)	sprāgstviela (s)	[spra:gstviɛla]

kogel (de)	lode (s)	[lɔde]
patroon (de)	patrona (s)	[patrɔna]

lading (de)	**lādiņš** (v)	[la:diɲʃ]
ammunitie (de)	**munīcija** (s)	[muni:tsija]

bommenwerper (de)	**bombardētājs** (v)	[bɔmbardɛ:ta:js]
straaljager (de)	**iznīcinātājs** (v)	[izni:tsina:ta:js]
helikopter (de)	**helikopters** (v)	[xelikɔptɛrs]

afweergeschut (het)	**zenītlielgabals** (v)	[zeni:tliɛlgabals]
tank (de)	**tanks** (v)	[tanks]
kanon (tank met een ~ van 76 mm)	**lielgabals** (v)	[liɛlgabals]

artillerie (de)	**artilērija** (s)	[artile:rija]
kanon (het)	**lielgabals** (v)	[liɛlgabals]
aanleggen (een wapen ~)	**tēmēt**	[tɛ:me:t]

projectiel (het)	**šāviņš** (v)	[ʃa:viɲʃ]
mortiergranaat (de)	**mīna** (s)	[mi:na]
mortier (de)	**mīnmetējs** (v)	[mi:nmɛte:js]
granaatscherf (de)	**šķemba** (s)	[ʃtʲemba]

duikboot (de)	**zemūdene** (s)	[zɛmu:dɛne]
torpedo (de)	**torpēda** (s)	[tɔrpɛ:da]
raket (de)	**raķete** (s)	[ratʲɛte]

laden (geweer, kanon)	**ielādēt**	[iɛla:de:t]
schieten (ww)	**šaut**	[ʃaut]
richten op (mikken)	**tēmēt uz ...**	[tɛ:me:t uz ...]
bajonet (de)	**durklis** (v)	[durklis]

degen (de)	**zobens** (v)	[zɔbens]
sabel (de)	**līkais zobens** (v)	[li:kais zɔbens]
speer (de)	**šķēps** (v)	[ʃtʲe:ps]
boog (de)	**loks** (v)	[lɔks]
pijl (de)	**bulta** (s)	[bulta]
musket (de)	**muskete** (s)	[muskɛte]
kruisboog (de)	**arbalets** (v)	[arbalets]

157. Oude mensen

primitief (bn)	**pirmatnējs**	[pirmatne:js]
voorhistorisch (bn)	**aizvēsturisks**	[aizve:sturisks]
eeuwenoude (~ beschaving)	**sens**	[sens]

Steentijd (de)	**akmens laikmets** (v)	[akmens laikmets]
Bronstijd (de)	**bronzas laikmets** (v)	[brɔnzas laikmets]
IJstijd (de)	**ledus periods** (v)	[lɛdus periɔds]

stam (de)	**cilts** (s)	[tsilts]
menseneter (de)	**kanibāls** (v)	[kaniba:ls]
jager (de)	**mednieks** (v)	[medniɛks]
jagen (ww)	**medīt**	[medi:t]
mammoet (de)	**mamuts** (v)	[mamuts]
grot (de)	**ala** (s)	[ala]

vuur (het)	uguns (v)	[uguns]
kampvuur (het)	ugunskurs (v)	[ugunskurs]
rotstekening (de)	klinšu gleznojums (v)	[klinʃu gleznɔjums]

werkinstrument (het)	darbarīks (v)	[darbari:ks]
speer (de)	šķēps (v)	[ʃtʲe:ps]
stenen bijl (de)	akmens cirvis (v)	[akmens tsirvis]
oorlog voeren (ww)	karot	[karɔt]
temmen (bijv. wolf ~)	pieradināt dzīvniekus	[piɛradina:t dzi:vniɛkus]

idool (het)	elks (v)	[elks]
aanbidden (ww)	pielūgt	[piɛlu:gt]
bijgeloof (het)	māņticība (s)	[ma:ɲtitsi:ba]
ritueel (het)	rituāls (v)	[ritua:ls]

evolutie (de)	evolūcija (s)	[ɛvɔlu:tsija]
ontwikkeling (de)	attīstība (s)	[atti:sti:ba]
verdwijning (de)	izzušana (s)	[izzuʃana]
zich aanpassen (ww)	pielāgoties	[piɛla:gɔtiɛs]

archeologie (de)	arheoloģija (s)	[arxeɔlɔdʲija]
archeoloog (de)	arheologs (v)	[arxeɔlɔgs]
archeologisch (bn)	arheoloģisks	[arxeɔlɔdʲisks]

opgravingsplaats (de)	izrakumu vieta (s)	[izrakumu viɛta]
opgravingen (mv.)	izrakšanas darbi (v dsk)	[izrakʃanas darbi]
vondst (de)	atradums (v)	[atradums]
fragment (het)	fragments (v)	[fragments]

158. Middeleeuwen

volk (het)	tauta (s)	[tauta]
volkeren (mv.)	tautas (s dsk)	[tautas]
stam (de)	cilts (s)	[tsilts]
stammen (mv.)	ciltis (s dsk)	[tsiltis]

barbaren (mv.)	barbari (v dsk)	[barbari]
Galliërs (mv.)	galli (v dsk)	[galli]
Goten (mv.)	goti (v dsk)	[gɔti]
Slaven (mv.)	slāvi (v dsk)	[sla:vi]
Vikings (mv.)	vikingi (v dsk)	[vikiŋgi]

Romeinen (mv.)	romieši (v dsk)	[rɔmiɛʃi]
Romeins (bn)	Romas	[rɔmas]

Byzantijnen (mv.)	bizantieši (v dsk)	[bizantiɛʃi]
Byzantium (het)	Bizantija (s)	[bizantija]
Byzantijns (bn)	bizantiešu	[bizantiɛʃu]

keizer (bijv. Romeinse ~)	imperators (v)	[impɛratɔrs]
opperhoofd (het)	vadonis (v)	[vadɔnis]
machtig (bn)	varens	[varens]
koning (de)	karalis (v)	[karalis]
heerser (de)	valdnieks (v)	[valdniɛks]

ridder (de)	bruņinieks (v)	[bruɲiniɛks]
feodaal (de)	feodālis (v)	[feɔda:lis]
feodaal (bn)	feodāļu	[feɔda:lʲu]
vazal (de)	vasalis (v)	[vasalis]
hertog (de)	hercogs (v)	[xertsɔgs]
graaf (de)	grāfs (v)	[gra:fs]
baron (de)	barons (v)	[barɔns]
bisschop (de)	bīskaps (v)	[bi:skaps]
harnas (het)	bruņas (s dsk)	[bruɲas]
schild (het)	vairogs (v)	[vairɔgs]
zwaard (het)	šķēps (v)	[ʃtʲe:ps]
vizier (het)	sejsegs (v)	[sejsegs]
maliënkolder (de)	bruņu krekls (v)	[bruɲu krekls]
kruistocht (de)	krusta gājiens (v)	[krusta ga:jiɛns]
kruisvaarder (de)	krustnesis (v)	[krustnesis]
gebied (bijv. bezette ~en)	teritorija (s)	[teritɔrija]
aanvallen (binnenvallen)	uzbrukt	[uzbrukt]
veroveren (ww)	iekarot	[iɛkarɔt]
innemen (binnenvallen)	sagrābt	[sagra:bt]
bezetting (de)	aplenkums (v)	[aplenkums]
bezet (bn)	aplenkts	[aplenkts]
belegeren (ww)	aplenkt	[aplenkt]
inquisitie (de)	inkvizīcija (s)	[inkvizi:tsija]
inquisiteur (de)	inkvizitors (v)	[inkvizitɔrs]
foltering (de)	spīdzināšana (s)	[spi:dzina:ʃana]
wreed (bn)	nežēlīgs	[neʒe:li:gs]
ketter (de)	ķecerība (s)	[tʲetseri:ba]
ketterij (de)	ķeceris (v)	[tʲetseris]
zeevaart (de)	jūrniecība (s)	[ju:rniɛtsi:ba]
piraat (de)	pirāts (v)	[pira:ts]
piraterij (de)	pirātisms (v)	[pira:tisms]
enteren (het)	abordāža (s)	[abɔrda:ʒa]
buit (de)	laupījums (v)	[laupi:jums]
schatten (mv.)	dārgumi (v dsk)	[da:rgumi]
ontdekking (de)	atklāšana (s)	[atkla:ʃana]
ontdekken (bijv. nieuw land)	atklāt	[atkla:t]
expeditie (de)	ekspedīcija (s)	[ekspedi:tsija]
musketier (de)	musketieris (v)	[musketiɛris]
kardinaal (de)	kardināls (v)	[kardina:ls]
heraldiek (de)	heraldika (s)	[xɛraldika]
heraldisch (bn)	heraldisks	[xɛraldisks]

159. Leider. Baas. Autoriteiten

koning (de)	karalis (v)	[karalis]
koningin (de)	karaliene (s)	[karaliɛne]

| koninklijk (bn) | karalisks | [karalisks] |
| koninkrijk (het) | karaliste (s) | [karaliste] |

| prins (de) | princis (v) | [printsis] |
| prinses (de) | princese (s) | [printsɛse] |

president (de)	prezidents (v)	[prezidents]
vicepresident (de)	viceprezidents (v)	[vitseprezidents]
senator (de)	senators (v)	[sɛnatɔrs]

monarch (de)	monarhs (v)	[mɔnarxs]
heerser (de)	valdnieks (v)	[valdniɛks]
dictator (de)	diktators (v)	[diktatɔrs]
tiran (de)	tirāns (v)	[tira:ns]
magnaat (de)	magnāts (v)	[magna:ts]

directeur (de)	direktors (v)	[direktɔrs]
chef (de)	šefs (v)	[ʃefs]
beheerder (de)	pārvaldnieks (v)	[pa:rvaldniɛks]
baas (de)	boss (v)	[bɔs]
eigenaar (de)	saimnieks (v)	[saimniɛks]

leider (de)	vadītājs, līderis (v)	[vadi:ta:js], [li:deris]
hoofd	galva (s)	[galva]
(bijv. ~ van de delegatie)		
autoriteiten (mv.)	vara (s)	[vara]
superieuren (mv.)	priekšniecība (s)	[priɛkʃniɛtsi:ba]

gouverneur (de)	gubernators (v)	[gubernatɔrs]
consul (de)	konsuls (v)	[kɔnsuls]
diplomaat (de)	diplomāts (v)	[diplɔma:ts]
burgemeester (de)	mērs (v)	[mɛ:rs]
sheriff (de)	šerifs (v)	[ʃerifs]

keizer (bijv. Romeinse ~)	imperators (v)	[impɛratɔrs]
tsaar (de)	cars (v)	[tsars]
farao (de)	faraons (v)	[faraɔns]
kan (de)	hans (v)	[xans]

160. De wet overtreden. Criminelen. Deel 1

bandiet (de)	bandīts (v)	[bandi:ts]
misdaad (de)	noziegums (v)	[nɔziɛgums]
misdadiger (de)	noziedznieks (v)	[nɔziɛdzniɛks]

dief (de)	zaglis (v)	[zaglis]
stelen (ww)	zagt	[zagt]
stelen (de)	zagšana (s)	[zagʃana]
diefstal (de)	zādzība (s)	[za:dzi:ba]

kidnappen (ww)	nolaupīt	[nɔlaupi:t]
kidnapping (de)	nolaupīšana (s)	[nɔlaupi:ʃana]
kidnapper (de)	laupītājs (v)	[laupi:ta:js]
losgeld (het)	izpirkums (v)	[izpirkums]

eisen losgeld (ww)	prasīt izpirkumu	[prasi:t izpirkumu]
overvallen (ww)	aplaupīt	[aplaupi:t]
overval (de)	aplaupīšana (s)	[aplaupi:ʃana]
overvaller (de)	laupītājs (v)	[laupi:ta:js]

afpersen (ww)	izspiest	[izspiɛst]
afperser (de)	izspiedējs (v)	[izspiɛde:js]
afpersing (de)	izspiešana (s)	[izspiɛʃana]

vermoorden (ww)	noslepkavot	[nɔslepkavɔt]
moord (de)	slepkavība (s)	[slepkavi:ba]
moordenaar (de)	slepkava (v)	[slepkava]

schot (het)	šāviens (v)	[ʃa:viɛns]
een schot lossen	izšaut	[izʃaut]
neerschieten (ww)	nošaut	[nɔʃaut]
schieten (ww)	šaut	[ʃaut]
schieten (het)	šaušana (s)	[ʃauʃana]

ongeluk (gevecht, enz.)	notikums (v)	[nɔtikums]
gevecht (het)	kautiņš (v)	[kautiɲʃ]
Help!	Palīgā!	[pali:ga:!]
slachtoffer (het)	upuris (v)	[upuris]

beschadigen (ww)	sabojāt	[sabɔja:t]
schade (de)	kaitējums (v)	[kaite:jums]
lijk (het)	līķis (v)	[li:tʲis]
zwaar (~ misdrijf)	smags noziegums	[smags nɔziɛgums]

aanvallen (ww)	uzbrukt	[uzbrukt]
slaan (iemand ~)	sist	[sist]
in elkaar slaan (toetakelen)	piekaut	[piɛkaut]
ontnemen (beroven)	atņemt	[atɲemt]
steken (met een mes)	nodurt	[nɔdurt]
verminken (ww)	sakropļot	[sakrɔplʲɔt]
verwonden (ww)	ievainot	[iɛvainɔt]

chantage (de)	šantāža (s)	[ʃanta:ʒa]
chanteren (ww)	šantažēt	[ʃantaʒe:t]
chanteur (de)	šantāžists (v)	[ʃanta:ʒists]

| afpersing (de) | rekets (v) | [rɛkets] |
| afperser (de) | reketieris (v) | [rɛketiɛris] |

| gangster (de) | gangsteris (v) | [gaɲgsteris] |
| maffia (de) | mafija (s) | [mafija] |

| kruimeldief (de) | kabatzaglis (v) | [kabatzaglis] |
| inbreker (de) | kramplauzis (v) | [kramplauzis] |

| smokkelen (het) | kontrabanda (s) | [kɔntrabanda] |
| smokkelaar (de) | kontrabandists (v) | [kɔntrabandists] |

namaak (de)	viltojums (v)	[viltɔjums]
namaken (ww)	viltot	[viltɔt]
namaak-, vals (bn)	viltots	[viltɔts]

161. De wet overtreden. Criminelen. Deel 2

verkrachting (de)	izvarošana (s)	[izvarɔʃana]
verkrachten (ww)	izvarot	[izvarɔt]
verkrachter (de)	izvarotājs (v)	[izvarɔta:js]
maniak (de)	maniaks (v)	[maniaks]
prostituee (de)	prostitūta (s)	[prɔstitu:ta]
prostitutie (de)	prostitūcija (s)	[prɔstitu:tsija]
pooier (de)	suteners (v)	[sutɛnɛrs]
drugsverslaafde (de)	narkomāns (v)	[narkɔma:ns]
drugshandelaar (de)	narkotiku tirgotājs (v)	[narkɔtiku tirgɔta:js]
opblazen (ww)	uzspridzināt	[uzspridzina:t]
explosie (de)	sprādziens (v)	[spra:dziɛns]
in brand steken (ww)	aizdedzināt	[aizdedzina:t]
brandstichter (de)	dedzinātājs (v)	[dedzina:ta:js]
terrorisme (het)	terorisms (v)	[terɔrisms]
terrorist (de)	terorists (v)	[terɔrists]
gijzelaar (de)	ķīlnieks (v)	[tʲi:lniɛks]
bedriegen (ww)	piekrāpt	[piɛkra:pt]
bedrog (het)	krāpšana (s)	[kra:pʃana]
oplichter (de)	krāpnieks (v)	[kra:pniɛks]
omkopen (ww)	piekukuļot	[piɛkukuļɔt]
omkoperij (de)	piekukuļošana (s)	[piɛkukuļɔʃana]
smeergeld (het)	kukulis (v)	[kukulis]
vergif (het)	inde (s)	[inde]
vergiftigen (ww)	noindēt	[nɔinde:t]
vergif innemen (ww)	noindēties	[nɔinde:tiɛs]
zelfmoord (de)	pašnāvība (s)	[paʃna:vi:ba]
zelfmoordenaar (de)	pašnāvnieks (v)	[paʃna:vniɛks]
bedreigen	draudēt	[draude:t]
(bijv. met een pistool)		
bedreiging (de)	drauds (v)	[drauds]
een aanslag plegen	mēģinājums	[me:dʲina:jums]
aanslag (de)	slepkavības mēģinājums (v)	[slepkavi:bas me:dʲina:jums]
stelen (een auto)	aizdzīt	[aizdzi:t]
kapen (een vliegtuig)	aizdzīt	[aizdzi:t]
wraak (de)	atriebība (s)	[atriɛbi:ba]
wreken (ww)	atriebties	[atriɛbtiɛs]
martelen (gevangenen)	spīdzināt	[spi:dzina:t]
foltering (de)	spīdzināšana (s)	[spi:dzina:ʃana]
folteren (ww)	mocīt	[mɔtsi:t]
piraat (de)	pirāts (v)	[pira:ts]
straatschender (de)	huligāns (v)	[xuliga:ns]

gewapend (bn)	apbruņots	[apbruɲɔts]
geweld (het)	varmācība (s)	[vɑrmaːtsiːba]
onwettig (strafbaar)	nelikumīgs	[nelikumiːgs]

| spionage (de) | spiegošana (s) | [spiɛgɔʃana] |
| spioneren (ww) | spiegot | [spiɛgɔt] |

162. Politie. Wet. Deel 1

| gerecht (het) | tiesas spriešana (s) | [tiɛsas spriɛʃana] |
| gerechtshof (het) | tiesa (s) | [tiɛsa] |

rechter (de)	tiesnesis (v)	[tiɛsnesis]
jury (de)	zvērinātie (v dsk)	[zveːrinaːtiɛ]
juryrechtspraak (de)	zvērināto tiesa (s)	[zveːrinaːtɔ tiɛsa]
berechten (ww)	spriest	[spriɛst]

advocaat (de)	advokāts (v)	[advɔkaːts]
beklaagde (de)	tiesājamais (v)	[tiɛsaːjamais]
beklaagdenbank (de)	apsūdzēto sols (v)	[apsuːdzeːtɔ sɔls]

| beschuldiging (de) | apsūdzība (s) | [apsuːdziːba] |
| beschuldigde (de) | apsūdzētais (v) | [apsuːdzɛːtais] |

| vonnis (het) | spriedums (v) | [spriɛdums] |
| veroordelen (in een rechtszaak) | piespriest | [piɛspriɛst] |

schuldige (de)	vaininieks (v)	[vaininiɛks]
straffen (ww)	sodīt	[sɔdiːt]
bestraffing (de)	sods (v)	[sɔds]

boete (de)	soda nauda (s)	[sɔda nauda]
levenslange opsluiting (de)	mūža ieslodzījums (v)	[muːʒa iɛslɔdziːjums]
doodstraf (de)	nāves sods (v)	[naːves sɔds]
elektrische stoel (de)	elektriskais krēsls (v)	[ɛlektriskais kreːsls]
schavot (het)	karātavas (s dsk)	[karaːtavas]

| executeren (ww) | sodīt ar nāvi | [sɔdiːt ar naːvi] |
| executie (de) | nāves soda izpilde (s) | [naːves sɔda izpilde] |

| gevangenis (de) | cietums (v) | [tsiɛtums] |
| cel (de) | kamera (s) | [kamɛra] |

konvooi (het)	konvojs (v)	[kɔnvɔjs]
gevangenisbewaker (de)	uzraugs (v)	[uzraugs]
gedetineerde (de)	ieslodzītais (v)	[iɛslɔdziːtais]

| handboeien (mv.) | roku dzelži (v dsk) | [rɔku dzelʒi] |
| handboeien omdoen | ieslēgt roku dzelžos | [iɛsleːgt rɔku dzelʒɔs] |

ontsnapping (de)	izbēgšana no cietuma (s)	[izbeːgʃana nɔ tsiɛtuma]
ontsnappen (ww)	bēgt no cietuma	[beːgt nɔ tsiɛtuma]
verdwijnen (ww)	pazust	[pazust]

| vrijlaten (uit de gevangenis) | atbrīvot | [atbri:vɔt] |
| amnestie (de) | amnestija (s) | [amnestija] |

politie (de)	policija (s)	[pɔlitsija]
politieagent (de)	policists (v)	[pɔlitsists]
politiebureau (het)	policijas iecirknis (v)	[pɔlitsijas iɛtsirknis]
knuppel (de)	gumijas nūja (s)	[gumijas nu:ja]
megafoon (de)	rupors (v)	[rupɔrs]

patrouilleerwagen (de)	patruļa mašīna (s)	[patruļa maʃi:na]
sirene (de)	sirēna (s)	[sirɛ:na]
de sirene aansteken	ieslēgt sirēnu	[iɛsle:gt sirɛ:nu]
geloei (het) van de sirene	sirēnas gaudošana (s)	[sirɛ:nas gaudɔʃana]

plaats delict (de)	notikuma vieta (s)	[nɔtikuma viɛta]
getuige (de)	liecinieks (v)	[liɛtsiniɛks]
vrijheid (de)	brīvība (s)	[bri:vi:ba]
handlanger (de)	līdzzinātājs (v)	[li:dzzina:ta:js]
ontvluchten (ww)	paslēpties	[pasle:ptiɛs]
spoor (het)	pēda (s)	[pɛ:da]

163. Politie. Wet. Deel 2

opsporing (de)	meklēšana (s)	[mekle:ʃana]
opsporen (ww)	meklēt ...	[mekle:t ...]
verdenking (de)	aizdomas (s dsk)	[aizdɔmas]
verdacht (bn)	aizdomīgs	[aizdɔmi:gs]
aanhouden (stoppen)	apturēt	[apture:t]
tegenhouden (ww)	aizturēt	[aizture:t]

strafzaak (de)	lieta (s)	[liɛta]
onderzoek (het)	izmeklēšana (s)	[izmekle:ʃana]
detective (de)	detektīvs (v)	[dɛtekti:vs]
onderzoeksrechter (de)	izmeklētājs (v)	[izmeklɛ:ta:js]
versie (de)	versija (s)	[vɛrsija]

motief (het)	motīvs (v)	[mɔti:vs]
verhoor (het)	pratināšana (s)	[pratina:ʃana]
ondervragen (door de politie)	pratināt	[pratina:t]
ondervragen (omstanders ~)	aptaujāt	[aptauja:t]
controle (de)	pārbaude (s)	[pa:rbaude]

razzia (de)	tvarstīšana (s)	[tvarsti:ʃana]
huiszoeking (de)	kratīšana (s)	[krati:ʃana]
achtervolging (de)	pakaļdzīšanās (s)	[pakaļdzi:ʃana:s]
achtervolgen (ww)	vajāt	[vaja:t]
opsporen (ww)	atsekot	[atsekɔt]

arrest (het)	arests (v)	[arests]
arresteren (ww)	arestēt	[areste:t]
vangen, aanhouden (een dief, enz.)	noķert	[nɔķert]

| aanhouding (de) | satveršana (s) | [satverʃana] |
| document (het) | dokuments (v) | [dɔkuments] |

bewijs (het)	pierādījums (v)	[piɛra:di:jums]
bewijzen (ww)	pierādīt	[piɛra:di:t]
voetspoor (het)	pēda (s)	[pɛ:da]
vingerafdrukken (mv.)	pirkstu nospiedumi (v dsk)	[pirkstu nɔspiɛdumi]
bewijs (het)	pierādījums (v)	[piɛra:di:jums]
alibi (het)	alibi (v)	[alibi]
onschuldig (bn)	nevainīgais	[nɛvaini:gais]
onrecht (het)	netaisnība (s)	[nɛtaisni:ba]
onrechtvaardig (bn)	netaisnīgs	[nɛtaisni:gs]
crimineel (bn)	kriminālais	[krimina:lais]
confisqueren (in beslag nemen)	konfiscēt	[kɔnfistse:t]
drug (de)	narkotiska viela (s)	[narkɔtiska viɛla]
wapen (het)	ierocis (v)	[iɛrɔtsis]
ontwapenen (ww)	atbruņot	[atbruɲɔt]
bevelen (ww)	pavēlēt	[pavɛ:le:t]
verdwijnen (ww)	pazust	[pazust]
wet (de)	likums (v)	[likums]
wettelijk (bn)	likumīgs	[likumi:gs]
onwettelijk (bn)	nelikumīgs	[nelikumi:gs]
verantwoordelijkheid (de)	atbildība (s)	[atbildi:ba]
verantwoordelijk (bn)	atbildīgais	[atbildi:gais]

NATUUR

De Aarde. Deel 1

164. De kosmische ruimte

kosmos (de)	kosmoss (v)	[kɔsmɔs]
kosmisch (bn)	kosmiskais	[kɔsmiskais]
kosmische ruimte (de)	kosmiskā telpa (s)	[kɔsmiska: telpa]
wereld (de)	visums (v)	[visums]
heelal (het)	pasaule (s)	[pasaule]
sterrenstelsel (het)	galaktika (s)	[galaktika]
ster (de)	zvaigzne (s)	[zvaigzne]
sterrenbeeld (het)	zvaigznājs (v)	[zvaigzna:js]
planeet (de)	planēta (s)	[planɛ:ta]
satelliet (de)	pavadonis (v)	[pavadɔnis]
meteoriet (de)	meteorīts (v)	[mɛteori:ts]
komeet (de)	komēta (s)	[kɔmɛ:ta]
asteroïde (de)	asteroīds (v)	[asterɔi:ds]
baan (de)	orbīta (s)	[ɔrbi:ta]
draaien (om de zon, enz.)	griezties ap	[griɛzties ap]
atmosfeer (de)	atmosfēra (s)	[atmɔsfɛ:ra]
Zon (de)	Saule (s)	[saule]
zonnestelsel (het)	Saules sistēma (s)	[saules sistɛ:ma]
zonsverduistering (de)	Saules aptumsums (v)	[saules aptumsums]
Aarde (de)	Zeme (s)	[zɛme]
Maan (de)	Mēness (v)	[mɛ:nes]
Mars (de)	Marss (v)	[mars]
Venus (de)	Venēra (s)	[vɛnɛ:ra]
Jupiter (de)	Jupiters (v)	[jupitɛrs]
Saturnus (de)	Saturns (v)	[saturns]
Mercurius (de)	Merkus (v)	[merkus]
Uranus (de)	Urāns (v)	[ura:ns]
Neptunus (de)	Neptūns (v)	[neptu:ns]
Pluto (de)	Plutons (v)	[plutɔns]
Melkweg (de)	Piena ceļš (v)	[piɛna tseʎʃ]
Grote Beer (de)	Lielais Lācis (v)	[liɛlais la:tsis]
Poolster (de)	Polārzvaigzne (s)	[pɔla:rzvaigzne]
marsmannetje (het)	marsietis (v)	[marsiɛtis]
buitenaards wezen (het)	citplanētietis (v)	[tsitplane:tiɛtis]

| bovenaards (het) | atnācējs (v) | [atna:tse:js] |
| vliegende schotel (de) | lidojošais šķīvis (v) | [lidɔjɔʃais ʃḳi:vis] |

ruimtevaartuig (het)	kosmiskais kuģis (v)	[kɔsmiskais kudʲis]
ruimtestation (het)	orbitālā stacija (s)	[ɔrbita:la: statsija]
start (de)	starts (v)	[starts]

motor (de)	dzinējs (v)	[dzine:js]
straalpijp (de)	sprausla (s)	[sprausla]
brandstof (de)	degviela (s)	[degviɛla]

cabine (de)	kabīne (s)	[kabi:ne]
antenne (de)	antena (s)	[antɛna]
patrijspoort (de)	iluminators (v)	[iluminatɔrs]
zonnebatterij (de)	saules baterija (s)	[saules baterija]
ruimtepak (het)	skafandrs (v)	[skafandrs]

| gewichtloosheid (de) | bezsvara stāvoklis (v) | [bezsvara sta:vɔklis] |
| zuurstof (de) | skābeklis (v) | [ska:beklis] |

| koppeling (de) | savienošanās (s) | [saviɛnɔʃana:s] |
| koppeling maken | savienoties | [saviɛnɔtiɛs] |

observatorium (het)	observatorija (s)	[ɔbservatɔrija]
telescoop (de)	teleskops (v)	[tɛleskɔps]
waarnemen (ww)	novērot	[nɔve:rɔt]
exploreren (ww)	pētīt	[pe:ti:t]

165. De Aarde

Aarde (de)	Zeme (s)	[zɛme]
aardbol (de)	zemeslode (s)	[zɛmeslɔde]
planeet (de)	planēta (s)	[planɛ:ta]

atmosfeer (de)	atmosfēra (s)	[atmɔsfɛ:ra]
aardrijkskunde (de)	ģeogrāfija (s)	[dʲeɔgra:fija]
natuur (de)	daba (s)	[daba]

wereldbol (de)	globuss (v)	[glɔbus]
kaart (de)	karte (s)	[karte]
atlas (de)	atlants (v)	[atlants]

| Europa (het) | Eiropa (s) | [ɛirɔpa] |
| Azië (het) | Āzija (s) | [a:zija] |

| Afrika (het) | Āfrika (s) | [a:frika] |
| Australië (het) | Austrālija (s) | [austra:lija] |

Amerika (het)	Amerika (s)	[amerika]
Noord-Amerika (het)	Ziemeļamerika (s)	[ziɛmɛlʲamerika]
Zuid-Amerika (het)	Dienvidamerika (s)	[diɛnvidamerika]

| Antarctica (het) | Antarktīda (s) | [antarkti:da] |
| Arctis (de) | Arktika (s) | [arktika] |

166. Windrichtingen

noorden (het)	ziemeļi (v dsk)	[ziɛmelʲi]
naar het noorden	uz ziemeļiem	[uz ziɛmelʲiɛm]
in het noorden	ziemeļos	[ziɛmelʲɔs]
noordelijk (bn)	ziemeļu	[ziɛmelʲu]
zuiden (het)	dienvidi (v dsk)	[diɛnvidi]
naar het zuiden	uz dienvidiem	[uz diɛnvidiɛm]
in het zuiden	dienvidos	[diɛnvidɔs]
zuidelijk (bn)	dienvidu	[diɛnvidu]
westen (het)	rietumi (v dsk)	[riɛtumi]
naar het westen	uz rietumiem	[uz riɛtumiɛm]
in het westen	rietumos	[riɛtumɔs]
westelijk (bn)	rietumu	[riɛtumu]
oosten (het)	austrumi (v dsk)	[austrumi]
naar het oosten	uz austrumiem	[uz austrumiɛm]
in het oosten	austrumos	[austrumɔs]
oostelijk (bn)	austrumu	[austrumu]

167. Zee. Oceaan

zee (de)	jūra (s)	[juːra]
oceaan (de)	okeāns (v)	[ɔkeaːns]
golf (baai)	jūras līcis (v)	[juːras liːtsis]
straat (de)	jūras šaurums (v)	[juːras ʃaurums]
grond (vaste grond)	sauszeme (s)	[sauszɛme]
continent (het)	kontinents (v)	[kɔntinents]
eiland (het)	sala (s)	[sala]
schiereiland (het)	pussala (s)	[pusala]
archipel (de)	arhipelāgs (v)	[arxipɛlaːgs]
baai, bocht (de)	līcis (v)	[liːtsis]
haven (de)	osta (s)	[ɔsta]
lagune (de)	lagūna (s)	[laguːna]
kaap (de)	zemesrags (v)	[zɛmesrags]
atol (de)	atols (v)	[atɔls]
rif (het)	rifs (v)	[rifs]
koraal (het)	korallis (v)	[kɔrallis]
koraalrif (het)	koraļļu rifs (v)	[kɔralʲu rifs]
diep (bn)	dziļš	[dzilʲʃ]
diepte (de)	dziļums (v)	[dzilʲums]
diepzee (de)	dzelme (s)	[dzelme]
trog (bijv. Marianentrog)	ieplaka (s)	[iɛplaka]
stroming (de)	straume (s)	[straume]
omspoelen (ww)	apskalot	[apskalɔt]
oever (de)	krasts (v)	[krasts]

kust (de)	**piekraste** (s)	[piɛkraste]
vloed (de)	**paisums** (v)	[paisums]
eb (de)	**bēgums** (v)	[bɛ:gums]
ondiepte (ondiep water)	**sēklis** (v)	[se:klis]
bodem (de)	**gultne** (s)	[gultne]

golf (hoge ~)	**vilnis** (v)	[vilnis]
golfkam (de)	**viļņa mugura** (s)	[viļʲɲa mugura]
schuim (het)	**putas** (s)	[putas]

orkaan (de)	**viesulis** (v)	[viɛsulis]
tsunami (de)	**cunami** (v)	[tsunami]
windstilte (de)	**bezvējš** (v)	[bezve:jʃ]
kalm (bijv. ~e zee)	**mierīgs**	[miɛri:gs]

pool (de)	**pols** (v)	[pols]
polair (bn)	**polārais**	[pola:rais]

breedtegraad (de)	**platums** (v)	[platums]
lengtegraad (de)	**garums** (v)	[garums]
parallel (de)	**paralēle** (s)	[paralɛ:le]
evenaar (de)	**ekvators** (v)	[ekvatɔrs]

hemel (de)	**debess** (s)	[dɛbes]
horizon (de)	**horizonts** (v)	[xɔrizɔnts]
lucht (de)	**gaiss** (v)	[gais]

vuurtoren (de)	**bāka** (s)	[ba:ka]
duiken (ww)	**nirt**	[nirt]
zinken (ov. een boot)	**nogrimt**	[nɔgrimt]
schatten (mv.)	**dārgumi** (v dsk)	[da:rgumi]

168. Bergen

berg (de)	**kalns** (v)	[kalns]
bergketen (de)	**kalnu virkne** (s)	[kalnu virkne]
gebergte (het)	**kalnu grēda** (s)	[kalnu grɛ:da]

bergtop (de)	**virsotne** (s)	[virsɔtne]
bergpiek (de)	**smaile** (s)	[smaile]
voet (ov. de berg)	**pakāje** (s)	[paka:je]
helling (de)	**nogāze** (s)	[nɔga:ze]

vulkaan (de)	**vulkāns** (v)	[vulka:ns]
actieve vulkaan (de)	**darvojošais vulkāns** (v)	[darvɔjɔʃais vulka:ns]
uitgedoofde vulkaan (de)	**nodzisušais vulkāns** (v)	[nɔdzisuʃais vulka:ns]

uitbarsting (de)	**izvirdums** (v)	[izvirdums]
krater (de)	**krāteris** (v)	[kra:teris]
magma (het)	**magma** (s)	[magma]
lava (de)	**lava** (s)	[lava]
gloeiend (~e lava)	**karstais**	[karstais]
kloof (canyon)	**kanjons** (v)	[kanjɔns]
bergkloof (de)	**aiza** (s)	[aiza]

spleet (de)	**plaisa** (s)	[plaisa]
afgrond (de)	**bezdibenis** (v)	[bezdibenis]

bergpas (de)	**pāreja** (s)	[pa:reja]
plateau (het)	**plato** (v)	[platɔ]
klip (de)	**klints** (s)	[klints]
heuvel (de)	**pakalns** (v)	[pakalns]

gletsjer (de)	**ledājs** (v)	[lɛda:js]
waterval (de)	**ūdenskritums** (v)	[u:denskritums]
geiser (de)	**geizers** (v)	[gɛizɛrs]
meer (het)	**ezers** (v)	[ɛzɛrs]

vlakte (de)	**līdzenums** (v)	[li:dzenums]
landschap (het)	**ainava** (s)	[ainava]
echo (de)	**atbalss** (s)	[atbals]

alpinist (de)	**alpīnists** (v)	[alpi:nists]
bergbeklimmer (de)	**klinšu kāpējs** (v)	[klinʃu ka:pe:js]
trotseren (berg ~)	**iekarot**	[iɛkarɔt]
beklimming (de)	**uzkāpšana** (s)	[uzka:pʃana]

169. Rivieren

rivier (de)	**upe** (s)	[upe]
bron (~ van een rivier)	**ūdens avots** (v)	[u:dens avɔts]
rivierbedding (de)	**gultne** (s)	[gultne]
rivierbekken (het)	**upes baseins** (v)	[upes basɛins]
uitmonden in …	**ieplūst …**	[iɛplu:st …]

zijrivier (de)	**pieteka** (s)	[piɛtɛka]
oever (de)	**krasts** (v)	[krasts]

stroming (de)	**straume** (s)	[straume]
stroomafwaarts (bw)	**plūsmas lejtecē**	[plu:smas lejtetse:]
stroomopwaarts (bw)	**plūsmas augštecē**	[plu:smas augʃtetse:]

overstroming (de)	**plūdi** (v dsk)	[plu:di]
overstroming (de)	**pali** (v dsk)	[pali]
buiten zijn oevers treden	**pārplūst**	[pa:rplu:st]
overstromen (ww)	**appludināt**	[appludina:t]

zandbank (de)	**sēklis** (v)	[se:klis]
stroomversnelling (de)	**krāce** (s)	[kra:tse]

dam (de)	**dambis** (v)	[dambis]
kanaal (het)	**kanāls** (v)	[kana:ls]
spaarbekken (het)	**ūdenskrātuve** (s)	[u:denskra:tuve]
sluis (de)	**slūžas** (s)	[slu:ʒas]

waterlichaam (het)	**ūdenstilpe** (s)	[u:denstilpe]
moeras (het)	**purvs** (v)	[purvs]
broek (het)	**staignājs** (v)	[staigna:js]
draaikolk (de)	**virpulis** (v)	[virpulis]

stroom (de)	**strauts** (v)	[strauts]
drink- (abn)	**dzeramais**	[dzɛramais]
zoet (~ water)	**sājš**	[sa:jʃ]

IJs (het)	**ledus** (v)	[lɛdus]
bevriezen (rivier, enz.)	**aizsalt**	[aizsalt]

170. Bos

bos (het)	**mežs** (v)	[meʒs]
bos- (abn)	**meža**	[meʒa]

oerwoud (dicht bos)	**meža biezoknis** (v)	[meʒa biɛzɔknis]
bosje (klein bos)	**birze** (s)	[birze]
open plek (de)	**nora** (s)	[nɔra]

struikgewas (het)	**krūmājs** (v)	[kru:ma:js]
struiken (mv.)	**krūmi** (v dsk)	[kru:mi]

paadje (het)	**taciņa** (s)	[tatsiɲa]
ravijn (het)	**grava** (s)	[grava]

boom (de)	**koks** (v)	[kɔks]
blad (het)	**lapa** (s)	[lapa]
gebladerte (het)	**lapas** (s dsk)	[lapas]

vallende bladeren (mv.)	**lapkritis** (v)	[lapkritis]
vallen (ov. de bladeren)	**lapas krīt**	[lapas kri:t]
boomtop (de)	**virsotne** (s)	[virsɔtne]

tak (de)	**zariņš** (v)	[zariɲʃ]
ent (de)	**zars** (v)	[zars]
knop (de)	**pumpurs** (v)	[pumpurs]
naald (de)	**skuja** (s)	[skuja]
dennenappel (de)	**čiekurs** (v)	[tʃiɛkurs]

boom holte (de)	**dobums** (v)	[dɔbums]
nest (het)	**ligzda** (s)	[ligzda]
hol (het)	**ala** (s)	[ala]

stam (de)	**stumbrs** (v)	[stumbrs]
wortel (bijv. boom~s)	**sakne** (s)	[sakne]
schors (de)	**miza** (s)	[miza]
mos (het)	**sūna** (s)	[su:na]

ontwortelen (een boom)	**atcelmot**	[attselmɔt]
kappen (een boom ~)	**cirst**	[tsirst]
ontbossen (ww)	**izcirst**	[iztsirst]
stronk (de)	**celms** (v)	[tselms]

kampvuur (het)	**ugunskurs** (v)	[ugunskurs]
bosbrand (de)	**ugunsgrēks** (v)	[ugunsgre:ks]
blussen (ww)	**dzēst**	[dze:st]
boswachter (de)	**mežinieks** (v)	[meʒiniɛks]

bescherming (de)	augu aizsargāšana (s)	[augu aizsarga:ʃana]
beschermen	dabas aizsardzība	[dabas aizsardzi:ba]
(bijv. de natuur ~)		
stroper (de)	malumednieks (v)	[malumedniɛks]
val (de)	lamatas (s dsk)	[lamatas]

plukken (paddestoelen ~)	sēņot	[se:ɲɔt]
plukken (bessen ~)	ogot	[ɔgɔt]
verdwalen (de weg kwijt zijn)	apmaldīties	[apmaldi:tiɛs]

171. Natuurlijke hulpbronnen

natuurlijke rijkdommen (mv.)	dabas resursi (v dsk)	[dabas rɛsursi]
delfstoffen (mv.)	derīgie izrakteņi (v dsk)	[deri:giɛ izrakteɲi]
lagen (mv.)	iegulumi (v dsk)	[iɛgulumi]
veld (bijv. olie~)	atradne (s)	[atradne]

winnen (uit erts ~)	iegūt rūdu	[iɛgu:t ru:du]
winning (de)	ieguve (s)	[iɛguve]
erts (het)	rūda (s)	[ru:da]
mijn (bijv. kolenmijn)	raktuve (s)	[raktuve]
mijnschacht (de)	šahta (s)	[ʃaxta]
mijnwerker (de)	ogļracis (v)	[ɔglʲratsis]

gas (het)	gāze (s)	[ga:ze]
gasleiding (de)	gāzes vads (v)	[ga:zes vads]
olie (aardolie)	nafta (s)	[nafta]
olieleiding (de)	naftas vads (v)	[naftas vads]
oliebron (de)	naftas tornis (v)	[naftas tɔrnis]
boortoren (de)	urbjtornis (v)	[urbjtɔrnis]
tanker (de)	tankkuģis (v)	[tankkudʲis]

zand (het)	smiltis (s dsk)	[smiltis]
kalksteen (de)	kaļķakmens (v)	[kalʲtʲakmens]
grind (het)	grants (s)	[grants]
veen (het)	kūdra (s)	[ku:dra]
klei (de)	māls (v)	[ma:ls]
steenkool (de)	ogles (s dsk)	[ɔgles]

IJzer (het)	dzelzs (s)	[dzelzs]
goud (het)	zelts (v)	[zelts]
zilver (het)	sudrabs (v)	[sudrabs]
nikkel (het)	niķelis (v)	[nitʲelis]
koper (het)	varš (v)	[varʃ]

zink (het)	cinks (v)	[tsinks]
mangaan (het)	mangāns (v)	[maŋga:ns]
kwik (het)	dzīvsudrabs (v)	[dzi:vsudrabs]
lood (het)	svins (v)	[svins]

mineraal (het)	minerāls (v)	[minɛra:ls]
kristal (het)	kristāls (v)	[krista:ls]
marmer (het)	marmors (v)	[marmɔrs]
uraan (het)	urāns (v)	[ura:ns]

De Aarde. Deel 2

172. Weer

weer (het)	laiks (v)	[laiks]
weersvoorspelling (de)	laika prognoze (s)	[laika prɔgnɔze]
temperatuur (de)	temperatūra (s)	[tempɛratu:ra]
thermometer (de)	termometrs (v)	[termɔmetrs]
barometer (de)	barometrs (v)	[barɔmetrs]

vochtig (bn)	mitrs	[mitrs]
vochtigheid (de)	mitrums (v)	[mitrums]
hitte (de)	tveice (s)	[tvɛitse]
heet (bn)	karsts	[karsts]
het is heet	karsts laiks	[karsts laiks]

het is warm	silts laiks	[silts laiks]
warm (bn)	silts	[silts]

het is koud	auksts laiks	[auksts laiks]
koud (bn)	auksts	[auksts]

zon (de)	saule (s)	[saule]
schijnen (de zon)	spīd saule	[spi:d saule]
zonnig (~e dag)	saulains	[saulains]
opgaan (ov. de zon)	uzlēkt	[uzle:kt]
ondergaan (ww)	rietēt	[riɛte:t]

wolk (de)	mākonis (v)	[ma:kɔnis]
bewolkt (bn)	mākoņains	[ma:kɔɲains]
regenwolk (de)	melns mākonis (v)	[melns ma:kɔnis]
somber (bn)	apmācies	[apma:tsiɛs]

regen (de)	lietus (v)	[liɛtus]
het regent	līst lietus	[li:st liɛtus]

regenachtig (bn)	lietains	[liɛtains]
motregenen (ww)	smidzina	[smidzina]

plensbui (de)	stiprs lietus (v)	[stiprs liɛtus]
stortbui (de)	lietusgāze (s)	[liɛtusga:ze]
hard (bn)	stiprs	[stiprs]

plas (de)	peļķe (s)	[peḷt'e]
nat worden (ww)	samirkt	[samirkt]

mist (de)	migla (s)	[migla]
mistig (bn)	miglains	[miglains]
sneeuw (de)	sniegs (v)	[sniɛgs]
het sneeuwt	krīt sniegs	[kri:t sniɛgs]

173. Zwaar weer. Natuurrampen

noodweer (storm)	**pērkona negaiss** (v)	[pe:rkɔna nɛgais]
bliksem (de)	**zibens** (v)	[zibens]
flitsen (ww)	**zibēt**	[zibe:t]
donder (de)	**pērkons** (v)	[pe:rkɔns]
donderen (ww)	**dārdēt**	[da:rde:t]
het dondert	**dārd pērkons**	[da:rd pe:rkɔns]
hagel (de)	**krusa** (s)	[krusa]
het hagelt	**krīt krusa**	[kri:t krusa]
overstromen (ww)	**appludināt**	[appludina:t]
overstroming (de)	**ūdens plūdi** (v dsk)	[u:dens plu:di]
aardbeving (de)	**zemestrīce** (s)	[zɛmestri:tse]
aardschok (de)	**trieciens** (v)	[triɛtsiɛns]
epicentrum (het)	**epicentrs** (v)	[epitsentrs]
uitbarsting (de)	**izvirdums** (v)	[izvirdums]
lava (de)	**lava** (s)	[lava]
wervelwind (de)	**virpuļvētra** (s)	[virpulʲve:tra]
windhoos (de)	**tornado** (v)	[tɔrnadɔ]
tyfoon (de)	**taifūns** (v)	[taifu:ns]
orkaan (de)	**viesulis** (v)	[viɛsulis]
storm (de)	**vētra** (s)	[ve:tra]
tsunami (de)	**cunami** (v)	[tsunami]
cycloon (de)	**ciklons** (v)	[tsiklɔns]
onweer (het)	**slikts laiks** (v)	[slikts laiks]
brand (de)	**ugunsgrēks** (v)	[ugunsgrɛ:ks]
ramp (de)	**katastrofa** (s)	[katastrɔfa]
meteoriet (de)	**meteorīts** (v)	[mɛteɔri:ts]
lawine (de)	**lavīna** (s)	[lavi:na]
sneeuwverschuiving (de)	**sniega gāze** (s)	[sniɛga ga:ze]
sneeuwjacht (de)	**sniegputenis** (v)	[sniɛgputenis]
sneeuwstorm (de)	**sniega vētra** (s)	[sniɛga ve:tra]

Fauna

174. Zoogdieren. Roofdieren

roofdier (het)	plēsoņa (s)	[pleːsɔɲa]
tijger (de)	tīģeris (v)	[tiːdʲeris]
leeuw (de)	lauva (s)	[lauva]
wolf (de)	vilks (v)	[vilks]
vos (de)	lapsa (s)	[lapsa]
jaguar (de)	jaguārs (v)	[jaguaːrs]
luipaard (de)	leopards (v)	[leɔpards]
jachtluipaard (de)	gepards (v)	[gɛpards]
panter (de)	pantera (s)	[pantɛra]
poema (de)	puma (s)	[puma]
sneeuwluipaard (de)	sniega leopards (v)	[sniɛga leɔpards]
lynx (de)	lūsis (v)	[luːsis]
coyote (de)	koijots (v)	[kɔijɔts]
jakhals (de)	šakālis (v)	[ʃakaːlis]
hyena (de)	hiēna (s)	[xiɛːna]

175. Wilde dieren

dier (het)	dzīvnieks (v)	[dziːvniɛks]
beest (het)	zvērs (v)	[zvɛːrs]
eekhoorn (de)	vāvere (s)	[vaːvɛre]
egel (de)	ezis (v)	[ɛzis]
haas (de)	zaķis (v)	[zatʲis]
konijn (het)	trusis (v)	[trusis]
das (de)	āpsis (v)	[aːpsis]
wasbeer (de)	jenots (v)	[jenɔts]
hamster (de)	kāmis (v)	[kaːmis]
marmot (de)	murkšķis (v)	[murkʃtʲis]
mol (de)	kurmis (v)	[kurmis]
muis (de)	pele (s)	[pɛle]
rat (de)	žurka (s)	[ʒurka]
vleermuis (de)	sikspārnis (v)	[sikspaːrnis]
hermelijn (de)	sermulis (v)	[sermulis]
sabeldier (het)	sabulis (v)	[sabulis]
marter (de)	cauna (s)	[tsauna]
wezel (de)	zebiekste (s)	[zebiɛkste]
nerts (de)	ūdele (s)	[uːdɛle]

bever (de)	**bebrs** (v)	[bebrs]
otter (de)	**ūdrs** (v)	[u:drs]

paard (het)	**zirgs** (v)	[zirgs]
eland (de)	**alnis** (v)	[alnis]
hert (het)	**briedis** (v)	[briɛdis]
kameel (de)	**kamielis** (v)	[kamiɛlis]

bizon (de)	**bizons** (v)	[bizɔns]
oeros (de)	**sumbrs** (v)	[sumbrs]
buffel (de)	**bifelis** (v)	[bifelis]

zebra (de)	**zebra** (s)	[zebra]
antilope (de)	**antilope** (s)	[antilɔpe]
ree (de)	**stirna** (s)	[stirna]
damhert (het)	**dambriedis** (v)	[dambriɛdis]
gems (de)	**kalnu kaza** (s)	[kalnu kaza]
everzwijn (het)	**mežacūka** (s)	[meʒatsu:ka]

walvis (de)	**valis** (v)	[valis]
rob (de)	**ronis** (v)	[rɔnis]
walrus (de)	**valzirgs** (v)	[valzirgs]
zeehond (de)	**kotiks** (v)	[kɔtiks]
dolfijn (de)	**delfīns** (v)	[delfi:ns]

beer (de)	**lācis** (v)	[la:tsis]
IJsbeer (de)	**baltais lācis** (v)	[baltais la:tsis]
panda (de)	**panda** (s)	[panda]

aap (de)	**pērtiķis** (v)	[pe:rtitʲis]
chimpansee (de)	**šimpanze** (s)	[ʃimpanze]
orang-oetan (de)	**orangutāns** (v)	[ɔraŋguta:ns]
gorilla (de)	**gorilla** (s)	[gɔrilla]
makaak (de)	**makaks** (v)	[makaks]
gibbon (de)	**gibons** (v)	[gibɔns]

olifant (de)	**zilonis** (v)	[zilɔnis]
neushoorn (de)	**degunradzis** (v)	[dɛgunradzis]
giraffe (de)	**žirafe** (s)	[ʒirafe]
nijlpaard (het)	**nīlzirgs** (v)	[ni:lzirgs]

kangoeroe (de)	**ķengurs** (v)	[tʲeŋgurs]
koala (de)	**koala** (s)	[kɔala]

mangoest (de)	**mangusts** (v)	[maŋgusts]
chinchilla (de)	**šinšilla** (s)	[ʃinʃilla]
stinkdier (het)	**skunkss** (v)	[skunks]
stekelvarken (het)	**dzeloņcūka** (s)	[dzelɔɲtsu:ka]

176. Huisdieren

poes (de)	**kaķis** (v)	[katʲis]
kater (de)	**runcis** (v)	[runtsis]
hond (de)	**suns** (v)	[suns]

paard (het)	zirgs (v)	[zirgs]
hengst (de)	ērzelis (v)	[e:rzelis]
merrie (de)	ķēve (s)	[tʲɛ:ve]

koe (de)	govs (s)	[gɔvs]
stier (de)	bullis (v)	[bullis]
os (de)	vērsis (v)	[vɛ:rsis]

schaap (het)	aita (s)	[aita]
ram (de)	auns (v)	[auns]
geit (de)	kaza (s)	[kaza]
bok (de)	āzis (v)	[a:zis]

ezel (de)	ēzelis (v)	[ɛ:zelis]
muilezel (de)	mūlis (v)	[mu:lis]

varken (het)	cūka (s)	[tsu:ka]
biggetje (het)	sivēns (v)	[sive:ns]
konijn (het)	trusis (v)	[trusis]

kip (de)	vista (s)	[vista]
haan (de)	gailis (v)	[gailis]

eend (de)	pīle (s)	[pi:le]
woerd (de)	pīļtēviņš (v)	[pi:lʲte:viɲʃ]
gans (de)	zoss (s)	[zɔs]

kalkoen haan (de)	tītars (v)	[ti:tars]
kalkoen (de)	tītaru mātīte (s)	[ti:taru ma:ti:te]

huisdieren (mv.)	mājdzīvnieki (v dsk)	[ma:jdzi:vniɛki]
tam (bijv. hamster)	pieradināts	[piɛradina:ts]
temmen (tam maken)	pieradināt	[piɛradina:t]
fokken (bijv. paarden ~)	audzēt	[audze:t]

boerderij (de)	saimniecība (s)	[saimniɛtsi:ba]
gevogelte (het)	mājputni (v dsk)	[ma:jputni]
rundvee (het)	liellopi (v dsk)	[liɛllɔpi]
kudde (de)	ganāmpulks (v)	[gana:mpulks]

paardenstal (de)	zirgu stallis (v)	[zirgu stallis]
zwijnenstal (de)	cūkkūts (s)	[tsu:kku:ts]
koeienstal (de)	kūts (s)	[ku:ts]
konijnenhok (het)	trušu būda (s)	[truʃu bu:da]
kippenhok (het)	vistu kūts (s)	[vistu ku:ts]

177. Honden. Hondenrassen

hond (de)	suns (v)	[suns]
herdershond (de)	aitu suns (v)	[aitu suns]
Duitse herdershond (de)	vācu aitu suns (v)	[va:tsu aitu suns]
poedel (de)	pūdelis (v)	[pu:delis]
teckel (de)	taksis (v)	[taksis]
buldog (de)	buldogs (v)	[buldɔgs]

boxer (de)   bokseris (v)   [bɔkseris]
mastiff (de)   mastifs (v)   [mastifs]
rottweiler (de)   rotveilers (v)   [rɔtvɛilɛrs]
doberman (de)   dobermanis (v)   [dɔbermanis]

basset (de)   basets (v)   [basets]
bobtail (de)   bobteils (v)   [bɔbtɛils]
dalmatièr (de)   dalmācietis (v)   [dalma:tsiɛtis]
cockerspaniël (de)   kokerspaniels (v)   [kɔkɛrspaniɛls]

newfoundlander (de)   ņūfaundlends (v)   [ɲu:faundlends]
sint-bernard (de)   sanbernārs (v)   [sanberna:rs]

poolhond (de)   haskijs (v)   [xaskijs]
chowchow (de)   čau-čau (v)   [tʃau-tʃau]
spits (de)   špics (v)   [ʃpits]
mopshond (de)   mopsis (v)   [mɔpsis]

178. Dierengeluiden

geblaf (het)   riešana (s)   [riɛʃana]
blaffen (ww)   riet   [riɛt]
miauwen (ww)   ņaudēšana   [ɲaude:ʃana]
spinnen (katten)   ņaudēt   [ɲaude:t]

loeien (ov. een koe)   maurot   [maurɔt]
brullen (stier)   aurot   [aurɔt]
grommen (ov. de honden)   rūkt   [ru:kt]

gehuil (het)   kauciens (v)   [kautsiɛns]
huilen (wolf, enz.)   kaukt   [kaukt]
janken (ov. een hond)   smilkstēt   [smilkste:t]

mekkeren (schapen)   mēt   [me:t]
knorren (varkens)   rukšķēt   [rukʃˈtʲe:t]
gillen (bijv. varken)   kviekt   [kviɛkt]

kwaken (kikvorsen)   kurkstēt   [kurkste:t]
zoemen (hommel, enz.)   dūkt   [du:kt]
tjirpen (sprinkhanen)   sisināt   [sisina:t]

179. Vogels

vogel (de)   putns (v)   [putns]
duif (de)   balodis (v)   [balɔdis]
mus (de)   zvirbulis (v)   [zvirbulis]
koolmees (de)   zīlīte (s)   [zi:li:te]
ekster (de)   žagata (s)   [ʒagata]

raaf (de)   krauklis (v)   [krauklis]
kraai (de)   vārna (s)   [va:rna]
kauw (de)   kovārnis (v)   [kɔva:rnis]

roek (de)	krauķis (v)	[krautʲis]
eend (de)	pīle (s)	[pi:le]
gans (de)	zoss (s)	[zɔs]
fazant (de)	fazāns (v)	[faza:ns]

arend (de)	ērglis (v)	[e:rglis]
havik (de)	vanags (v)	[vanags]
valk (de)	piekūns (v)	[piɛku:ns]

| gier (de) | grifs (v) | [grifs] |
| condor (de) | kondors (v) | [kɔndɔrs] |

zwaan (de)	gulbis (v)	[gulbis]
kraanvogel (de)	dzērve (s)	[dze:rve]
ooievaar (de)	stārķis (v)	[sta:rtʲis]

papegaai (de)	papagailis (v)	[papagailis]
kolibrie (de)	kolibri (v)	[kɔlibri]
pauw (de)	pāvs (v)	[pa:vs]

| struisvogel (de) | strauss (v) | [straus] |
| reiger (de) | gārnis (v) | [ga:rnis] |

| flamingo (de) | flamings (v) | [flamiŋgs] |
| pelikaan (de) | pelikāns (v) | [pelika:ns] |

| nachtegaal (de) | lakstīgala (s) | [laksti:gala] |
| zwaluw (de) | bezdelīga (s) | [bezdeli:ga] |

lijster (de)	strazds (v)	[strazds]
zanglijster (de)	dziedātājstrazds (v)	[dziɛda:ta:jstrazds]
merel (de)	melnais strazds (v)	[melnais strazds]

gierzwaluw (de)	svīre (s)	[svi:re]
leeuwerik (de)	cīrulis (v)	[tsi:rulis]
kwartel (de)	paipala (s)	[paipala]

specht (de)	dzenis (v)	[dzenis]
koekoek (de)	dzeguze (s)	[dzɛguze]
uil (de)	pūce (s)	[pu:tse]
oehoe (de)	ūpis (v)	[u:pis]
auerhoen (het)	mednis (v)	[mednis]

| korhoen (het) | rubenis (v) | [rubenis] |
| patrijs (de) | irbe (s) | [irbe] |

spreeuw (de)	mājas strazds (v)	[ma:jas strazds]
kanarie (de)	kanārijputniņš (v)	[kana:rijputniɲʃ]
hazelhoen (het)	meža irbe (s)	[meʒa irbe]

| vink (de) | žubīte (s) | [ʒubi:te] |
| goudvink (de) | svilpis (v) | [svilpis] |

meeuw (de)	kaija (s)	[kaija]
albatros (de)	albatross (v)	[albatrɔs]
pinguïn (de)	pingvīns (v)	[piŋgvi:ns]

180. Vogels. Zingen en geluiden

fluiten, zingen (ww)	dziedāt	[dziɛda:t]
schreeuwen (dieren, vogels)	klaigāt	[klaiga:t]
kraaien (ov. een haan)	dziedāt	[dziɛda:t]
kukeleku	kikerigī	[kikerigi:]

klokken (hen)	kladzināt	[kladzina:t]
krassen (kraai)	ķērkt	[tʲe:rkt]
kwaken (eend)	pēkšķēt	[pe:kʃtʲe:t]
piepen (kuiken)	čiepstēt	[tʃiɛpste:t]
tjilpen (bijv. een mus)	čivināt	[tʃivina:t]

181. Vis. Zeedieren

brasem (de)	plaudis (v)	[plaudis]
karper (de)	karpa (s)	[karpa]
baars (de)	asaris (v)	[asaris]
meerval (de)	sams (v)	[sams]
snoek (de)	līdaka (s)	[li:daka]

| zalm (de) | lasis (v) | [lasis] |
| steur (de) | store (s) | [stɔre] |

haring (de)	siļķe (s)	[silʲtʲe]
atlantische zalm (de)	lasis (v)	[lasis]
makreel (de)	skumbrija (s)	[skumbrija]
platvis (de)	bute (s)	[bute]

snoekbaars (de)	zandarts (v)	[zandarts]
kabeljauw (de)	menca (s)	[mentsa]
tonijn (de)	tuncis (v)	[tuntsis]
forel (de)	forele (s)	[fɔrɛle]

paling (de)	zutis (v)	[zutis]
sidderrog (de)	elektriskā raja (s)	[ɛlektriska: raja]
murene (de)	murēna (s)	[murɛ:na]
piranha (de)	piraija (s)	[piraija]

haai (de)	haizivs (s)	[xaizivs]
dolfijn (de)	delfīns (v)	[delfi:ns]
walvis (de)	valis (v)	[valis]

krab (de)	krabis (v)	[krabis]
kwal (de)	medūza (s)	[mɛdu:za]
octopus (de)	astoņkājis (v)	[astɔŋka:jis]

zeester (de)	jūras zvaigzne (s)	[ju:ras zvaigzne]
zee-egel (de)	jūras ezis (v)	[ju:ras ezis]
zeepaardje (het)	jūras zirdziņš (v)	[ju:ras zirdziŋʃ]

| oester (de) | austere (s) | [austɛre] |
| garnaal (de) | garnele (s) | [garnɛle] |

kreeft (de)	omārs (v)	[ɔma:rs]
langoest (de)	langusts (v)	[laŋgusts]

182. Amfibieën. Reptielen

slang (de)	čūska (s)	[tʃu:ska]
giftig (slang)	indīga	[indi:ga]

adder (de)	odze (s)	[ɔdze]
cobra (de)	kobra (s)	[kɔbra]
python (de)	pitons (v)	[pitɔns]
boa (de)	žņaudzējčūska (s)	[ʒɲaudze:jtʃu:ska]

ringslang (de)	zalktis (v)	[zalktis]
ratelslang (de)	klaburčūska (s)	[klaburtʃu:ska]
anaconda (de)	anakonda (s)	[anakɔnda]

hagedis (de)	ķirzaka (s)	[tʲirzaka]
leguaan (de)	iguāna (s)	[igua:na]
varaan (de)	varāns (v)	[vara:ns]
salamander (de)	salamandra (s)	[salamandra]
kameleon (de)	hameleons (v)	[xamɛleɔns]
schorpioen (de)	skorpions (v)	[skɔrpiɔns]

schildpad (de)	bruņurupucis (v)	[bruɲuruputsis]
kikker (de)	varde (s)	[varde]
pad (de)	krupis (v)	[krupis]
krokodil (de)	krokodils (v)	[krɔkɔdils]

183. Insecten

insect (het)	kukainis (v)	[kukainis]
vlinder (de)	taurenis (v)	[taurenis]
mier (de)	skudra (s)	[skudra]
vlieg (de)	muša (s)	[muʃa]
mug (de)	ods (v)	[ɔds]
kever (de)	vabole (s)	[vabɔle]

wesp (de)	lapsene (s)	[lapsɛne]
bij (de)	bite (s)	[bite]
hommel (de)	kamene (s)	[kamɛne]
horzel (de)	dundurs (v)	[dundurs]

spin (de)	zirneklis (v)	[zirneklis]
spinnenweb (het)	zirnekļtīkls (v)	[zirneklʲti:kls]

libel (de)	spāre (s)	[spa:re]
sprinkhaan (de)	sienāzis (v)	[siɛna:zis]
nachtvlinder (de)	tauriņš (v)	[tauriɲʃ]

kakkerlak (de)	prusaks (v)	[prusaks]
mijt (de)	ērce (s)	[e:rtse]

vlo (de)	**blusa** (s)	[blusa]
kriebelmug (de)	**knislis** (v)	[knislis]

treksprinkhaan (de)	**sisenis** (v)	[sisenis]
slak (de)	**gliemezis** (v)	[gliɛmezis]
krekel (de)	**circenis** (v)	[tsirtsenis]
glimworm (de)	**jāņtārpiņš** (v)	[jaːɲtaːrpiɲʃ]
lieveheersbeestje (het)	**mārīte** (s)	[maːriːte]
meikever (de)	**maijvabole** (s)	[maijvabɔle]

bloedzuiger (de)	**dēle** (s)	[dɛːle]
rups (de)	**kāpurs** (v)	[kaːpurs]
aardworm (de)	**tārps** (v)	[taːrps]
larve (de)	**kāpurs** (v)	[kaːpurs]

184. Dieren. Lichaamsdelen

snavel (de)	**knābis** (v)	[knaːbis]
vleugels (mv.)	**spārni** (v dsk)	[spaːrni]
poot (ov. een vogel)	**putna kāja** (s)	[putna kaːja]
verenkleed (het)	**apspalvojums** (v)	[apspalvɔjums]
veer (de)	**putna spalva** (s)	[putna spalva]
kuifje (het)	**cekuliņš** (v)	[tsɛkuliɲʃ]

kieuwen (mv.)	**žaunas** (s dsk)	[ʒaunas]
kuit, dril (de)	**ikri** (v dsk)	[ikri]
larve (de)	**kāpurs** (v)	[kaːpurs]
vin (de)	**spura** (s)	[spura]
schubben (mv.)	**zvīņas** (s dsk)	[zviːɲas]

slagtand (de)	**ilknis** (v)	[ilknis]
poot (bijv. ~ van een kat)	**ķepa** (s)	[tʲɛpa]
muil (de)	**purns** (v)	[purns]
bek (mond van dieren)	**rīkle** (s)	[riːkle]
staart (de)	**aste** (s)	[aste]
snorharen (mv.)	**ūsas** (s dsk)	[uːsas]

hoef (de)	**nags** (v)	[nags]
hoorn (de)	**rags** (v)	[rags]

schild (schildpad, enz.)	**bruņas** (s dsk)	[bruɲas]
schelp (de)	**gliemežvāks** (v)	[gliɛmeʒvaːks]
eierschaal (de)	**čaula** (s)	[tʃaula]

vacht (de)	**vilna** (s)	[vilna]
huid (de)	**āda** (s)	[aːda]

185. Dieren. Leefomgevingen

leefgebied (het)	**dabiskā vide** (s)	[dabiska: vide]
migratie (de)	**migrācija** (s)	[migra:tsija]
berg (de)	**kalns** (v)	[kalns]

rif (het)	**rifs** (v)	[rifs]
klip (de)	**klints** (s)	[klints]
bos (het)	**mežs** (v)	[meʒs]
jungle (de)	**džungļi** (v dsk)	[dʒuŋglʲi]
savanne (de)	**savanna** (s)	[savanna]
toendra (de)	**tundra** (s)	[tundra]
steppe (de)	**stepe** (s)	[stɛpe]
woestijn (de)	**tuksnesis** (v)	[tuksnesis]
oase (de)	**oāze** (s)	[ɔaːze]
zee (de)	**jūra** (s)	[juːra]
meer (het)	**ezers** (v)	[ɛzɛrs]
oceaan (de)	**okeāns** (v)	[ɔkeaːns]
moeras (het)	**purvs** (v)	[purvs]
zoetwater- (abn)	**saldūdens**	[salduːdens]
vijver (de)	**dīķis** (v)	[diːtʲis]
rivier (de)	**upe** (s)	[upe]
berenhol (het)	**midzenis** (v)	[midzenis]
nest (het)	**ligzda** (s)	[ligzda]
boom holte (de)	**dobums** (v)	[dɔbums]
hol (het)	**ala** (s)	[ala]
mierenhoop (de)	**skudru pūznis** (v)	[skudru puːznis]

Flora

186. Bomen

boom (de)	koks (v)	[kɔks]
loof- (abn)	lapu koks	[lapu kɔks]
dennen- (abn)	skujkoks	[skujkɔks]
groenblijvend (bn)	mūžzaļš	[mu:ʒzalʲʃ]
appelboom (de)	ābele (s)	[a:bɛle]
perenboom (de)	bumbiere (s)	[bumbiɛre]
zoete kers (de)	saldais ķirsis (v)	[saldais tʲirsis]
zure kers (de)	skābais ķirsis (v)	[ska:bais tʲirsis]
pruimelaar (de)	plūme (s)	[plu:me]
berk (de)	bērzs (v)	[be:rzs]
eik (de)	ozols (v)	[ɔzɔls]
linde (de)	liepa (s)	[liɛpa]
esp (de)	apse (s)	[apse]
esdoorn (de)	kļava (s)	[klʲava]
spar (de)	egle (s)	[egle]
den (de)	priede (s)	[priɛde]
lariks (de)	lapegle (s)	[lapegle]
zilverspar (de)	dižegle (s)	[diʒegle]
ceder (de)	ciedrs (v)	[tsiɛdrs]
populier (de)	papele (s)	[papɛle]
lijsterbes (de)	pīlādzis (v)	[pi:la:dzis]
wilg (de)	vītols (v)	[vi:tɔls]
els (de)	alksnis (v)	[alksnis]
beuk (de)	dižskābardis (v)	[diʒska:bardis]
iep (de)	vīksna (s)	[vi:ksna]
es (de)	osis (v)	[ɔsis]
kastanje (de)	kastaņa (s)	[kastaɲa]
magnolia (de)	magnolija (s)	[magnɔlija]
palm (de)	palma (s)	[palma]
cipres (de)	ciprese (s)	[tsiprɛse]
mangrove (de)	mango koks (v)	[maŋgɔ kɔks]
baobab (apenbroodboom)	baobabs (v)	[baɔbabs]
eucalyptus (de)	eikalipts (v)	[ɛikalipts]
mammoetboom (de)	sekvoja (s)	[sekvɔja]

187. Heesters

struik (de)	Krūms (v)	[kru:ms]
heester (de)	krūmājs (v)	[kru:ma:js]

wijnstok (de)	vīnogas (v)	[viːnɔgas]
wijngaard (de)	vīnogulājs (v)	[viːnɔgulaːjs]

frambozenstruik (de)	avenājs (v)	[avɛnaːjs]
zwarte bes (de)	upeņu krūms (v)	[upɛɲu kruːms]
rode bessenstruik (de)	sarkano jāņogu krūms (v)	[sarkanɔ jaːɲɔgu kruːms]
kruisbessenstruik (de)	ērkšķogu krūms (v)	[eːrkʃtʲɔgu kruːms]

acacia (de)	akācija (s)	[akaːtsija]
zuurbes (de)	bārbele (s)	[baːrbɛle]
jasmijn (de)	jasmīns (v)	[jasmiːns]

jeneverbes (de)	kadiķis (v)	[kaditʲis]
rozenstruik (de)	rožu krūms (v)	[rɔʒu kruːms]
hondsroos (de)	mežroze (s)	[meʒrɔze]

188. Champignons

paddenstoel (de)	sēne (s)	[sɛːne]
eetbare paddenstoel (de)	ēdama sēne (s)	[ɛːdama sɛːne]
giftige paddenstoel (de)	indīga sēne (s)	[indiːga sɛːne]
hoed (de)	sēnes galviņa (s)	[sɛːnes galviɲa]
steel (de)	sēnes kājiņa (s)	[sɛːnes kaːjiɲa]

gewoon eekhoorntjesbrood (het)	baravika (s)	[baravika]
rosse populierenboleet (de)	apšu beka (s)	[apʃu bɛka]
berkenboleet (de)	bērzu beka (s)	[beːrzu bɛka]
cantharel (de)	gailene (s)	[gailɛne]
russula (de)	bērzlape (s)	[beːrzlape]

morille (de)	lācpurnis (v)	[laːtʃpurnis]
vliegenzwam (de)	mušmire (s)	[muʃmire]
groene knolzwam (de)	suņu sēne (s)	[suɲu sɛːne]

189. Vruchten. Bessen

vrucht (de)	auglis (v)	[auglis]
vruchten (mv.)	augļi (v dsk)	[auglʲi]
appel (de)	ābols (v)	[aːbɔls]
peer (de)	bumbieris (v)	[bumbiɛris]
pruim (de)	plūme (s)	[pluːme]

aardbei (de)	zemene (s)	[zɛmɛne]
zure kers (de)	skābais ķirsis (v)	[skaːbais tʲirsis]
zoete kers (de)	saldais ķirsis (v)	[saldais tʲirsis]
druif (de)	vīnoga (s)	[viːnɔga]

framboos (de)	avene (s)	[avɛne]
zwarte bes (de)	upene (s)	[upɛne]
rode bes (de)	sarkanā jāņoga (s)	[sarkana: jaːɲɔga]
kruisbes (de)	ērkšķoga (s)	[eːrkʃtʲɔga]

veenbes (de)	dzērvene (s)	[dze:rvɛne]
sinaasappel (de)	apelsīns (v)	[apɛlsi:ns]
mandarijn (de)	mandarīns (v)	[mandari:ns]
ananas (de)	ananāss (v)	[anana:s]
banaan (de)	banāns (v)	[bana:ns]
dadel (de)	datele (s)	[datɛle]

citroen (de)	citrons (v)	[tsitrɔns]
abrikoos (de)	aprikoze (s)	[aprikɔze]
perzik (de)	persiks (v)	[pɛrsiks]
kiwi (de)	kivi (v)	[kivi]
grapefruit (de)	greipfrūts (v)	[grɛipfru:ts]

bes (de)	oga (s)	[ɔga]
bessen (mv.)	ogas (s dsk)	[ɔgas]
vossenbes (de)	brūklene (s)	[bru:klɛne]
bosaardbei (de)	meža zemene (s)	[meʒa zɛmɛne]
bosbes (de)	mellene (s)	[mellɛne]

190. Bloemen. Planten

bloem (de)	zieds (v)	[ziɛds]
boeket (het)	ziedu pušķis (v)	[ziɛdu puʃtʲis]

roos (de)	roze (s)	[rɔze]
tulp (de)	tulpe (s)	[tulpe]
anjer (de)	neļķe (s)	[nelʲtʲe]
gladiool (de)	gladiola (s)	[gladiɔla]

korenbloem (de)	rudzupuķīte (s)	[rudzuputʲi:te]
klokje (het)	pulkstenīte (s)	[pulksteni:te]
paardenbloem (de)	pienenīte (s)	[piɛneni:te]
kamille (de)	kumelīte (s)	[kumeli:te]

aloè (de)	alveja (s)	[alveja]
cactus (de)	kaktuss (v)	[kaktus]
ficus (de)	gumijkoks (v)	[gumijkɔks]

lelie (de)	lilija (s)	[lilija]
geranium (de)	ģerānija (s)	[dʲɛra:nija]
hyacint (de)	hiacinte (s)	[xiatsinte]

mimosa (de)	mimoza (s)	[mimɔza]
narcis (de)	narcise (s)	[nartsise]
Oostindische kers (de)	krese (s)	[krɛse]

orchidee (de)	orhideja (s)	[ɔrxideja]
pioenroos (de)	pujene (s)	[pujene]
viooltje (het)	vijolīte (s)	[vijɔli:te]

driekleurig viooltje (het)	atraitnītes (s dsk)	[atraitni:tes]
vergeet-mij-nietje (het)	neaizmirstule (s)	[neaizmirstule]
madeliefje (het)	margrietiņa (s)	[margriɛtiɲa]
papaver (de)	magone (s)	[magɔne]

| hennep (de) | kaņepe (s) | [kaɲɛpe] |
| munt (de) | mētra (s) | [me:tra] |

| lelietje-van-dalen (het) | maijpuķīte (s) | [maijputʲi:te] |
| sneeuwklokje (het) | sniegpulkstenīte (s) | [sniɛgpulksteni:te] |

brandnetel (de)	nātre (s)	[na:tre]
veldzuring (de)	skābene (s)	[ska:bɛne]
waterlelie (de)	ūdensroze (s)	[u:densrɔze]
varen (de)	paparde (s)	[paparde]
korstmos (het)	ķērpis (v)	[tʲe:rpis]

oranjerie (de)	oranžērija (s)	[ɔranʒe:rija]
gazon (het)	zālājs (v)	[za:la:js]
bloemperk (het)	puķu dobe (s)	[putʲu dɔbe]

plant (de)	augs (v)	[augs]
gras (het)	zāle (s)	[za:le]
grasspriet (de)	zālīte (s)	[za:li:te]

blad (het)	lapa (s)	[lapa]
bloemblad (het)	lapiņa (s)	[lapiɲa]
stengel (de)	stiebrs (v)	[stiɛbrs]
knol (de)	bumbulis (v)	[bumbulis]

| scheut (de) | dīglis (v) | [di:glis] |
| doorn (de) | ērkšķis (v) | [e:rkʃtʲis] |

bloeien (ww)	ziedēt	[ziɛde:t]
verwelken (ww)	novīt	[nɔvi:t]
geur (de)	smarža (s)	[smarʒa]
snijden (bijv. bloemen ~)	nogriezt	[nɔgriɛzt]
plukken (bloemen ~)	noplūkt	[nɔplu:kt]

191. Granen, graankorrels

graan (het)	graudi (v dsk)	[graudi]
graangewassen (mv.)	graudaugi (v dsk)	[graudaugi]
aar (de)	vārpa (s)	[va:rpa]

tarwe (de)	kvieši (v dsk)	[kviɛʃi]
rogge (de)	rudzi (v dsk)	[rudzi]
haver (de)	auzas (s dsk)	[auzas]
gierst (de)	prosa (s)	[prɔsa]
gerst (de)	mieži (v dsk)	[miɛʒi]
maïs (de)	kukurūza (s)	[kukuru:za]
rijst (de)	rīsi (v dsk)	[ri:si]
boekweit (de)	griķi (v dsk)	[gritʲi]

erwt (de)	zirnis (v)	[zirnis]
boon (de)	pupiņas (s dsk)	[pupiɲas]
soja (de)	soja (s)	[sɔja]
linze (de)	lēcas (s dsk)	[le:tsas]
bonen (mv.)	pupas (s dsk)	[pupas]

REGIONALE AARDRIJKSKUNDE

Landen. Nationaliteiten

192. Politiek. Overheid. Deel 1

politiek (de)	politika (s)	[politika]
politiek (bn)	politiskais	[politiskais]
politicus (de)	politiķis (v)	[politiťis]
staat (land)	valsts (s)	[valsts]
burger (de)	pilsonis (v)	[pilsonis]
staatsburgerschap (het)	pilsonība (s)	[pilsoni:ba]
nationaal wapen (het)	valsts ģerbonis (v)	[valsts dʲerbonis]
volkslied (het)	valsts himna (s)	[valsts ximna]
regering (de)	valdība (s)	[valdi:ba]
staatshoofd (het)	valsts vadītājs (v)	[valsts vadi:ta:js]
parlement (het)	parlaments (v)	[parlaments]
partij (de)	partija (s)	[partija]
kapitalisme (het)	kapitālisms (v)	[kapita:lisms]
kapitalistisch (bn)	kapitālistiskais	[kapita:listiskais]
socialisme (het)	sociālisms (v)	[sotsia:lisms]
socialistisch (bn)	sociālistiskais	[sotsia:listiskais]
communisme (het)	komunisms (v)	[komunisms]
communistisch (bn)	komunistiskais	[komunistiskais]
communist (de)	komunists (v)	[komunists]
democratie (de)	demokrātija (s)	[demokra:tija]
democraat (de)	demokrāts (v)	[demokra:ts]
democratisch (bn)	demokrātiskais	[demokra:tiskais]
democratische partij (de)	demokrātiskā partija (s)	[demokra:tiska: partija]
liberaal (de)	liberālis (v)	[libɛra:lis]
liberaal (bn)	liberāls	[libɛra:ls]
conservator (de)	konservatīvais (v)	[konservati:vais]
conservatief (bn)	konservatīvs	[konservati:vs]
republiek (de)	republika (s)	[rɛpublika]
republikein (de)	republikānis (v)	[rɛpublika:nis]
Republikeinse Partij (de)	republikāniskā partija (s)	[rɛpublika:niska: partija]
verkiezing (de)	vēlēšanas (s dsk)	[vɛ:le:ʃanas]
kiezen (ww)	vēlēt	[vɛ:le:t]

kiezer (de)   vēlētājs (v)   [vɛ:lɛ:ta:js]
verkiezingscampagne (de)   vēlēšanu kampaņa (s)   [vɛ:le:ʃanu kampaɲa]

stemming (de)   balsošana (s)   [balsɔʃana]
stemmen (ww)   balsot   [balsɔt]
stemrecht (het)   balsstiesības (s dsk)   [balstiɛsi:bas]

kandidaat (de)   kandidāts (v)   [kandida:ts]
zich kandideren   kandidēt   [kandide:t]
campagne (de)   kampaņa (s)   [kampaɲa]

oppositie- (abn)   opozīcijas   [ɔpɔzi:tsijas]
oppositie (de)   opozīcija (s)   [ɔpɔzi:tsija]

bezoek (het)   vizīte (s)   [vizi:te]
officieel bezoek (het)   oficiālā vizīte (s)   [ɔfitsia:la: vizi:te]
internationaal (bn)   starptautisks   [starptautisks]

onderhandelingen (mv.)   sarunas (s dsk)   [sarunas]
onderhandelen (ww)   vest pārrunas   [vest pa:rrunas]

193. Politiek. Overheid. Deel 2

maatschappij (de)   sabiedrība (s)   [sabiɛdri:ba]
grondwet (de)   konstitūcija (s)   [kɔnstitu:tsija]
macht (politieke ~)   vara (s)   [vara]
corruptie (de)   korupcija (s)   [kɔruptsija]

wet (de)   likums (v)   [likums]
wettelijk (bn)   likumīgs   [likumi:gs]

rechtvaardigheid (de)   taisnība (s)   [taisni:ba]
rechtvaardig (bn)   taisnīgs   [taisni:gs]

comité (het)   komiteja (s)   [kɔmiteja]
wetsvoorstel (het)   likumprojekts (v)   [likumprɔjekts]
begroting (de)   budžets (v)   [budʒets]
beleid (het)   politika (s)   [pɔlitika]
hervorming (de)   reforma (s)   [refɔrma]
radicaal (bn)   radikāls   [radika:ls]

macht (vermogen)   spēks (v)   [spe:ks]
machtig (bn)   varens   [varens]
aanhanger (de)   piekritējs (v)   [piɛkrite:js]
invloed (de)   ietekme (s)   [iɛtekme]

regime (het)   režīms (v)   [reʒi:ms]
conflict (het)   konflikts (v)   [kɔnflikts]
samenzwering (de)   sazvērestība (s)   [sazvɛ:resti:ba]
provocatie (de)   provokācija (s)   [prɔvɔka:tsija]

omverwerpen (ww)   nogāzt   [nɔga:zt]
omverwerping (de)   gāšana (s)   [ga:ʃana]
revolutie (de)   revolūcija (s)   [revɔlu:tsija]

| staatsgreep (de) | apvērsums (v) | [apvɛ:rsums] |
| militaire coup (de) | militārais apvērsums (v) | [milita:rais apvɛ:rsums] |

crisis (de)	krīze (s)	[kri:ze]
economische recessie (de)	ekonomikas lejupeja (s)	[ekɔnɔmikas lejupeja]
betoger (de)	demonstrants (v)	[demɔnstrants]
betoging (de)	demonstrācija (s)	[demɔnstra:tsija]
krijgswet (de)	kara stāvoklis (v)	[kara sta:vɔklis]
militaire basis (de)	kara bāze (s)	[kara ba:ze]

| stabiliteit (de) | stabilitāte (s) | [stabilita:te] |
| stabiel (bn) | stabils | [stabils] |

| uitbuiting (de) | ekspluatācija (s) | [ekspluata:tsija] |
| uitbuiten (ww) | ekspluatēt | [ekspluate:t] |

racisme (het)	rasisms (v)	[rasisms]
racist (de)	rasists (v)	[rasists]
fascisme (het)	fašisms (v)	[faʃisms]
fascist (de)	fašists (v)	[faʃists]

194. Landen. Diversen

vreemdeling (de)	ārzemnieks (v)	[a:rzemniɛks]
buitenlands (bn)	ārzemju	[a:rzemju]
in het buitenland (bw)	ārzemēs	[a:rzɛme:s]

emigrant (de)	emigrants (v)	[emigrants]
emigratie (de)	emigrācija (s)	[emigra:tsija]
emigreren (ww)	emigrēt	[emigre:t]

Westen (het)	Rietumi (v dsk)	[riɛtumi]
Oosten (het)	Austrumi (v dsk)	[austrumi]
Verre Oosten (het)	Tālie Austrumi (v dsk)	[ta:liɛ austrumi]

beschaving (de)	civilizācija (s)	[tsiviliza:tsija]
mensheid (de)	cilvēce (s)	[tsilve:tse]
wereld (de)	pasaule (s)	[pasaule]
vrede (de)	miers (v)	[miɛrs]
wereld- (abn)	pasaules	[pasaules]

vaderland (het)	dzimtene (s)	[dzimtɛne]
volk (het)	tauta (s)	[tauta]
bevolking (de)	iedzīvotāji (v dsk)	[iɛdzi:vɔta:ji]
mensen (mv.)	cilvēki (v dsk)	[tsilve:ki]
natie (de)	nācija (s)	[na:tsija]
generatie (de)	paaudze (s)	[paaudze]

gebied (bijv. bezette ~en)	teritorija (s)	[teritɔrija]
regio, streek (de)	reģions (v)	[redʲiɔns]
deelstaat (de)	štats (v)	[ʃtats]

| traditie (de) | tradīcija (s) | [tradi:tsija] |
| gewoonte (de) | paraža (s) | [paraʒa] |

ecologie (de)	ekoloģija (s)	[ekɔlɔdʲija]
Indiaan (de)	indiānis (v)	[india:nis]
zigeuner (de)	čigāns (v)	[tʃiga:ns]
zigeunerin (de)	čigāniete (s)	[tʃiga:niɛte]
zigeuner- (abn)	čigānu	[tʃiga:nu]

rijk (het)	impērija (s)	[impe:rija]
kolonie (de)	kolonija (s)	[kɔlɔnija]
slavernij (de)	verdzība (s)	[verdzi:ba]
invasie (de)	iebrukums (v)	[iɛbrukums]
hongersnood (de)	bads (v)	[bads]

195. Grote religieuze groepen. Bekentenissen

religie (de)	reliģija (s)	[relidʲija]
religieus (bn)	reliģiozs	[relidʲiɔzs]

geloof (het)	ticība (s)	[titsi:ba]
geloven (ww)	ticēt	[titse:t]
gelovige (de)	ticīgais (v)	[titsi:gais]

atheïsme (het)	ateisms (v)	[atɛisms]
atheïst (de)	ateists (v)	[atɛists]

christendom (het)	kristiānisms (v)	[kristia:nisms]
christen (de)	kristietis (v)	[kristiɛtis]
christelijk (bn)	kristīgs	[kristi:gs]

katholicisme (het)	Katolicisms (v)	[katɔlitsisms]
katholiek (de)	katolis (v)	[katɔlis]
katholiek (bn)	katoļu	[katɔlʲu]

protestantisme (het)	Protestantisms (v)	[prɔtestantisms]
Protestante Kerk (de)	Protestantu baznīca (s)	[prɔtestantu bazni:tsa]
protestant (de)	protestants (v)	[prɔtestants]

orthodoxie (de)	Pareizticība (s)	[parɛiztitsi:ba]
Orthodoxe Kerk (de)	Pareizticīgo baznīca (s)	[parɛiztitsi:gɔ bazni:tsa]
orthodox	pareizticīgais	[parɛiztitsi:gais]

presbyterianisme (het)	Prezbiteriānisms (v)	[prezbiteria:nisms]
Presbyteriaanse Kerk (de)	Prezbiteriāņu baznīca (s)	[prezbiteria:ɲu bazni:tsa]
presbyteriaan (de)	prezbiteriānis (v)	[prezbiteria:nis]

lutheranisme (het)	Luteriskā baznīca (s)	[luteriska: bazni:tsa]
lutheraan (de)	luterānis (v)	[lutɛra:nis]

baptisme (het)	Baptisms (v)	[baptisms]
baptist (de)	baptists (v)	[baptists]

Anglicaanse Kerk (de)	Anglikāņu baznīca (s)	[aŋglika:ɲu bazni:tsa]
anglicaan (de)	anglikānis (v)	[aŋglika:nis]
mormonisme (het)	Mormonisms (v)	[mɔrmɔnisms]
mormoon (de)	mormonis (v)	[mɔrmɔnis]

Jodendom (het)	Jūdaisms (v)	[ju:daisms]
jood (aanhanger van	jūds (v)	[ju:ds]
het Jodendom)		

| boeddhisme (het) | Budisms (v) | [budisms] |
| boeddhist (de) | budists (v) | [budists] |

| hindoeïsme (het) | Hinduisms (v) | [xinduisms] |
| hindoe (de) | hinduists (v) | [xinduists] |

islam (de)	Islāms (v)	[isla:ms]
islamiet (de)	musulmanis (v)	[musulmanis]
islamitisch (bn)	musulmaņu	[musulmaɲu]

| sjiisme (het) | Šiisms (v) | [ʃiisms] |
| sjiiet (de) | šīīts (v) | [ʃii:ts] |

| soennisme (het) | Sunnisms (v) | [sunnisms] |
| soenniet (de) | sunnīts (v) | [sunni:ts] |

196. Religies. Priesters

| priester (de) | priesteris (v) | [priɛsteris] |
| paus (de) | Romas pāvests (v) | [rɔmas pa:vests] |

monnik (de)	mūks (v)	[mu:ks]
non (de)	mūķene (s)	[mu:tʲɛne]
pastoor (de)	mācītājs (v)	[ma:tsi:ta:js]

abt (de)	abats (v)	[abats]
vicaris (de)	vikārs (v)	[vika:rs]
bisschop (de)	bīskaps (v)	[bi:skaps]
kardinaal (de)	kardināls (v)	[kardina:ls]

predikant (de)	sprediķotājs (v)	[spreditʲɔta:js]
preek (de)	sprediķis (v)	[spreditʲis]
kerkgangers (mv.)	draudze (s)	[draudze]

| gelovige (de) | ticīgais (v) | [titsi:gais] |
| atheïst (de) | ateists (v) | [atɛists] |

197. Geloof. Christendom. Islam

| Adam | Ādams (v) | [a:dams] |
| Eva | Ieva (s) | [iɛva] |

God (de)	Dievs (v)	[diɛvs]
Heer (de)	Dievs Kungs (v)	[diɛvs kuŋgs]
Almachtige (de)	Dievs Visvarens (v)	[diɛvs visvarens]

| zonde (de) | grēks (v) | [gre:ks] |
| zondigen (ww) | grēkot | [gre:kɔt] |

zondaar (de)	grēcinieks (v)	[gre:tsiniɛks]
zondares (de)	grēciniece (s)	[gre:tsiniɛtse]
hel (de)	elle (s)	[elle]
paradijs (het)	paradīze (s)	[paradi:ze]
Jezus	Jēzus (v)	[je:zus]
Jezus Christus	Jēzus Kristus (v)	[je:zus kristus]
Heilige Geest (de)	Svētais Gars (v)	[svɛ:tais gars]
Verlosser (de)	Pestītājs (v)	[pesti:ta:js]
Maagd Maria (de)	Dievmāte (s)	[diɛvma:te]
duivel (de)	Velns (v)	[velns]
duivels (bn)	velnišķīgs	[velniʃ¹i:gs]
Satan	Sātans (v)	[sa:tans]
satanisch (bn)	sātanisks	[sa:tanisks]
engel (de)	eņģelis (v)	[eŋdʲelis]
beschermengel (de)	sargeņģelis (v)	[sargeŋdʲelis]
engelachtig (bn)	eņģelisks	[eŋdʲelisks]
apostel (de)	apustulis (v)	[apustulis]
aartsengel (de)	erceņģelis (v)	[ertsendʲelis]
antichrist (de)	antikrists (v)	[antikrists]
Kerk (de)	Baznīca (s)	[bazni:tsa]
bijbel (de)	Bībele (s)	[bi:bɛle]
bijbels (bn)	Bībeles	[bi:bɛles]
Oude Testament (het)	Vecā derība (s)	[vetsa: deri:ba]
Nieuwe Testament (het)	Jaunā derība (s)	[jauna: deri:ba]
evangelie (het)	Evaņģēlijs (v)	[ɛvaŋdʲe:lijs]
Heilige Schrift (de)	Svētie raksti (v dsk)	[sve:tiɛ raksti]
Hemel, Hemelrijk (de)	Debesu Valstība (s)	[dɛbɛsu valsti:ba]
gebod (het)	bauslis (v)	[bauslis]
profeet (de)	pareģis (v)	[paredʲis]
profetie (de)	pareģojums (v)	[paredʲojums]
Allah	Allāhs (v)	[alla:xs]
Mohammed	Muhameds (v)	[muxameds]
Koran (de)	Korāns (v)	[kɔra:ns]
moskee (de)	mošeja (s)	[mɔʃeja]
moellah (de)	mulla (v)	[mulla]
gebed (het)	lūgšana (s)	[lu:gʃana]
bidden (ww)	lūgties	[lu:gtiɛs]
pelgrimstocht (de)	svētceļojums (v)	[sve:ttselʲojums]
pelgrim (de)	svētceļotājs (v)	[sve:ttselʲota:js]
Mekka	Meka (s)	[mɛka]
kerk (de)	baznīca (s)	[bazni:tsa]
tempel (de)	dievnams (v)	[diɛvnams]
kathedraal (de)	katedrāle (s)	[katedra:le]

gotisch (bn)	gotisks	[gɔtisks]
synagoge (de)	sinagoga (s)	[sinagɔga]
moskee (de)	mošeja (s)	[mɔʃeja]

kapel (de)	kapela (s)	[kapɛla]
abdij (de)	abatija (s)	[abatija]
nonnenklooster (het)	klosteris (v)	[klɔsteris]
mannenklooster (het)	klosteris (v)	[klɔsteris]

klok (de)	zvans (v)	[zvans]
klokkentoren (de)	zvanu tornis (v)	[zvanu tɔrnis]
luiden (klokken)	zvanīt zvanus	[zvani:t zvanus]

kruis (het)	krusts (v)	[krusts]
koepel (de)	kupols (v)	[kupɔls]
icoon (de)	svētbilde (s)	[sve:tbilde]

ziel (de)	dvēsele (s)	[dve:sɛle]
lot, noodlot (het)	liktenis (v)	[liktenis]
kwaad (het)	ļaunums (v)	[lʲaunums]
goed (het)	labums (v)	[labums]

vampier (de)	vampīrs (v)	[vampi:rs]
heks (de)	ragana (s)	[ragana]
demoon (de)	dēmons (v)	[de:mɔns]
geest (de)	gars (v)	[gars]

| verzoeningsleer (de) | vainas izpirkšana (s) | [vainas izpirkʃana] |
| vrijkopen (ww) | izpirkt | [izpirkt] |

mis (de)	kalpošana (s)	[kalpoʃana]
de mis opdragen	kalpot	[kalpɔt]
biecht (de)	grēksūdze (s)	[gre:ksu:dze]
biechten (ww)	sūdzēt grēkus	[su:dze:t grɛ:kus]

heilige (de)	svētais (v)	[svɛ:tais]
heilig (bn)	svēts	[sve:ts]
wijwater (het)	svētais ūdens (v)	[svɛ:tais u:dens]

ritueel (het)	rituāls (v)	[ritua:ls]
ritueel (bn)	rituāls	[ritua:ls]
offerande (de)	upurēšana (s)	[upure:ʃana]

bijgeloof (het)	māņticība (s)	[ma:ɲtitsi:ba]
bijgelovig (bn)	māņticīgs	[ma:ɲtitsi:gs]
hiernamaals (het)	aizkapa dzīve (s)	[aizkapa dzi:ve]
eeuwige leven (het)	mūžīga dzīve (s)	[mu:ʒi:ga dzi:ve]

DIVERSEN

198. Diverse nuttige woorden

achtergrond (de)	fons (v)	[fɔns]
balans (de)	bilance (s)	[bilantse]
basis (de)	bāze (s)	[ba:ze]
begin (het)	sākums (v)	[sa:kums]
beurt (wie is aan de ~?)	rinda (s)	[rinda]
categorie (de)	kategorija (s)	[kategɔrija]
comfortabel (~ bed, enz.)	ērts	[e:rts]
compensatie (de)	kompensācija (s)	[kɔmpensa:tsija]
deel (gedeelte)	daļa (s)	[dalʲa]
deeltje (het)	daļiņa (s)	[dalʲiɲa]
ding (object, voorwerp)	lieta (s)	[liɛta]
dringend (bn, urgent)	steidzams	[stɛidzams]
dringend (bw, met spoed)	steidzami	[stɛidzami]
effect (het)	efekts (v)	[efekts]
eigenschap (kwaliteit)	īpašība (s)	[i:paʃi:ba]
einde (het)	beigas (s dsk)	[bɛigas]
element (het)	elements (v)	[ɛlɛments]
feit (het)	fakts (v)	[fakts]
fout (de)	kļūda (s)	[klʲu:da]
geheim (het)	noslēpums (v)	[nɔslɛ:pums]
graad (mate)	pakāpe (s)	[paka:pe]
groei (ontwikkeling)	augšana (s)	[augʃana]
hindernis (de)	šķērslis (v)	[ʃtʲɛ:rslis]
hinderpaal (de)	šķērslis (v)	[ʃtʲɛ:rslis]
hulp (de)	palīdzība (s)	[pali:dzi:ba]
ideaal (het)	ideāls (v)	[idea:ls]
inspanning (de)	spēks (v)	[spe:ks]
keuze (een grote ~)	izvēle (s)	[izvɛ:le]
labyrint (het)	labirints (v)	[labirints]
manier (de)	veids (v)	[vɛids]
moment (het)	brīdis (v)	[bri:dis]
nut (bruikbaarheid)	labums (v)	[labums]
onderscheid (het)	atšķirība (s)	[atʃtʲiri:ba]
ontwikkeling (de)	attīstība (s)	[atti:sti:ba]
oplossing (de)	risinājums (v)	[risina:jums]
origineel (het)	oriģināls (v)	[ɔridʲina:ls]
pauze (de)	pauze (s)	[pauze]
positie (de)	pozīcija (s)	[pɔzi:tsija]
principe (het)	princips (v)	[printsips]

probleem (het)	**problēma** (s)	[prɔblɛ:ma]
proces (het)	**process** (v)	[prɔtses]
reactie (de)	**reakcija** (s)	[reaktsija]
reden (om ~ van)	**iemesls** (v)	[iɛmesls]
risico (het)	**risks** (v)	[risks]
samenvallen (het)	**sakritība** (s)	[sakriti:ba]
serie (de)	**sērija** (s)	[se:rija]
situatie (de)	**situācija** (s)	[situa:tsija]
soort (bijv. ~ sport)	**veids** (v)	[vɛids]
standaard (bn)	**standarta**	[standarta]
standaard (de)	**standarts** (v)	[standarts]
stijl (de)	**stils** (v)	[stils]
stop (korte onderbreking)	**apstāšanās** (s)	[apsta:ʃana:s]
systeem (het)	**sistēma** (s)	[sistɛ:ma]
tabel (bijv. ~ van Mendelejev)	**tabula** (s)	[tabula]
tempo (langzaam ~)	**temps** (v)	[temps]
term (medische ~en)	**termins** (v)	[termins]
type (soort)	**tips** (v)	[tips]
variant (de)	**variants** (v)	[variants]
veelvuldig (bn)	**biežs**	[biɛʒs]
vergelijking (de)	**salīdzināšana** (s)	[sali:dzina:ʃana]
voorbeeld (het goede ~)	**paraugs** (v)	[paraugs]
voortgang (de)	**progress** (v)	[prɔgres]
voorwerp (ding)	**objekts** (v)	[ɔbjekts]
vorm (uiterlijke ~)	**forma** (s)	[fɔrma]
waarheid (de)	**patiesība** (s)	[patiɛsi:ba]
zone (de)	**zona** (s)	[zɔna]

www.ingramcontent.com/pod-product-compliance
Lightning Source LLC
LaVergne TN
LVHW051310080426
835509LV00020B/3211